Special Thanks to

세상이 아무리 바쁘게 돌아가더라도
책까지 아무렇게나 빨리 만들 수는 없습니다.

길벗은 독자 여러분이
가장 쉽게, 가장 빨리 배울 수 있는 책을
한 권 한 권 정성을 다해 만들겠습니다.

독자의 1초를 아껴주는 정성을
만나보세요.

홈페이지의 '독자광장'에서 책을 함께 만들 수 있습니다.

㈜ 도서출판 길벗 www.gilbut.co.kr
길벗이지톡 www.eztok.co.kr
길벗스쿨 www.gilbutschool.co.kr

| 사용
버전 | 이 책은 '어도비 XD CC 2020 한국어 버전'을 기준으로 만들었습니다.
컴퓨터에 설치된 어도비 XD 버전이 CC 2020이 아니더라도 학습할 수 있도록 프로그램 버전 차이를
팁으로 설명하였습니다. |

| 사용
버전 | 이 책은 '어도비 XD CC 2020 한국어 버전'을 기준으로 만들었습니다.
컴퓨터에 설치된 어도비 XD 버전이 CC 2020이 아니더라도 학습할 수 있도록 프로그램 버전 차이를
팁으로 설명하였습니다. |

| 운영
체제 | 컴퓨터 운영체제는 윈도우를 기준으로 서술하였습니다.
맥 사용자는 윈도우의 Ctrl 을 맥의 command 로, Alt 를 option 으로 사용하시기 바랍니다. |

예제 및 완성 파일 다운로드

이 책에 사용된 예제 파일과 완성 파일은 길벗출판사 홈페이지(www.gilbut.co.kr)에서 다운로드할 수 있습니다.

● **예제 및 완성 파일** : 예제를 따라하면서 꼭 필요한 예제 파일과 완성 파일을 파트별로 담았습니다.

1단계   🔍 어도비 XD CC 2020 무작정 따라하기   검색   에 찾고자 하는 책 이름을 입력하세요.

2단계   검색한 도서로 이동한 다음 (자료실) 탭을 선택하세요.

3단계   예제 및 완성 파일 등 다양한 실습 자료를 다운로드하세요.

고객센터

책을 읽다가 막히는 부분이 있나요?

책을 읽다가 막히는 부분이 있으면, 길벗출판사 홈페이지의 '1:1 문의' 게시판에 질문을 올려보세요. 길벗출판사 직원들과 〈무작정 따라하기〉 시리즈 저자들이 친절하게 답변해 드립니다.

1단계 길벗출판사 홈페이지(www.gilbut.co.kr)로 찾아오세요.

2단계 내용 문의 요청하기 기능을 이용하려면, 길벗출판사 홈페이지의 회원으로 가입해야 합니다. '회원가입'을 클릭해 무료 회원으로 가입한 후 가입 시 입력한 이메일 주소와 비밀번호를 입력해 로그인 하세요.

3단계 '고객센터' 메뉴를 클릭한 후 FAQ 게시판에서 자주 묻는 질문에 관한 답변을 확인합니다. 그래도 해결되지 않는 부분이 있다면 '1:1 문의' 메뉴를 클릭하고 질문을 등록하세요. 답변을 얻을 수 있습니다.

베타테스터가 되고 싶어요

여러분도 길벗의 베타테스트에 참여해 보세요!

길벗출판사는 독자의 소리와 평가를 바탕으로 더 나은 책을 만들려고 합니다. 원고를 미리 따라 해보면서 잘못된 부분은 없는지, 더 쉬운 방법은 없는지 길벗과 함께 책을 만들어 보면서 여러분의 소중한 의견을 전달해 주세요.

1단계 길벗출판사 홈페이지(www.gilbut.co.kr)로 찾아오세요.

2단계 '고객센터 → 이벤트, 설문, 모집' 게시판을 이용하려면, 길벗출판사 홈페이지의 회원으로 가입해야 합니다. '회원가입'을 클릭해 무료 회원으로 가입한 후 가입 시 입력한 이메일 주소와 비밀번호를 입력해 로그인하세요.

3단계 '고객센터 → 이벤트, 설문, 모집' 메뉴를 클릭하여 게시판을 열고, 모집 중인 베타테스터를 선택한 후 신청하세요.

어도비 XD
CC 2020
무작정 따라하기

김두한 지음

CC 2020

길벗

어도비 XD CC 2020 무작정 따라하기

The Cakewalk Series - Adobe XD CC 2020

초판 발행 · 2020년 5월 29일

지은이 · 김두한
발행인 · 이종원
발행처 · (주) 도서출판 길벗
출판사 등록일 · 1990년 12월 24일
주소 · 서울시 마포구 월드컵로 10길 56(서교동)
대표 전화 · 02) 332-0931 | **팩스** · 02) 323-0586
홈페이지 · www.gilbut.co.kr | **이메일** · gilbut@gilbut.co.kr

기획 및 책임 편집 · 안윤주(anyj@gilbut.co.kr) | **표지 디자인** · 박상희 | **제작** · 이준호, 손일순, 이진혁
영업마케팅 · 임태호, 전선하 | **웹마케팅** · 조승모, 차명환, 지하영 | **영업관리** · 김명자 | **독자지원** · 송혜란, 홍혜진

편집 진행 · 앤미디어 | **전산 편집** · 앤미디어 | **CTP 출력 및 인쇄** · 벽호 | **제본** · 벽호

ISBN 979-11-6521-167-7 03000
(길벗 도서번호 007066)

이 도서의 국립중앙도서관 출판사도서목록(CIP)은 서지정보유통지원시스템 홈페이지(http://seoji.nl.go.kr)와
국가자료공동목록시스템(http://www.nl.go.kr/kolisnet)에서 이용하실 수 있습니다.(CIP제어번호 : CIP2020020644)

정가 25,000원

독자의 1초를 아껴주는 정성 길벗출판사
길벗 IT실용서, IT/일반 수험서, IT전문서, 경제실용서, 취미실용서, 건강실용서, 자녀교육서
더퀘스트 인문교양서, 비즈니스서
길벗이지톡 어학단행본, 어학수험서
길벗스쿨 국어학습서, 수학학습서, 유아학습서, 어학학습서, 어린이교양서, 교과서

페이스북 · www.facebook.com/gilbutzigy
네이버 포스트 · post.naver.com/gilbutzigy

UI/UX 디자인을 위한 어도비 XD

어도비 XD는 모바일 환경과 다양한 콘텐츠의 발달로 UI/UX 디자인을 쉽고 빠르게 구현하고자 만들어진 프로그램입니다. 스마트폰이 출시되고 모바일 환경으로 변화되면서 일상의 모든 부분이 모바일로 연결되어 있습니다. 스마트폰으로 음식을 주문, 배달시키고 사람들과 커뮤니케이션도 하고 입금, 출금과 같은 은행 업무가 가능합니다. 이러한 변화로 모바일 환경에서의 UI 디자인은 점점 중요해지고 있으며 사용자 경험 중심으로 디자인이 변화하고 있습니다.

단순히 시각적인 요소로만 구현하는 시대에서 신속하고 빠르게 애니메이션과 세밀한 인터랙션을 구현하여 프로토타이핑까지 제작해야 되는 환경으로 변화했습니다. 신속하게 프로토타이핑을 제작해야 되는 흐름에 맞춰 다양한 프로그램이 사용되고 있지만 이미 현업에서는 어도비 XD의 장점을 알고 적극적으로 활용하고 있으며 모바일 환경의 변화로 지속적으로 발전을 거듭할 것으로 보입니다. 이로 인해 디자인 프로세스에서 프로토타이핑 제작은 필수 역량이 되었으며 UI/UX 디자인의 중요성은 점점 더 커질 것으로 전망됩니다.

어도비 XD를 사용하면 UI 디자인을 하고 인터랙션을 적용한 다음 바로 모바일로 프로토타이핑을 만들 수 있습니다. 또한 작업한 UI 디자인을 클라우드에 저장하거나 공동 작업을 통해 완성도 높은 결과물을 도출할 수 있습니다. 어도비 XD는 어도비의 포토샵, 일러스트레이터, 애프터 이펙트 등 다양한 프로그램이 호환 가능하여 앞으로 강력한 UI 디자인 프로그램으로 기대가 됩니다.

〈어도비 XD CC 2020 무작정 따라하기〉는 어도비 XD 프로그램을 통해 UI 디자인을 배우고자 하는 예비 디자이너의 눈높이에 맞게 기본적인 도구를 활용한 아이콘 디자인과 웹&앱 페이지 디자인, UI 디자인, 앱 디자인에 애니메이션과 인터랙션을 적용한 프로토타이핑 따라하기 예제를 제공합니다. 어도비 XD의 핵심 기능인 반복 그리드 같은 스타일은 디자인 요소를 반복적으로 사용하는 경우가 많은 웹&앱 디자인에서 유용하게 사용할 수 있습니다. 이 책을 통하여 독자 여러분의 UI 디자인에 유용한 도움이 되기를 바랍니다.

THANKS TO

이 책을 나오기까지 신경 써 주신 길벗출판사와 앤미디어 담당자 분께 감사하며, 마지막으로 우리 가족 희리, 유연, 채현 고맙고 사랑합니다.

체계적인 구성을 따라 쉽고 빠르게 공부하세요!

어도비 XD 필수 이론 / 기능

어도비 XD 기능을 쉽게 배울 수 있도록 필수 기능과 실습 이론과 기능을 담았습니다. 어도비 XD의 기본기를 익히세요.

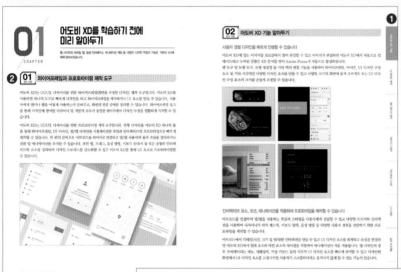

❶ **탭** : 기능별 탭을 이용하여 원하는 기능을 빠르게 찾을 수 있습니다.

❷ **미리 알아두기** : 본서를 학습하기 전에 웹 사이트와 모바일 앱, 음성 인터페이스, 애니메이션 게임 등 다양한 디자인 작업에 필요한 이론을 알아보세요.

❸ **필수 기능** : 어도비 XD를 다루기 위해 꼭 알아야 할 필수 기능을 다양한 예시와 함께 설명합니다.

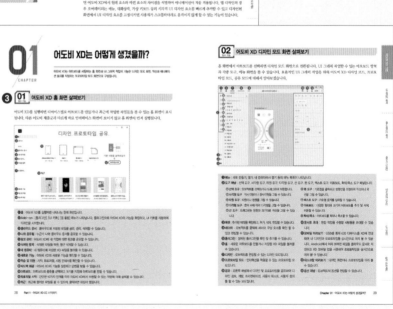

어도비 XD 실습 예제 / 활용

어도비 XD 기능을 쉽게 배울 수 있도록 실습 예제와 활용 예제를 담았습니다. 직접 따라하면서 어도비 XD를 익히세요.

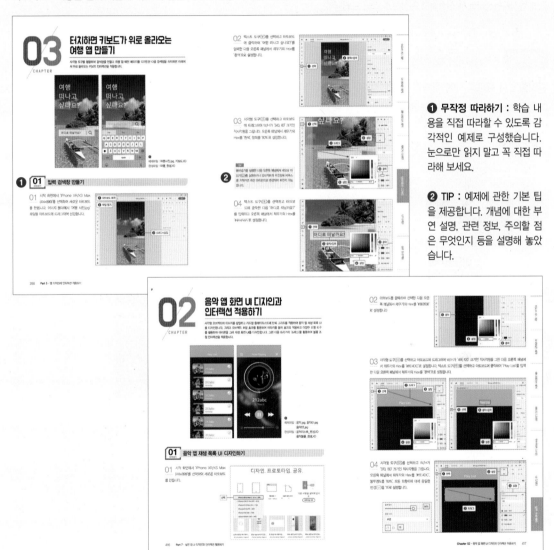

❶ 무작정 따라하기 : 학습 내용을 직접 따라할 수 있도록 감각적인 예제로 구성했습니다. 눈으로만 읽지 말고 꼭 직접 따라해 보세요.

❷ TIP : 예제에 관한 기본 팁을 제공합니다. 개념에 대한 부연 설명, 관련 정보, 주의할 점은 무엇인지 등을 설명해 놓았습니다.

길벗출판사 홈페이지를 적극 활용하세요!

길벗출판사에서 운영하는 홈페이지(www.gilbut.co.kr)에서는 출간한 도서에 대한 정보뿐 아니라 예제 파일 및 완성 파일, 최신 기능 업로드 등 학습에 필요한 자료도 제공합니다. 또한 책을 읽다 모르는 내용이 있다면 언제든지 홈페이지의 도서 게시판에 문의해 주세요. 저자와 길벗 독자지원센터에서 신속하고 친절하게 답해 드립니다.

활용 1 무엇이든 물어보세요!

길벗출판사 홈페이지에 접속한 후 ❶ 검색(🔍) 창에 『어도비 XD CC 2020 무작정 따라하기』를 입력해 해당 도서 페이지로 이동하세요. 홈페이지 화면의 오른쪽에 보이는 퀵 메뉴를 이용하면 ❷ 도서 문의를 빠르게 할 수 있습니다.

활용 2 실습 자료 다운로드

이 책에 사용된 모든 예제 파일 및 완성 파일은 자료실에서 다운로드할 수 있습니다. 해당 도서 페이지 아래쪽의 ❸ [자료실]을 클릭해 실습 파일을 다운로드하세요. 홈페이지 회원으로 가입하지 않아도 누구나 자료를 다운로드할 수 있습니다.

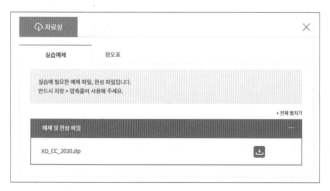

어도비 XD 설치에 대한 Q&A

1 어도비 XD 버전 문제

Q 이 책에서 다루는 버전이 아닌 어도비 XD가 이미 컴퓨터에 설치되어 있습니다. 책 내용대로 보고 배우려면 책과 같은 버전을 설치해야 하나요?

A 책과 같은 버전이 아니더라도 일부 기능을 제외하면 충분히 책의 내용을 실습할 수 있습니다. 책에서 사용한 어도비 XD와 같은 버전을 사용하면 더욱 효과적인 학습이 될 것입니다.

Q 다른 버전의 어도비 XD가 이미 깔려있는데 책에서 다루는 어도비 XD 버전을 설치하면 프로그램끼리 충돌하지 않을까요?

A 어도비 XD는 서로 다른 버전을 하나의 컴퓨터에 설치하여 사용해도 상관 없습니다. 그러나 중복 실행은 안 되므로 사용 중인 어도비 XD 버전이 아닌 다른 버전을 실행하려면 사용하고 있는 어도비 XD를 종료한 다음 다른 버전을 실행해야 합니다.

2 어도비 XD 설치 전 문제

Q 어도비 XD 정식판을 사용하지 않는 것은 불법인데, 어도비 홈페이지에서 제공하는 어도비 XD를 설치해도 되나요?

A 체험판은 무료로 배포되므로 사용해도 불법이 아닙니다. 하지만 불법 프로그램을 이용하여 인증 번호를 만들어 사용하는 것은 불법입니다.

Q 'Dependencies'가 만족스럽지 않다는 오류 메시지가 뜨면서 설치 파일이 실행되지 않습니다.

A 제어판에서 방화벽을 설정하지 않고 설치 폴더를 로컬 디스크로 옮겨 다시 설치합니다.

3 어도비 XD 설치 중 문제

Q 설치 중간에 설치가 되지 않습니다. 왜 그럴까요?

A 어도비 XD가 설치되지 않는 이유는 주로 다음과 같은 네 가지 이유로 구분할 수 있습니다.

① 윈도우 운영체제가 프로그램과 맞지 않을 때 → 설치하는 어도비 XD에 맞는 운영체제를 사용하거나 운영체제에 맞는 버전의 어도비 XD를 설치합니다.

② 이전에 어도비 XD를 설치한 적이 있을 때 → 체험판은 체험 기간 동안 이용할 수 있으며 체험 기간이 지난 이후에는 어도비 XD를 지우고 다시 설치해도 사용할 수 없습니다. 계속 어도비 XD를 이용하려면 정품을 사용하거나 Creative Cloud를 구독하세요.

③ 메모리나 시스템 사양이 낮을 때 → 시스템 사양을 어도비 XD 설치 사양에 맞추어 업그레이드합니다.

④ 설치 프로그램 외에 응용 프로그램이 실행 중일 때 → 어도비 XD 설치 프로그램 외에 응용 프로그램을 종료하세요.

Q 이전 설치를 마친 후 다시 설치하라고 합니다.

A 어도비 XD 외에 다른 프로그램을 설치하고 있을 때 표시되는 내용입니다. 여러 프로그램을 동시에 설치하면 레지스트리가 충돌할 수 있으므로 프로그램을 설치할 때는 하나의 프로그램 설치를 마치고 다른 프로그램의 설치를 시작하는 것이 좋습니다.

Q 'Installation cannot continue until the following applications are closed ～' 메시지가 표시되며 설치되지 않습니다.

A 설치할 때는 다른 프로그램들은 모두 종료한 다음 설치합니다. 만약 〈Ignore〉 버튼이 표시되면 버튼을 클릭합니다. 그래도 설치되지 않으면 열려 있는 응용 프로그램을 모두 닫고 설치를 시도하세요. 다시 설치를 시도할 때 같은 메시지가 표시된다면 컴퓨터를 다시 시작한 다음 설치하기 바랍니다.

Q 설치 중 에러가 나서 종료한 이후로 다시 설치할 수 없습니다.

A '프로그램 추가 제거'에 어도비 XD가 설치되어 있다면 제거합니다. 이후에도 설치할 수 없다면 레지스트리까지 말끔하게 정리합니다.

목차

2 Part
UI 디자인의 기본, 아이콘 만들기

3 Part

UI 디자인
애니메이션 만들기

4 Part
웹&앱 페이지 디자인하기

5

Part

**앱 디자인에
인터랙션 적용하기**

6

Part

**사용자 편의를 위한
앱 UI 디자인하기**

7 Part

실무 프로젝트 활용하기

다운로드

예제 및 완성 파일

이 책에 사용된 예제 파일과 완성 파일은 길벗 홈페이지(http://www.gilbut.co.kr)에서 다운로드할 수 있습니다. 홈페이지에 접속 후 검색창에 "어도비 XD CC 2020 무작정 따라하기"를 입력하고 〈검색〉 버튼을 클릭합니다. 도서가 표시되면 [자료실] 탭을 선택합니다. 자료실 항목에서 실습 예제를 다운로드한 다음 압축을 풀어 사용합니다.

예제 및 완성 파일

예제를 따라하면서 꼭 필요한 이미지 파일과 완성 파일들을 담았습니다. 작업한 내용을 저장하려면 실습하기 전에 반드시 하드디스크에 폴더째 복사해 두고 사용하는 것이 좋습니다.

CC
2020

시작하기 전에

어도비 XD 작업을 시작하기 전에 알아야 할 기본 이론에 대해서 살펴봅니다.
어도비 XD에서 디자인 작업하고 프로토타이핑의 제작 및 협업을 통하여 UI 디자인을 할 수 있습니다.
어도비 XD 설치 방법에 대해서 알아봅니다.

A D O B E   X D

어도비 XD를 학습하기 전에 미리 알아두기

웹 사이트와 모바일 앱, 음성 인터페이스, 애니메이션 게임 등 다양한 디자인 작업이 가능한 어도비 XD에 대해 알아보겠습니다.

01 와이어프레임과 프로토타이핑 제작 도구
필수 이론

어도비 XD는 UI/UX 디자이너를 위한 와이어프레임(화면을 구성한 디자인) 제작 도구입니다. 어도비 XD를 사용하면 하나의 도구로 빠르게 디자인을 하고 와이어프레임을 제작하거나 UI 요소를 만들 수 있습니다. 사용자에게 앱이나 웹을 어떻게 사용하는지 알려주고, 화면의 연결 상태를 정의할 수 있습니다. 와이어프레임 링크를 통해 디자인에 참여한 디자이너 및 개발자 모두가 동일한 페이지에서 디자인 수정을 원활하게 시작할 수 있습니다.

어도비 XD는 UI/UX 디자이너를 위한 프로토타이핑 제작 도구입니다. 전체 디자인을 어도비 XD 하나의 툴을 통해 와이어프레임, UI 디자인, 앱/웹 디자인을 시뮬레이션한 목업과 인터랙티브한 프로토타입으로 빠르게 제작할 수 있습니다. 한 번의 클릭으로 아트보드를 와이어로 연결하고 앱/웹 사용자의 동작 흐름을 정의하거나 전환 및 애니메이션을 추가할 수 있습니다. 또한 탭, 드래그, 음성 명령, 키보드 단축키 등 모든 유형의 인터랙티브한 요소를 정의하여 디자인 프로세스를 간소화할 수 있고 어도비 XD를 통해 UI 요소로 프로토타이핑할 수 있습니다.

02 어도비 XD 기능 알아두기
필수 이론

사용자 경험 디자인을 빠르게 진행할 수 있습니다

어도비 XD에 있는 이미지를 포토샵에서 열어 편집할 수 있고 이미지가 편집되면 어도비 XD에서 자동으로 업데이트되고 누락된 글꼴은 XD 문서를 열어 Adobe Fonts가 자동으로 활성화됩니다.

펜 도구 및 도형 도구, 도형 재설정 등 기타 벡터 편집 기능을 사용하여 와이어프레임, 아이콘, UI 디자인 구성 요소 및 기타 시각적인 다양한 디자인 요소를 만들 수 있고 다양한 크기의 화면에 맞게 오브젝트 또는 UI 디자인 구성 요소의 크기를 손쉽게 조정할 수 있습니다.

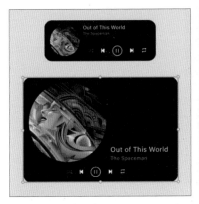
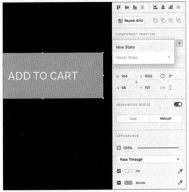

인터랙티브 요소, 모션, 애니메이션을 적용하여 프로토타입을 제작할 수 있습니다

아트보드를 연결하여 앱/웹을 사용하는 흐름과 스타일을 사용자에게 전달할 수 있고 다양한 트리거와 인터랙션을 사용하여 디자이너가 터치 제스처, 키보드 입력, 음성 명령 등 다양한 사용자 경험을 전달하기 위한 프로토타입을 제작할 수 있습니다.

아트보드에서 디테일(시간, 크기 및 위치)한 인터랙션을 만들 수 있고 UI 디자인 요소를 복제하고 속성을 변경하면 어도비 XD에서 원래 요소와 바뀐 요소의 차이점을 식별하여 애니메이션이 자동 적용됩니다. 앱 디자인의 경우 오버레이되는 메뉴, 대화상자, 가상 키보드 등의 시각적 UI 디자인 요소를 빠르게 추가할 수 있고 디자인된 화면에서 UI 디자인 요소를 고정시키면 사용자가 스크롤하더라도 움직이지 않게 할 수 있는 기능이 있습니다.

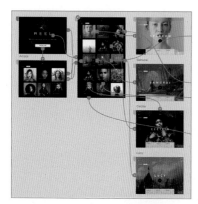

모든 팀원과 공유와 협업을 할 수 있습니다

팀원이 동일한 XD 파일을 동시에 작업할 수 있고, 다른 디자이너가 XD 파일에서 어떤 UI 디자인 부분을 작업하고 있는지 알 수 있으며 디자인 작업의 전체 과정을 확인할 수 있습니다. 작업하는 동안 디자인 수정 내역이자동으로 저장되므로 언제든지 이전 버전으로 돌아갈 수 있습니다. 또한 다른 디자이너를 초대하여 문서를 공동 작업할 수 있고 어도비 XD에서는 누구나 최신 버전에 손쉽게 접근할 수 있습니다.

어도비 XD로 작업한 XD 파일을 공유 가능한 링크를 생성하여 시안용 디자인에 대한 피드백을 얻거나 웹 페이지에 내보낼 수도 있으며 검토자는 웹 또는 모바일에서 프로토타입에 바로 메모를 할 수 있습니다. 디자인 사양의 링크를 개발자에게 전송하여 아트보드의 순서와 흐름, 다운로드 가능한 에셋, 색상, 문자 스타일, 크기를개발자에게 전달 가능합니다.

간편하게 디자인 시스템 확장이 가능합니다

작업을 클라우드 문서로 저장하면 공동 디자이너와 빠르게 공유하고 동일한 원본을 사용할 수 있고 자동으로 업데이트되므로 작업이 손실될 염려가 없습니다. 공유된 클라우드 문서의 색상, 문자 스타일 및 UI 디자인 구성 요소를 가져올 수 있고 연결된 UI 디자인 구성 요소가 변경되면 알림을 수신하게 되며 업데이트를 반영할지 여부를 선택할 수 있습니다.

다양한 플러그인을 활용할 수 있습니다

개발자 커뮤니티에서 만든 다양한 플러그인을 사용하여 워크플로우와 어도비 XD의 기능을 확장할 수 있고 팀에서 필요로 하는 플러그인을 만들어 어도비 XD에 추가하고 팀에서 사용하는 다른 툴과 연결할 수 있습니다. 또한 어도비 XD는 Slack, Jira, Microsoft Teams, Zeplin 등의 앱과 연결되어 있으므로 디자인 작업 시간을 단축할 수 있습니다.

다양한 운영체제 및 언어로 제작할 수 있습니다

어도비 XD는 Windows 10(Universal Windows Platform)과 mac OS에서 이용 가능하고 iOS 및 Android용 어도비 XD 모바일 앱을 사용하여 앱 디자인의 인터랙티브한 프로토타입을 제작할 수 있습니다. 그리고 한국어, 영어, 프랑스어, 독일어, 일본어, 중국어, 포르투갈어(브라질) 및 스페인어를 지원합니다.

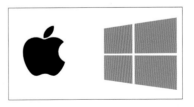

어도비 XD 기능

UI 아이콘 제작

애니메이션 제작

페이지 디자인

인터랙션 디자인

UI 디자인

실무 프로젝트

03 예제 작업 시 필요한 용어 확인하기

필수 이론

해상도

해상도란 화면이나 인쇄 등에서 이미지를 표현하는데 몇 개의 픽셀 또는 도트로 나타냈는지를 나타내는 지표입니다. 예를 들어 해상도가 '360x640'이라고 하면 화면 가로에 360개의 픽셀과 세로에 640개의 픽셀로 총 230, 400개의 픽셀로 되어있습니다.

❶ 픽셀(Pixel, px)

픽셀을 화면을 구성하는 최소 단위를 말합니다. 사각형 모양으로 픽셀의 수가 많을수록 고해상도의 선명한 이미지가 표현됩니다.

❷ 포인트(Point, pt) 와 dp(density independent pixels)

iPhone 4S 이전의 스마트폰 디스플레이에서 '1px=1pt'로 화면이 구성되었으나 레티나 디스플레이가 장착되면서 새로운 포인트(pt) 개념을 사용하게 되었습니다. 레티나 디스플레이에서는 1pt가 2px(2배)로 정의하였으며 픽셀 수가 2배 많아졌습니다. 레티나 HD 디스플레이가 나오면서 1pt가 3배로 늘어나면서 9px로 적용되었습니다.

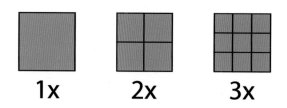

'dp'는 아이폰과 달리 다양한 크기와 종류의 안드로이드 운영체제 스마트폰 기기가 나오면서 이를 대응하기 위해서 화면의 크기가 달라도 동일한 비율로 보여주기 위해 안드로이드에서 정의한 독립된 단위입니다. 'dp'는 화면의 밀도가 변해도 이미지 크기가 변하지 않으며 디스플레이의 밀도가 변해도 이질감 없이 동일한 크기로 보여주는 개념입니다.

안드로이드의 기준은 '160dpi'입니다. 이것은 320x480px 화면의 밀도를 나타내는데 160dpi에서는 1dp가 1px이 됩니다. hdpi(240dpi)에서는 1dp는 1.5px이 됩니다.

해상도	dpi	비율
ldpi	120dpi	0.75
mdpi	160dpi(기준)	1.0
hdpi	240dpi	1.5
xhdpi	320dpi	2.0
xxhdpi	480dpi	3.0
xxxhdpi	640dpi	4.0

❸ dpi와 ppi

'dpi'는 'dot per inch'의 약자로 1인치당 몇 개의 점(dot)으로 이루어졌는지를 나타내는 단위입니다. 보통 인쇄물에 사용하는 용어이고 어떤 이미지가 '300dpi'라고 하면 1인치에 가로에 300개의 점과 세로에 300개의 점으로 총 90,000개의 점으로 이루어졌다고 할 수 있습니다.

'ppi'는 'pixel per inch'의 약자로 1인치당 몇 개의 픽셀(pixel)로 이루어졌는지를 나타내는 단위입니다. 모니터 해상도가 '1024x768'이라고 하면 가로에 1024개와 세로 768개의 픽셀로 이루어졌다고 할 수 있습니다. 같은 해상도라도 작은 모니터에서는 선명하게 보이고 큰 모니터일수록 선명도가 떨어지게 됩니다.

UI(사용자 인터페이스)

UI는 사용자와 콘텐츠 간의 상호 작용을 의미합니다. 쉽게 말해 사용자가 앱이나 웹을 사용할 때 버튼의 위치, 크기, 모양에 따라 편의성이 달라지고 각 사용 환경에 따라 특수성을 생각해서 UI 설계를 하는 것이 좋습니다. 모바일의 경우 입력 방식이 마우스가 아닌 손가락으로 사용하고 작은 화면이라는 특수성 때문에 화면에서의 인터페이스가 뒷받침되어야 합니다.

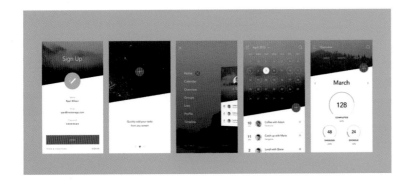

UI 컴포넌트

UI 컴포넌트란 인터페이스를 구성 하는 기본 구성 요소입니다. 다양한 기기와 사용자 간의 상호 작용을 원활히 소통하고 정보 교환 과정에서 매우 중요한 역할을 합니다. iOS와 안드로이드 운영체제에 따라 UI 컴포넌트의 종류와 표현이 조금씩 다르기 때문에 각 운영체제의 특징을 인지하고 파악하고 있어야 합니다.

❶ **버튼** : 사용자가 화면을 터치할 때 동작을 알려주는 UI 디자인 구성 요소입니다. 손가락으로 스마트폰을 터치하기 때문에 특정 영역을 터치했을 때 컬러의 변화와 같은 피드백을 반드시 사용자에게 제공해야 합니다.

❷ **스위치** : 두 개의 상대적인 기능을 켜고 끌 때 사용하는 UI 디자인 구성 요소입니다. 스위치를 켜고 끌 때는 시각적으로 명확하게 보여 주어야 합니다.

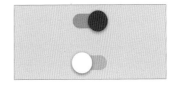

❸ **체크 박스** : 사용자가 화면에서 최종적으로 확인 버튼을 알
려주는 UI 디자인 구성 요소입니다. 체크 박스는 여러 개
의 항목을 선택 할 수 있도록 구성할 수 있습니다.

❹ **라디오 버튼** : 라디오 버튼은 여러 개의 항목 중 한 개만을
선택하고 확인을 알려주는 UI 디자인 구성 요소입니다. 체
크 박스와 다른 점은 반드시 한 개만 선택되어야 합니다.

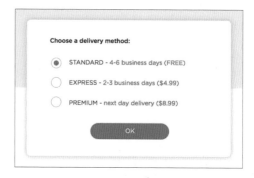

❺ **상태 진행 바, 로딩 애니메이션** : 사용자의 대기 시간 및 로딩되는 진행 상황을 알려주는 UI 디자인 구성 요소
입니다. 진행 바는 왼쪽에서 오른쪽으로 채워지는 디자인으로 해야 됩니다. 로딩 애니메이션은 정지 상태로
있으면 안 되고 인터랙션이 되도록 디자인합니다.

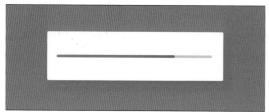

❻ **스테퍼** : 더하기나 빼기의 기호로 늘리거나 줄이는
데 사용하는 UI 디자인 구성 요소입니다. 점진적으
로 증가하거나 감소하는데 사용하는 것이 좋습니다.

❼ **페이지네이션** : 화면에 많은 정보의 콘텐츠를 사용
자에게 보여 줄 때 페이지로 사용하는 UI 디자인
구성 요소입니다. 점이나 좌우 화살표 숫자로 페이
지네이션을 구성하기도 합니다.

어도비 XD 설치하기

CHAPTER 02

어도비 XD를 설치한 다음 인증하는 방법을 알아보겠습니다. 어도비 홈페이지에서 어도비 XD를 다운로드하면 'XD 스타터 플랜'을 무료로 사용할 수 있습니다.

01 어도비 XD 최신 버전(2020) 설치하기
필수 이론

01 어도비 홈페이지(http://www.adobe.com/kr)에 접속하고 오른쪽 윗부분에서 '지원' → '다운로드 및 설치'를 클릭한 다음 어도비 XD 프로그램을 클릭합니다.

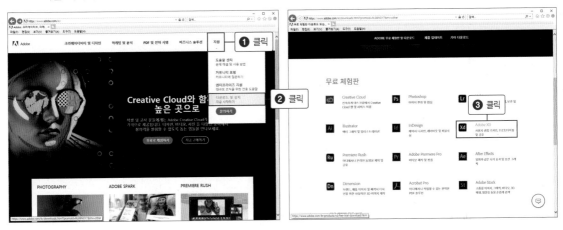

02 오른쪽 상단 화면의 '다운로드'를 클릭하고 '계정 만들기'를 클릭합니다.

03 계정 만들기 대화상자에서 계정에 필요
한 항목을 입력하고 계정을 만듭니다.

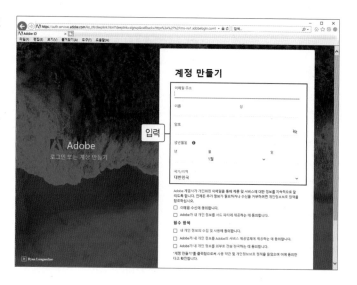

04 'XD 관련 나의 기술 수준', '나의 작업',
'XD 다운로드 목적'을 선택하고 '계속'
버튼을 클릭합니다.

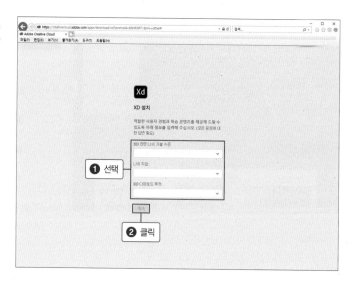

05 'Creative Cloud Desktop App' 팝업
창이 활성화되면 '허용'을 클릭해서 앱
을 설치합니다.

06 'Creative Cloud Desktop App'이 설치되면 어도비 XD '설치'를 클릭하여 프로그램을 설치합니다. 어도비 XD 설치 시 옵션을 지정하지 않으면 '한국어'로 설치됩니다.

TIP

다른 언어로 설치하고 싶다면 오른쪽 윗부분 '환경 설정'을 클릭하고 '앱' 탭에서 설치 언어를 선택하고 어도비 XD를 설치하면 됩니다.

07 설치가 완료되면 '열기'를 클릭하여 어도비 XD 프로그램을 실행합니다.

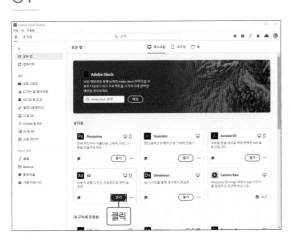

※ 어도비 XD 최신 버전을 설치하기 위해서는 아래의 최소 사양을 만족해야 합니다.

윈도우	맥
Intel® 또는 AMD 프로세서(64비트 지원)	Intel® 또는 AMD 프로세서(64비트 지원)
Windows 10 Fall Creators Update(64비트)-버전 1709(빌드 10.0.16299) 이상	macOS X v10.13 이상
1200 X 800 디스플레이	비-레티나 디스플레이(레티나 권장)
소프트웨어를 활성화하거나 구독 상태를 확인하고 온라인 서비스를 이용하려면 인터넷 연결 및 등록이 필요합니다. 음성 기능을 통해 프로토타입을 미리 보려면 사용자가 인터넷에 연결되어 있어야 합니다.	
4GB RAM	
최소 Direct 3D DDI 기능 세트 : 10 Intel GPU의 경우 2014년 또는 그 이후에 출시된 드라이버가 필요합니다.	

CC
2020

P A R T

1

어도비 XD
시작하기

어도비 XD는 효과적인 UI 디자인하기 위해 다양한 기능을 제공합니다.
어도비 XD의 화면 모드에 따른 생김새를 살펴보고 필수로 알아야 할 기능을 살펴봅니다.

A D O B E X D

어도비 XD는 어떻게 생겼을까?

어도비 XD는 아트보드를 세팅하는 홈 화면과 UI 그래픽 작업이 가능한 디자인 모드 화면, 액션과 애니메이션 효과를 지정하는 프로토타입 모드 화면으로 구성됩니다.

CHAPTER

01 어도비 XD 홈 화면 살펴보기
필수 기능

어도비 XD를 실행하면 디바이스별로 아트보드를 만들거나 최근에 작업한 파일들을 볼 수 있는 홈 화면이 표시됩니다. 다른 어도비 제품군과 다르게 바로 인터페이스 화면이 보이지 않고 홈 화면이 먼저 실행됩니다.

❶ **홈** : 어도비 XD를 실행하면 나타나는 현재 화면입니다.

❷ **Add-on** : [플러그인], [UI 키트], [앱 통합] 메뉴가 나타납니다. 플러그인으로 어도비 XD의 기능을 확장하고, UI 키트를 사용하여 디자인을 시작합니다.

❸ **클라우드 문서** : 클라우드에 저장된 파일을 공유, 관리, 삭제할 수 있습니다.

❹ **나와 공유됨** : 누군가 나와 클라우드 문서를 공유할 수 있습니다.

❺ **링크 관리** : 어도비 XD에 내 작업에 대한 링크를 공유할 수 있습니다.

❻ **삭제된 항목** : 삭제된 파일을 복원, 영구 삭제할 수 있습니다.

❼ **내 컴퓨터** : 내 컴퓨터에 저장된 XD 파일을 불러올 수 있습니다.

❽ **새로운 기능** : 어도비 XD의 새로운 기능을 확인할 수 있습니다.

❾ **학습 및 지원** : 시작, 튜토리얼, 사용 안내서를 확인할 수 있습니다.

❿ **피드백 제공** : 어도비 XD의 기능을 질문하고 답변을 받을 수 있습니다.

⓫ **아트보드** : 아트보드의 종류를 선택하고 크기를 지정해 아트보드를 만들 수 있습니다.

⓬ **튜토리얼 시작** : 간단한 10가지 단계를 따라 어도비 XD에서 수행할 수 있는 작업에 대해 살펴볼 수 있습니다.

⓭ **최근** : 최근에 열어본 파일을 볼 수 있으며, 클릭하면 파일이 열립니다.

02 어도비 XD 디자인 모드 화면 살펴보기
필수 기능

홈 화면에서 아트보드를 선택하면 디자인 모드 화면으로 전환됩니다. UI 그래픽 작업할 수 있는 아트보드 영역과 각종 도구, 메뉴 화면을 볼 수 있습니다. 효율적인 UI 그래픽 작업을 위해 어도비 XD 디자인 모드, 프로토타입 모드, 공유 모드에 대해서 알아보겠습니다.

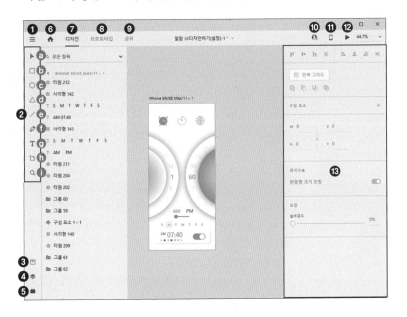

❶ **메뉴** : 새로 만들기, 열기, 내 컴퓨터에서 열기 등의 메뉴 목록이 나타납니다.

❷ **도구 패널** : 선택 도구, 사각형 도구, 타원 도구, 다각형 도구, 선 도구, 펜 도구, 텍스트 도구, 아트보드, 확대/축소 도구 패널입니다.

ⓐ **선택 도구** : 오브젝트를 선택하거나 드래그하여 이동합니다.

ⓑ **사각형 도구** : 직사각형이나 정사각형을 그릴 수 있습니다.

ⓒ **타원 도구** : 타원이나 정원을 그릴 수 있습니다.

ⓓ **다각형 도구** : 면의 수에 따라 다각형을 그릴 수 있습니다.

ⓔ **선 도구** : 드래그하는 방향과 크기대로 직선을 그릴 수 있습니다.

❸ **에셋** : 추가된 에셋을 확인하고, 추가, 삭제, 편집할 수 있습니다.

❹ **레이어** : 오브젝트를 클릭해 레이어 구성 요소를 확인할 수 있고 편집할 수 있습니다.

❺ **플러그인** : 설치된 플러그인을 확인 및 추가할 수 있습니다.

❻ **홈** : 새로운 아트보드를 만들거나 저장된 XD 파일을 불러올 수 있습니다.

❼ **디자인** : 오브젝트를 편집할 수 있는 디자인 모드입니다.

❽ **프로토타입** : 인터랙션을 적용할 수 있는 프로토타입 모드입니다.

❾ **공유** : 오른쪽 패널에서 디자인 및 프로토타입을 공유하여 디자인 검토, 개발, 프리젠테이션, 사용자 테스트, 사용자 정의를 할 수 있는 모드입니다.

ⓕ **펜 도구** : 기준점을 클릭하고 방향선을 조정하여 직선이나 곡선을 그릴 수 있습니다.

ⓖ **텍스트 도구** : 가로형 문자를 입력할 수 있습니다.

ⓗ **아트보드** : 다양한 형태와 크기의 아트보드를 추가 및 삭제, 이동할 수 있습니다.

ⓘ **확대/축소** : 아트보드를 확대나 축소할 수 있습니다.

❿ **문서로 초대** : 편집 작업을 수행할 사람들을 초대할 수 있습니다.

⓫ **모바일 미리보기** : USB를 통해 iOS 디바이스를 XD에 연결하여 내 디자인과 프로토타입을 실시간으로 미리 볼 수 있습니다. Android에서 미리 보려면 파일을 클라우드 문서로 저장하고 XD 모바일 앱을 사용하여 프로토타입을 실시간으로 미리 볼 수 있습니다.

⓬ **데스크탑 미리보기** : 디자인 화면이나 프로토타입을 미리 볼 수 있습니다.

⓭ **옵션 패널** : 오브젝트의 옵션을 편집할 수 있습니다.

03 필수 기능 | 프로토타입 모드 화면 살펴보기

홈 화면에서 프로토타입을 선택하면 프로토타입 모드 화면으로 전환됩니다. 프로토타입 모드에서는 흐름 연결, 트리거, 액션, 애니메이션 효과, 이징 효과 설정이 가능하고 iOS 및 안드로이드 디바이스에서 미리보기가 가능합니다.

❶ 트리거 : 탭, 드래그, 시간, 키 및 게임 패드, 음성을 지원하며 다양한 유형의 프로토타입을 적용할 수 있습니다.

❷ 액션 : 전환, 자동 애니메이트, 오버레이, 다음으로 스크롤, 이전 아트보드, 오디오 재생, 음성 재생을 지원하며 변경된 오브젝트의 속성을 식별하여 액션을 자동으로 적용할 수 있습니다.

❸ 대상 : 아트보드를 선택할 수 있습니다.

❹ 애니메이션 : 없음, 디졸브, 왼쪽으로 슬라이드, 오른쪽으로 슬라이드, 위로 슬라이드, 아래로 슬라이드, 왼쪽으로 밀기, 오른쪽으로 밀기, 위로 밀기, 아래로 밀기를 지원하며 아트보드 간 전환 애니메이션을 적용할 수 있습니다.

❺ 이징 효과 : 없음, 서서히 끝내기, 서서히 시작하기, 서서히 시작−끝내기, 스냅, 와인드업, 바운스 이징 효과를 적용할 수 있습니다.

❻ 재생 시간 : 재생 시간을 조절할 수 있습니다.

아트보드 만들기

CHAPTER 02

어도비 XD 홈 화면에서 새로운 아트보드를 만들고, 아트보드 이름을 변경하여 다양한 방법으로 아트보드를 설정하는 방법에 대해서 알아보겠습니다.

어도비 XD 기본

UI 아이콘 제작

애니메이션 제작

페이지 디자인

인터랙션 디자인

UI 디자인

실무 프로젝트

01 새 아트보드 만들기
따라하기

01 시작 화면에서 iPhone X/XS/11 Pro를 선택하고 아트보드를 만듭니다.

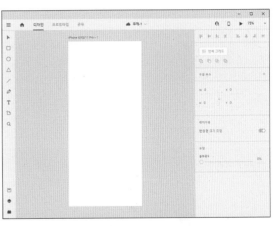

02 아트보드 좌측 상단을 더블클릭해서 '어도비 XD'로 이름을 변경합니다.

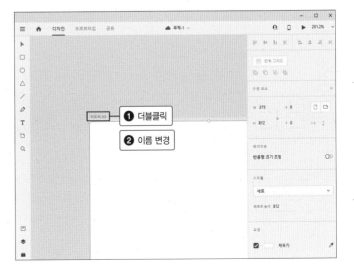

03 '어도비 XD' 아트보드를 선택한 상태에서 아트보드 도구(▤)를 선택하고 화면을 클릭하면 아트보드가 만들어집니다.

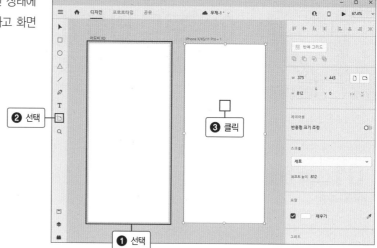

04 아트보드가 선택되지 않은 상태에서 아트보드 도구(▤)를 선택하면 오른쪽 패널에 아트보드를 선택하면 아트보드가 만들어집니다.

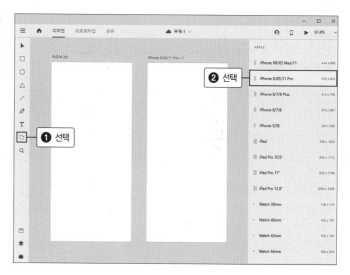

05 '어도비 XD' 아트보드를 선택하고 드래그하면 그림과 같이 아트보드를 이동할 수 있습니다.

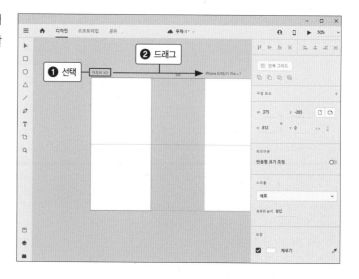

06 아트보드 도구(□)를 선택하고 화면에 드래그하여 아트보드를 만듭니다.

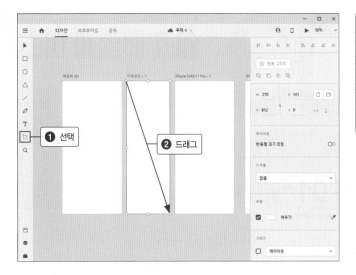

07 아트보드를 선택하고 오른쪽 패널에서 채우기의 Hex를 '#0095D6'으로 설정하여 배경색을 변경합니다.

TIP

선형 그레이디언트, 방사형 그레이디언트를 적용할 수도 있습니다.

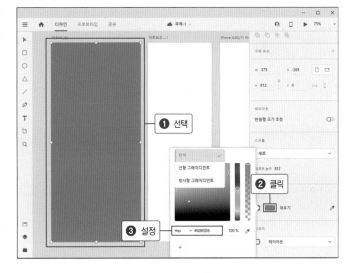

쉽고 빠르게 여러 가지 도형 그리기

CHAPTER

도형 도구를 이용하여 간편하게 정해진 형태의 사각형, 타원, 다각형 등을 그릴 수 있습니다. 도형 도구를 이용하여 여러 형태의 도형을 그리고 둥근 도형으로 변형합니다.

01 둥근 사각형 그리기
따라하기

01 시작 화면에서 사용자 정의 크기를 선택하여 새로운 아트보드를 만듭니다.

02 사각형 도구(□)를 선택하고 아트보드에 드래그하여 직사각형을 그립니다.

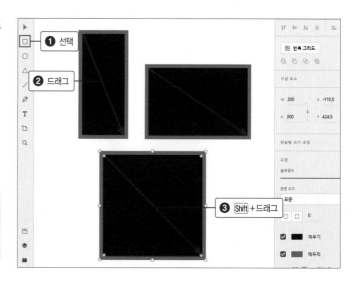

TIP

❶ Shift 를 누른 상태로 드래그하면 정사각형을 그릴 수 있습니다.

❷ Shift 와 Alt 를 같이 누른 상태로 드래그하면 가운데에서부터 정사각형을 그릴 수 있습니다.

03 사각형 도구(□)를 선택하고 정사각형 오브젝트를 그리고 오른쪽 패널에서 W/H를 '300, 300', '100, 300' 크기로 입력하면 그림과 같이 변형됩니다.

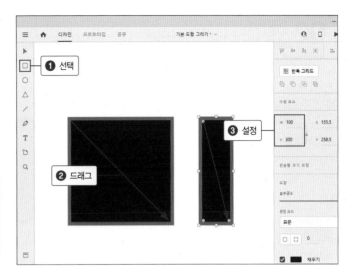

TIP

옵션 패널에서 테두리를 클릭하면 컬러 스펙트럼 대화상자가 활성화됩니다. 컬러 스펙트럼 대화상자를 이용해 컬러의 명도와 채도를 조절할 수 있습니다.

04 사각형 도구(□)를 선택하고 Shift 를 누른 상태로 드래그해서 정사각형을 그립니다.

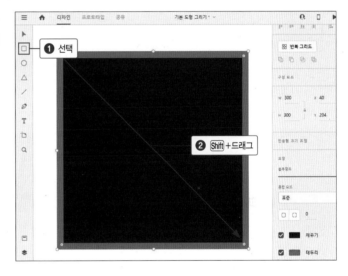

05 정사각형 안쪽 기준점을 드래그하면 둥근 정사각형으로 변형됩니다.

어도비 XD 기본

UI 아이콘 제작

애니메이션 제작

페이지 디자인

인터랙션 디자인

UI 디자인

실무 프로젝트

01 타원 도구(◯)를 선택하고 드래그해서
　　타원을 그립니다.

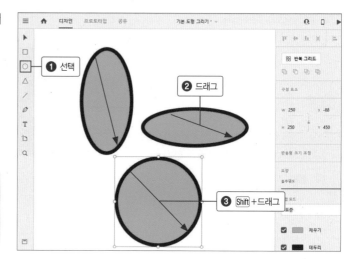

TIP
❶ Shift 를 누른 상태로 드래그하면 정원을 그릴 수
있습니다.
❷ Shift 와 Alt 를 같이 누른 상태로 드래그하면 가운
데에서부터 정원을 그릴 수 있습니다.

02 다각형 도구(△)를 선택하고 드래그해
　　서 삼각형을 그립니다.

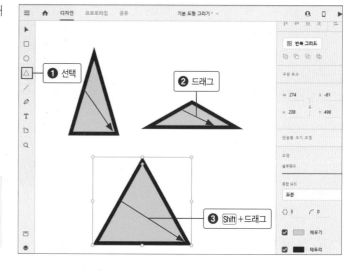

TIP
옵션 패널에서 코너 카운트 수를 설정하면 여러 가지
다각형을 그릴 수 있습니다. 모퉁이의 반경을 조절할
수도 있고, 별 비율을 조절하여 다각형을 변형할 수
있습니다.

03 오른쪽 패널에서 코너 카운트(⬡)에 '6'
　　을 입력하면 육각형으로 변형됩니다. 육
각형 안쪽 기준점을 드래그하면 둥근 육각형으
로 변형됩니다.

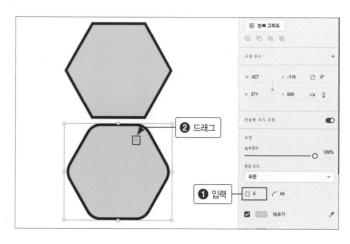

어도비 XD 기본

UI 아이콘 제작

애니메이션 제작

페이지 디자인

인터랙션 디자인

UI 디자인

실무 프로젝트

04 CHAPTER

선 도구로 다양한 선 그리기

선 도구를 이용하여 원하는 방향으로 드래그해 직선을 그리고 수직선과 수평선을 그립니다. 또한 옵션 패널에서 선의 속성을 변경합니다.

01 직선 그리기
따라하기

01 시작 화면에서 사용자 정의 크기를 선택하여 새로운 아트보드를 만듭니다.

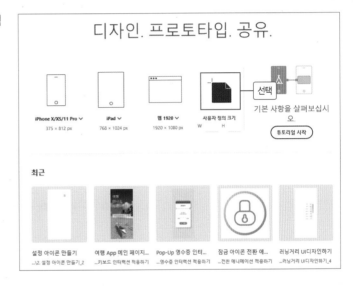

02 선 도구(✏️)를 선택하고 아트보드에 드래그하여 직선을 그립니다.

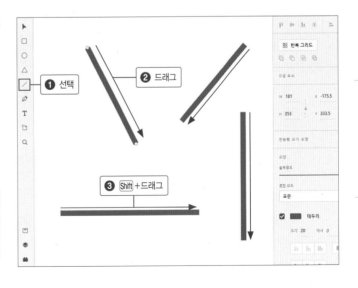

TIP
❶ Shift 를 누른 상태로 드래그하면 수직선, 수평선을 그릴 수 있습니다.
❷ Shift 와 Alt 를 같이 누른 상태로 드래그하면 가운데에서부터 수직선, 수평선을 그릴 수 있습니다.

다양한 점선 그리기

01 수평선을 그린 다음 오른쪽 패널에서
'접한 단면([E])', '원형 단면([C])', '돌출
형 끝([E])'으로 설정을 변경합니다.

TIP
• **접한 단면** : 선 두께와 상관없이 끝점까지 넘치지
  않습니다.
• **원형 단면** : 끝점을 둥글게 표현합니다.
• **돌출형 끝** : 끝점을 넘치게 표현합니다.

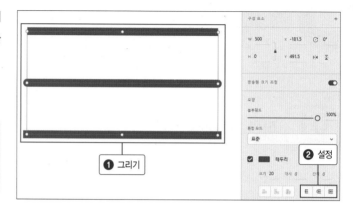

① 그리기
② 설정

02 첫 번째 선을 선택하고 오른쪽 패널에
서 크기를 '20', 대시를 '20', 간격을 '20',
'접한 단면([E])'으로 설정합니다.

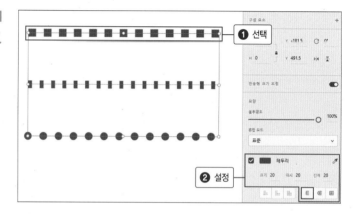

① 선택
② 설정

03 두 번째 선을 선택하고 크기를 '20', 대
시를 '10', 간격을 '20', '접한 단면([E])'으
로 설정합니다.

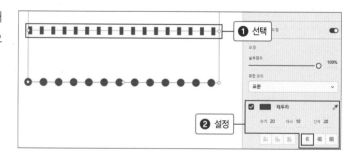

① 선택
② 설정

04 세 번째 선을 선택하고 크기를 '20', 대
시를 '0', 간격을 '40', '원형 단면([C])'으
로 설정합니다.

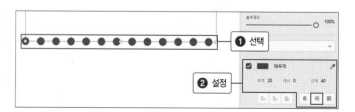

① 선택
② 설정

05
CHAPTER

펜 도구와 패스 기능 익히기

펜 도구와 패스의 개념을 이해하고 다양한 오브젝트를 그립니다. 펜 도구로 그린 오브젝트에 기준점을 추가 및 변환하여 변형합니다.

01 따라하기 개곡선과 폐곡선 그리기

01 시작 화면에서 사용자 정의 크기를 선택하여 새로운 아트보드를 만듭니다.

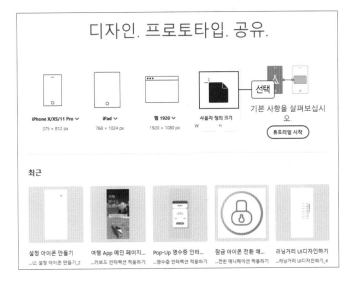

02 펜 도구(✐)를 선택한 다음 아트보드에 클릭하고 다른 지점을 클릭하면 직선이 그려집니다.

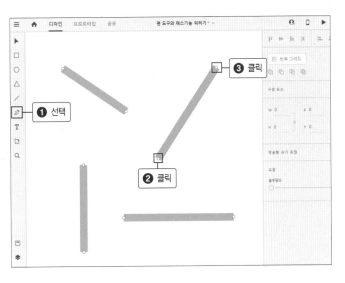

TIP

❶ 다시 직선을 그리기 위해서는 Esc를 누르고 펜 도구를 선택합니다.
❷ Shift를 누른 상태로 드래그하면 수직선 수평선을 그릴 수 있습니다.

03 여러 지점을 클릭하면 다양한 직선을 그릴 수 있습니다. [Shift]를 누른 상태로 클릭하면 '45' 각도의 대각선을 그릴 수 있습니다.

TIP
패스는 기준점의 시작과 끝이 연결된 면 형태의 닫힌 패스와 연결되지 않은 선 형태의 열린 패스로 나뉘며, 펜 도구나 선택 도구를 이용하여 수정할 수 있습니다.

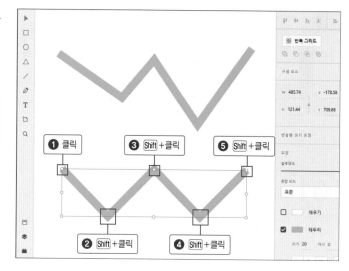

04 펜 도구([✐])를 선택하고 아트보드에 클릭한 다음 다른 지점에 클릭 후 손을 떼지 않고 드래그하면 곡선이 그려집니다. 다시 다른 지점에 클릭 후 손을 떼지 않고 드래그하면 곡선이 연결되어 그려집니다.

TIP
직선에서 곡선 그릴 경우 직선의 기준점을 만들고 끝점을 클릭하고 다시 기준점을 클릭한 상태에서 드래그하여 방향선을 만들고 원하는 크기와 방향으로 드래그해서 곡선을 그립니다.

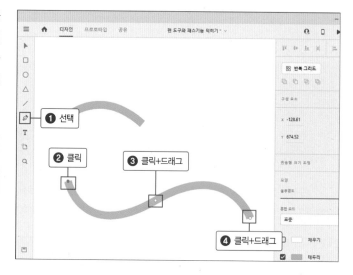

05 펜 도구([✐])를 선택하고 [Shift]를 누른 상태로 다른 지점을 클릭해서 직사각형을 그립니다.

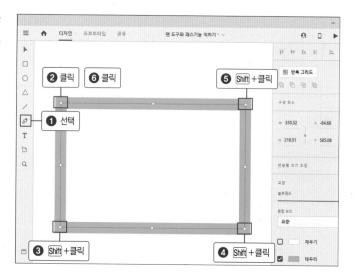

02 따라하기 기준점을 편집하여 변경하기

01 선택 도구(▶)를 선택하고 오브젝트를 더블클릭합니다. 왼쪽 위 기준점을 선택하고 그림과 같이 이동하면 직사각형이 변형됩니다.

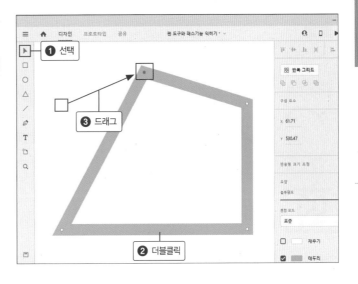

02 선에 마우스 포인터를 가져가면 기준점이 추가됩니다.

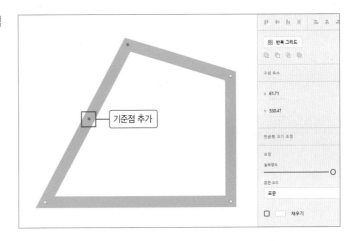

03 기준점을 이동하면 다각형으로 변형됩니다.

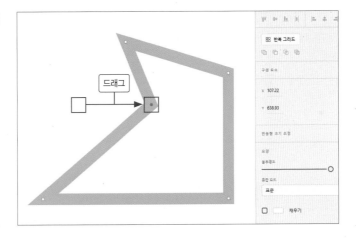

UI 아이콘 제작

애니메이션 제작

페이지 디자인

인터랙션 디자인

UI 디자인

실무 프로젝트

04 기준점을 더블클릭하면 곡선 방향선으
로 변경됩니다.

곡선에서 직선 그릴 경우 곡선의 끝점을 더블클릭하
면 방향선이 없어지고 이어서 다음 기준점을 클릭해
직선을 그릴 수 있습니다.

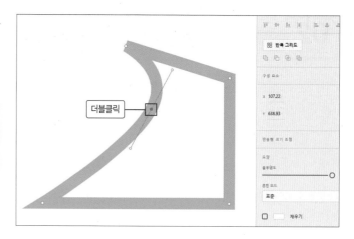

---

03 호 형태의 닫힌 폐곡선 그리기
따라하기

01 펜 도구(✐)를 선택하고 아트보드에 클
릭한 다음 다른 지점에 클릭 후 손을 떼
지 않고 드래그하여 곡선을 그리고 다음 지점을
클릭합니다. 이어서 가운데 아래를 클릭하여 직
선을 그리고 패스를 닫습니다. 이와 같은 방법으
로 닫힌 오브젝트를 그립니다.

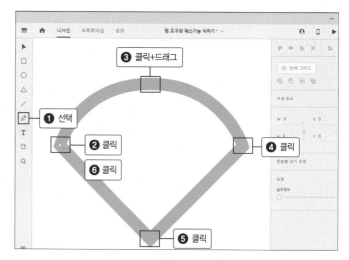

02 선택 도구(▶)를 선택하고 오브젝트를
더블클릭합니다. 왼쪽 기준점을 선택하
고 더블클릭하면 곡선 방향선이 없어져 도형이
변형됩니다. 오른쪽 기준점도 같은 방법으로 곡
선 방향선을 없앱니다.

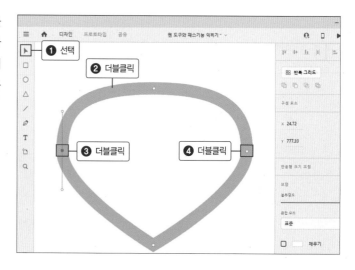

06
CHAPTER

오브젝트 정렬과 재구성하기

옵션 패널에서 정렬 기능을 이용하여 오브젝트를 원하는 위치에 정렬합니다. 옵션 패널에서 오브젝트를 합치거나 분리해 간편하게 원하는 형태의 오브젝트를 재구성합니다.

어도비 XD 기능

UI 아이콘 제작

애니메이션 제작

페이지 디자인

인터랙션 디자인

UI 디자인

실무 프로젝트

01 오브젝트 정렬하기
따라하기

01 시작 화면에서 사용자 정의 크기를 선택하여 새로운 아트보드를 만듭니다.

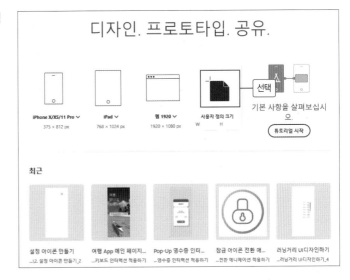

02 사각형 도구(□)를 선택하고 그림과 같이 아트보드에 드래그하여 직사각형을 그립니다.

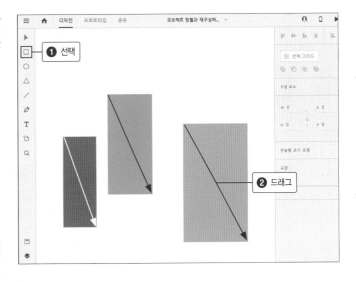

TIP
컬러와 모양은 달라도 됩니다.

03 세 개의 오브젝트를 모두 선택하고 오른
쪽 패널에서 '상단 정렬' 아이콘(■)을
클릭하면 오브젝트 위쪽을 기준으로 세 개의 오
브젝트가 정렬됩니다.

04 오른쪽 패널에서 '중간 정렬(세로)' 아이콘
(■)을 클릭하면 오브젝트 세로 가운데
를 기준으로 세 개의 오브젝트가 정렬됩니다.

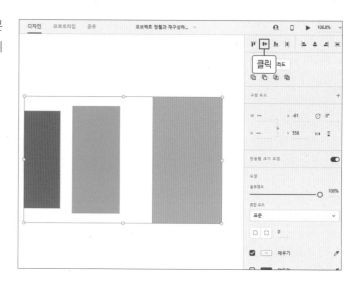

05 오른쪽 패널에서 '하단 정렬' 아이콘(■)
을 클릭하면 오브젝트 아래쪽을 기준으로
세 개의 오브젝트가 정렬됩니다.

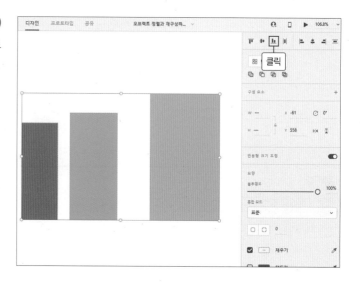

02 오브젝트 정렬과 배치하기
따라하기

01 오른쪽 패널에서 '가로 배치' 아이콘(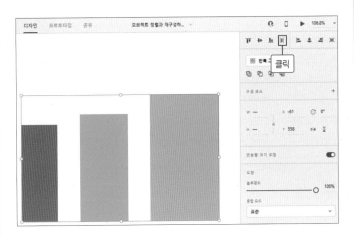)을 클릭하면 세 개의 오브젝트가 같은 간격으로 가로 배치됩니다.

TIP

- **추가** : 오브젝트 사이 겹친 부분을 합칩니다.
- **빼기** : 오브젝트가 겹치면 앞부분을 삭제합니다.
- **교차** : 오브젝트 사이 겹친 부분을 제외한 나머지 부분을 삭제합니다.
- **오버랩 제외** : 오브젝트 사이 겹친 부분만 삭제합니다.

02 선택 도구(▶)를 선택하고 그림과 같이 오브젝트를 재배치합니다.

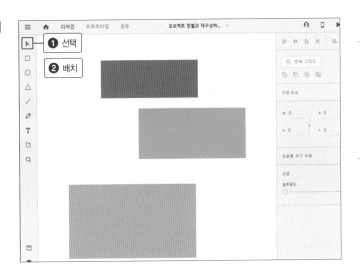

03 오른쪽 패널에서 '왼쪽 정렬' 아이콘(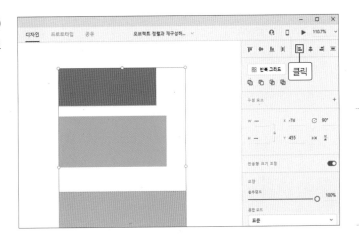)을 클릭하면 오브젝트 왼쪽을 기준으로 세 개의 오브젝트가 정렬됩니다.

UI 아이콘 제작

애니메이션 제작

페이지 디자인

인터랙션 디자인

UI 디자인

실무 프로젝트

04 오른쪽 패널에서 '가운데 정렬(가로)' 아이
콘(⬒)을 클릭하면 오브젝트 가로 가운
데를 기준으로 세 개의 오브젝트가 정렬됩니다.

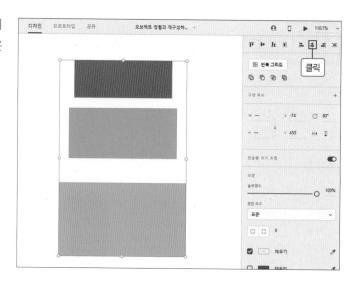

05 오른쪽 패널에서 '오른쪽 정렬' 아이콘
(⬛)을 클릭하면 오브젝트 오른쪽을 기
준으로 세 개의 오브젝트가 정렬됩니다.

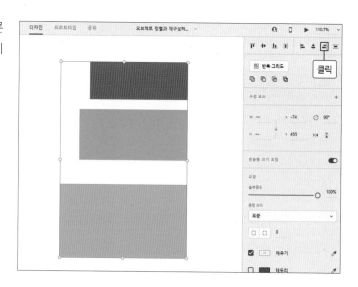

06 오른쪽 패널에서 '세로 배치' 아이콘(☰)
을 클릭하면 세 개의 오브젝트가 같은 간
격으로 세로 배치됩니다.

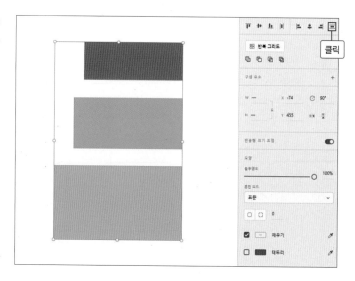

03 오브젝트를 앞으로 가져오기
따라하기

01 선택 도구(▶)를 선택하고 그림과 같이 오브젝트를 재배치합니다.

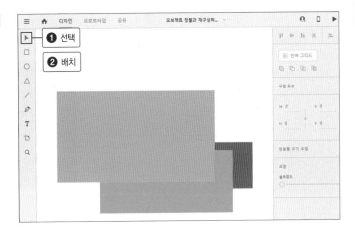

02 빨간색 오브젝트를 선택하고 마우스 오른쪽 버튼을 클릭한 다음 정렬 → 앞으로 가져오기(Ctrl+])를 실행하면 한 단계 앞으로 정렬됩니다.

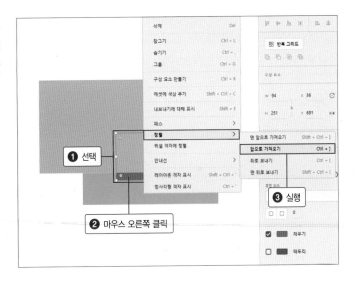

03 초록색 오브젝트를 선택하고 마우스 오른쪽 버튼을 클릭한 다음 정렬 → 맨 앞으로 가져오기(Shift+Ctrl+])를 실행하면 맨 앞으로 정렬됩니다.

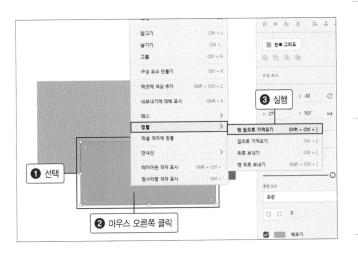

UI 아이콘 제작

애니메이션 제작

페이지 디자인

인터랙션 디자인

UI 디자인

실무 프로젝트

오브젝트 편집하기

01 사각형 도구(□)와 타원 도구(○)를 선택하고 그림과 같이 정사각형, 정원을 그립니다.

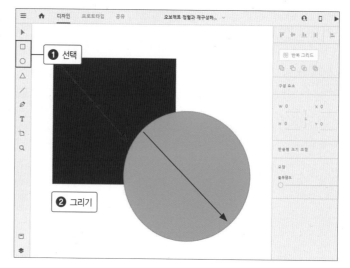

02 두 개의 오브젝트를 모두 선택하고 오른쪽 패널에서 '추가(Ctrl+Alt+U)' 아이콘(□)을 클릭하면 두 개의 오브젝트가 합쳐집니다.

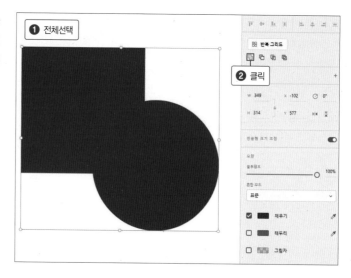

03 오른쪽 패널에서 '빼기(Ctrl+Alt+S)' 아이콘(□)을 클릭하면 뒤에 있는 오브젝트에서 앞쪽 오브젝트만 없어집니다.

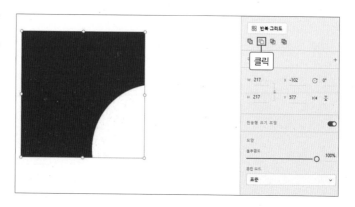

04 오른쪽 패널에서 '교차([Ctrl]+[Alt]+[I])' 아이콘(圖)을 클릭하면 두 개의 오브젝트에서 교차된 부분만 남습니다.

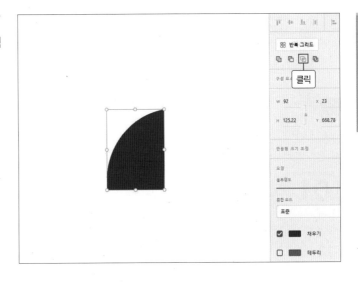

05 오른쪽 패널에서 '오버랩 제외([Ctrl]+[Alt]+[X])' 아이콘(圖)을 클릭하면 두 개의 오브젝트에서 교차된 부분을 제외한 부분만 남습니다.

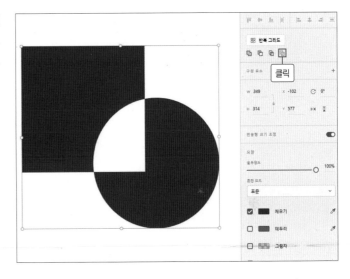

06 오브젝트를 더블클릭하면 오브젝트가 각각 선택되어 재배치할 수 있습니다.

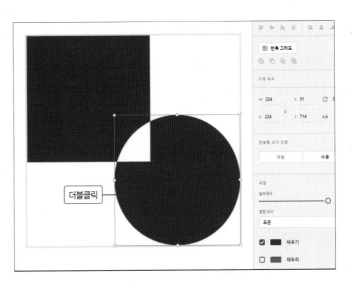

색상 적용하기

CHAPTER 07

오브젝트에 면색과 선색을 적용하고 옵션 패널에서 그림자와 배경 흐림 효과, 오브젝트 흐림 효과를 빠르게 설정해서 간편하게 적용합니다.

01 따라하기 오브젝트에 테두리 만들기

01 시작 화면에서 사용자 정의 크기를 선택하여 새로운 아트보드를 만듭니다.

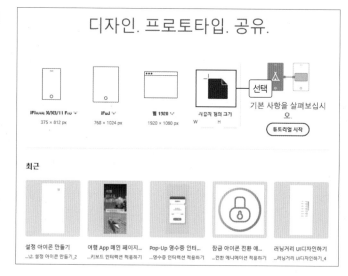

02 사각형 도구(□)를 선택하고 아트보드에 드래그하여 사각형을 그립니다. 오른쪽 패널에서 채우기의 Hex를 '#00EEFF'로 설정하여 컬러를 변경합니다.

TIP
컬러 스펙트럼에서 클릭하면 컬러 변경이 가능합니다.

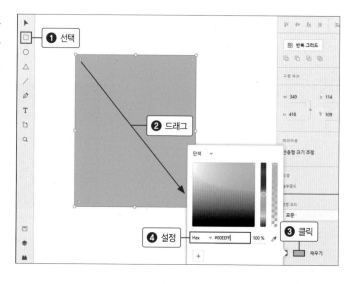

03 색상 패널에서 알파에 '32%'를 입력하여 투명도를 변경합니다.

TIP
불투명도 바에 클릭하면 불투명도 조정이 가능합니다.

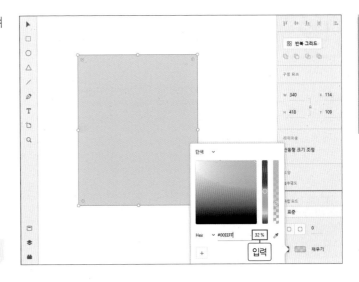

04 오른쪽 패널에서 테두리의 크기를 '20', 채우기의 Hex를 '#D816D1'로 설정하여 테두리 컬러를 변경합니다.

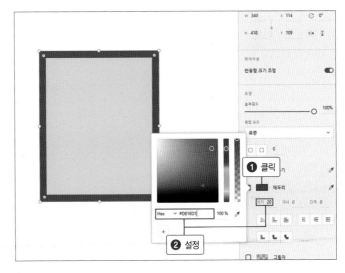

05 오른쪽 패널에서 그림자의 X를 '20', Y를 '20', B를 '20'으로, Hex를 '#000000'로 설정하여 그림자를 설정합니다.

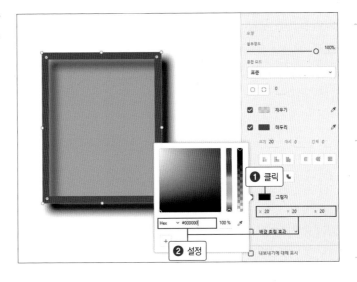

01 사각형 도구(□), 타원 도구(○)를 선택
하여 그림과 같이 오브젝트를 그립니다.

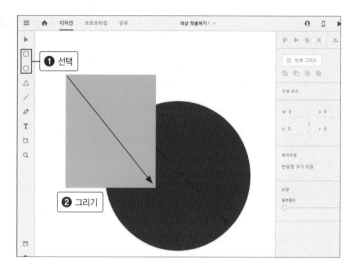

02 사각형을 선택하고 오른쪽 패널에서 '배
경 흐림 효과'를 체크 표시한 다음 정도
는 '23', 밝기는 '43', 불투명도는 '38%'로 입력합
니다.

TIP

두 개 이상의 오브젝트 중에서 앞에 있는 오브젝트를
선택하고 옵션 패널에서 배경 흐림 효과를 클릭하면
'정도/밝기/불투명도' 설정 값이 활성화됩니다. 앞에
있는 오브젝트의 '정도/밝기/불투명도'의 설정 값에
따라 뒤에 있는 오브젝트가 변형되어 보입니다.

03 오른쪽 패널에서 '오브젝트 흐림 효과'
를 체크 표시하고 정도를 '38'로 입력합
니다. 각 옵션 바를 조정하여 오브젝트 흐림 효
과를 조정합니다.

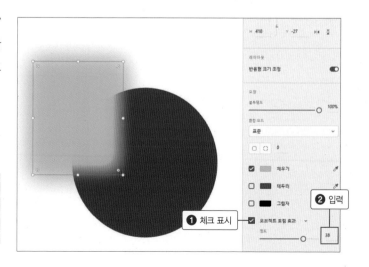

TIP

옵션 패널에서 오브젝트 흐림 효과를 클릭하면 '정
도' 설정 값이 활성화됩니다. '정도'는 흐릿하게 보이
게 하는 효과(Blur)로, 0~50까지 설정이 가능하며
설정 값이 클수록 흐림 효과가 커집니다.

그레이디언트 적용하기

CHAPTER 08

옵션 패널에서 선형, 방사형 그레이디언트를 활용해 오브젝트에 입체적인 그러데이션을 적용합니다. 그레이디언트 바에 컬러를 추가하고 방향 및 위치를 변경하여 쉽고 빠르게 적용합니다.

---

01 선형 그레이디언트 적용하기
따라하기

01 시작 화면에서 사용자 정의 크기를 선택하여 새로운 아트보드를 만듭니다.

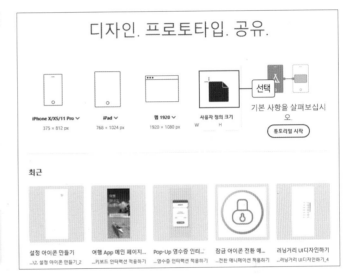

> **TIP**
>
> 그러데이션이란 두 가지 이상의 색이 부드럽게 연결되어 변화하는 것으로 그레이디언트 기능을 이용하여 적용할 수 있습니다.

02 사각형 도구(□)를 선택하고 아트보드에 드래그하여 직사각형을 그린 다음 오른쪽 패널의 채우기에서 '선형 그레이디언트'로 지정합니다.

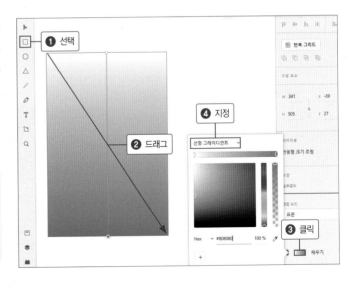

> **TIP**
>
> 선형 그레이디언트 슬라이더 바를 클릭하면 조절점이 추가되고, 좌/우로 드래그하면 조절점의 위치를 바꿀 수 있습니다. 추가한 조절점을 삭제하려면 조절점을 선택하고 그레이디언트 슬라이더 바 위/아래로 드래그하면 삭제됩니다.

03 왼쪽 조절점의 Hex를 '#C13396', 오른쪽 조절점의 Hex를 '#059F00'로 설정하고 그러데이션을 적용합니다.

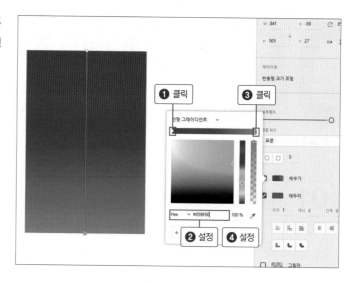

04 그레이디언트 바를 클릭하여 컬러 조절점을 추가하고 채우기의 Hex를 '#1D2FD5'로 설정합니다.

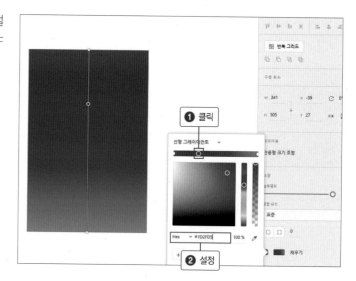

05 그레이디언트 바에서 컬러 조절점을 조정하여 그레이디언트를 조정할 수 있습니다. 또는 오브젝트의 컬러 조절점을 드래그하여 조정할 수 있습니다.

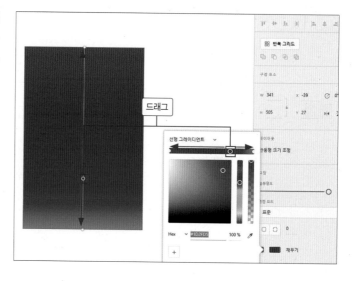

06 그레이디언트 바에 추가한 컬러 조절점을 컬러 패널 바깥으로 드래그하면 삭제됩니다.

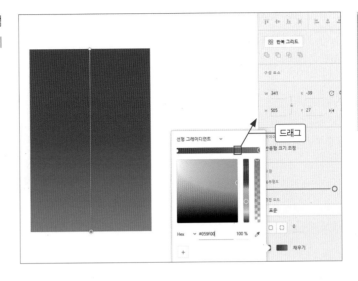

07 오브젝트의 컬러 조절점을 드래그하여 그레이디언트의 방향과 위치를 조정할 수 있습니다.

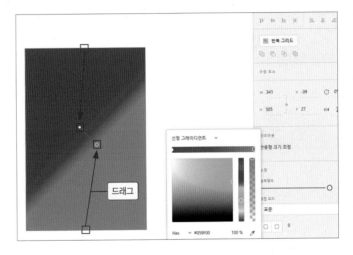

02 방사형 그레이디언트 적용하기
따라하기

01 타원 도구(◯)를 선택하고 아트보드에 드래그하여 정원을 그린 다음 오른쪽 패널의 채우기에서 '방사형 그레이디언트'로 지정합니다.

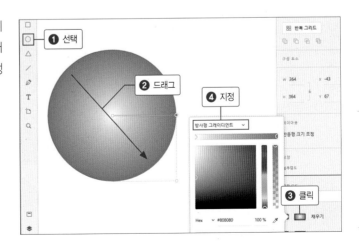

어도비 XD 기본

UI 아이콘 제작

애니메이션 제작

페이지 디자인

인터랙션 디자인

UI 디자인

실무 프로젝트

02 왼쪽 조절점의 Hex를 '#F7FF00', 오른쪽 조절점의 Hex를 '#FF001A'로 설정하고 그러데이션을 적용합니다.

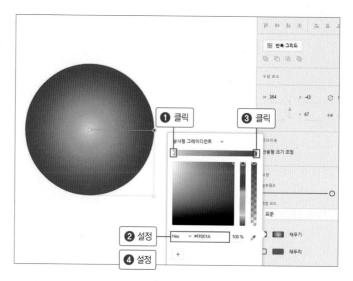

03 그레이디언트 바를 클릭하여 컬러 조절점을 추가하고 채우기의 Hex를 '#00B9FF'로 설정합니다.

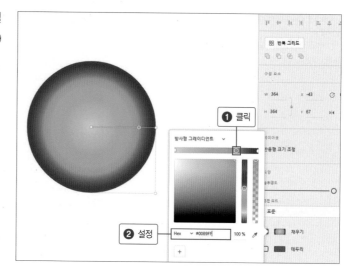

04 그레이디언트 바에 추가한 컬러 조절점을 컬러 패널 바깥으로 드래그하면 삭제됩니다.

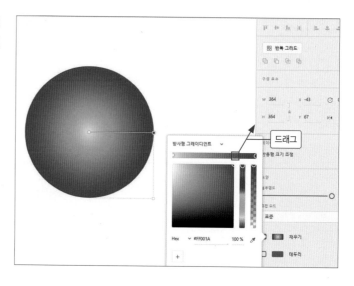

05 오브젝트의 컬러 조절점을 드래그하여
그레이디언트의 방향, 위치, 크기를 조
정할 수 있습니다.

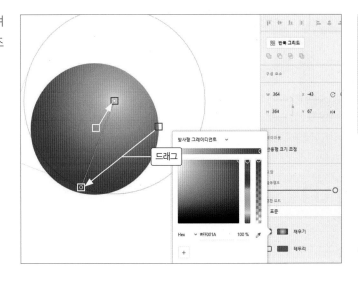

06 원 밖의 조절점을 드래그하면 그레이디
언트의 형태를 조정할 수 있습니다.

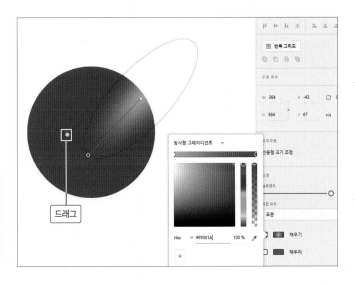

TIP

방사형 그레이디언트를 적용한 오브젝트의 원 그레이
디언트 슬라이더 바의 모서리 기준점에 마우스 포인
터를 가져가면 모서리 기준점이 파란색으로 변경되면
서 방사형 그레이디언트의 형태를 정원에서 타원으로
변경할 수 있습니다.

이미지 편집하기

CHAPTER

이미지를 확대, 축소하고 테두리를 추가하여 컬러 적용 및 투명도를 조절합니다. 이미지를 둥근 형태로 변형하고 배경 흐림 효과, 오브젝트 흐림 효과를 적용합니다.

01 이미지를 확대, 축소하기
따라하기

01 시작 화면에서 사용자 정의 크기를 선택하여 새로운 아트보드를 만듭니다.

02 예제 폴더에서 '열기구.jpg' 파일을 아트보드로 드래그하면 이미지가 삽입됩니다.

03 이미지 테두리의 조절점을 드래그하면
   정비례로 확대, 축소됩니다.

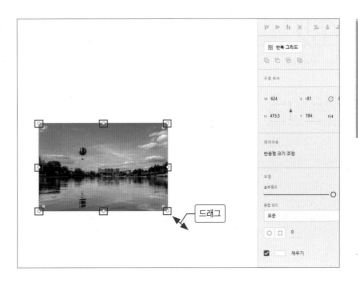

04 오른쪽 패널에서 '종횡비 잠금' 아이콘
   (🔒)을 클릭하여 잠금을 푼 다음 테두
리의 조절점을 드래그하면 비율을 유지하지 않
고 이미지가 변형됩니다.

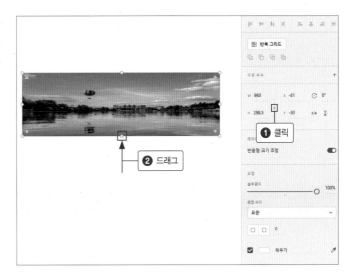

05 오른쪽 패널에서 테두리 크기를 '20',
   Hex를 '#FF0088'로 설정합니다.

TIP

이미지 사용 목적에 따라 크기를 늘리거나 줄이는 작
업을 할 수 있으며 옵션 패널에서 이미지 오브젝트의
테두리 컬러 및 투명도를 조절, 모퉁이 반경을 조절하
여 이미지 오브젝트를 둥근 형태의 사각형으로 변형
할 수도 있습니다. 배경 흐림 효과나 오브젝트 흐림
효과도 설정할 수 있습니다.

01 오른쪽 패널에서 불투명도에 '36%'를
입력하여 투명도를 변경합니다.

02 오른쪽 패널에서 불투명도에 '100%'를
입력하여 투명도를 변경합니다. 이미지
안쪽의 기준점을 드래그하여 둥근 직사각형 이
미지로 변경합니다.

03 오른쪽 패널에서 '그림자'를 체크 표시한
다음 X를 '20', Y를 '20', B를 '20'으로 입
력하고, Hex를 '#000000'로 설정하여 그림자를
설정합니다.

어도비 XD 기본
UI 아이콘 제작
애니메이션 제작
페이지 디자인
인터랙션 디자인
UI 디자인
실무 프로젝트

04 오른쪽 패널에서 '배경 흐림 효과'를 체크 표시한 다음 불투명도에 '24%'를 입력합니다.

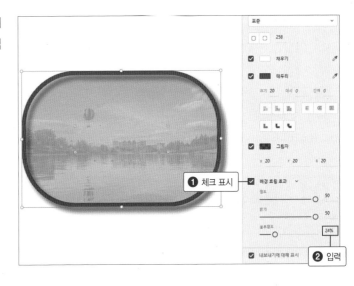

❶ 체크 표시
❷ 입력

TIP
뒷배경에 오브젝트나 이미지가 있어야 배경 흐림 효과를 적용한 상태가 보입니다.

05 오른쪽 패널에서 '오브젝트 흐림 효과'를 체크 표시한 다음 정도를 '12'로 입력합니다.

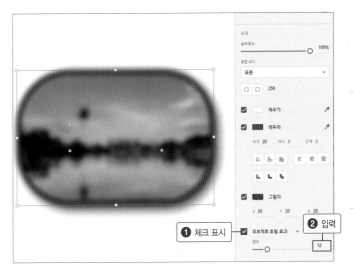

❶ 체크 표시
❷ 입력

마스크 적용하기

오브젝트를 그리고 이미지를 드래그해서 마스크를 적용합니다. 적용된 마스크에 이미지를 확대, 축소 및 옵션 패널에서 효과를 적용합니다.

CHAPTER

---

01 오브젝트에 이미지 삽입하기
따라하기

01 시작 화면에서 사용자 정의 크기를 선택하여 새로운 아트보드를 만듭니다.

02 타원 도구(◯)를 선택하고 Shift를 누른 채 아트보드에 드래그하여 정원 오브젝트를 그립니다.

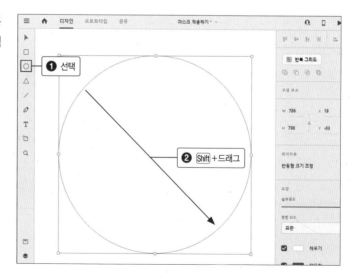

03 예제 폴더에서 '커피.jpg' 파일을 드래그
하면 이미지에 정원 모양의 마스크가 적
용됩니다.

마스크는 이미지를 화면에 특정 부분을 숨기거나 드
러낼 때 사용합니다. 마스크 영역을 만드는 작업은 흰
색 종이에 검은색 영역을 가위로 오려 구멍을 뚫는
개념입니다. 구멍이 뚫린 영역에는 바로 밑에 위치한
이미지가 보입니다.

04 마스크가 적용된 이미지를 더블클릭합
니다.

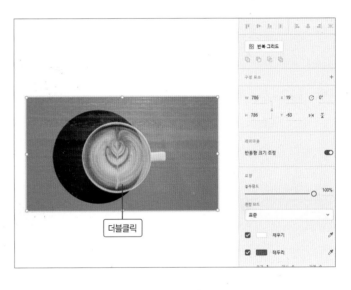

도형 도구로 도형 오브젝트를 그리고 이미지를 도형
오브젝트로 드래그하면 마우스 포인터가 '복사'로 변
경되고 오브젝트의 컬러가 파란색으로 변경되면서 마
우스 버튼을 해제하면 도형 오브젝트 모양으로 마스
크가 적용됩니다.

05 이미지를 더블클릭하면 그림과 같이 확
대/축소, 이동이 가능합니다.

06 오른쪽 패널에서 테두리 크기를 '20', Hex를 '#1AE47F'로 설정합니다.

07 오른쪽 패널에서 그림자, 배경 흐림 효과, 오브젝트 흐림 효과를 설정할 수 있습니다.

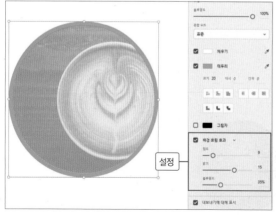

02 따라하기 모양으로 마스크 기능으로 마스크 만들기

01 예제 폴더에서 '커피.jpg' 파일을 아트보
드로 드래그하여 이미지를 삽입합니다.

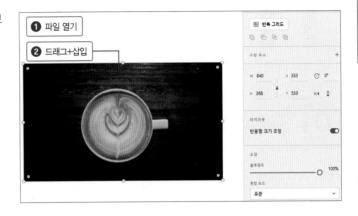

02 타원 도구(◯)를 선택하고 그림과 같이
Shift를 누른 채 아트보드에 드래그하여
정원 오브젝트를 그린 다음 정원 오브젝트와 이
미지를 같이 선택합니다.

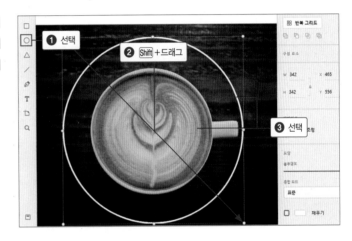

03 마우스 오른쪽 버튼을 클릭한 다음 모
양으로 마스크 만들기(Shift+Ctrl+M)
를 실행해서 마스크를 적용합니다.

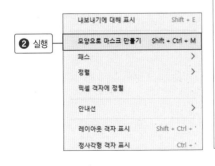

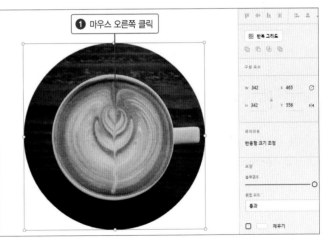

UI 아이콘 제작

애니메이션 제작

페이지 디자인

인터랙션 디자인

UI 디자인

실무 프로젝트

TIP

모양으로 마스크 만들기(Shift+Ctrl+M)를 적용하면 그림자, 배경 흐림 효과, 오브젝트 흐림 효과를 적용할 수 없습니다.

Chapter 10 · 마스크 적용하기　**65**

반복 그리드 익히기

CHAPTER

오브젝트를 그리고 반복 그리드를 선택하여 상/하, 좌/우 조절합니다. 오브젝트에 이미지를 드래그해서 마스크를 적용합니다. 또한, 텍스트를 입력하고 반복 그리드를 선택하여 TXT 파일을 드래그해서 TXT 파일의 내용을 적용합니다.

01 따라하기 | 이미지 적용 반복 그리드 사용하기

01 시작 화면에서 사용자 정의 크기를 선택하여 새로운 아트보드를 만듭니다.

02 사각형 도구(□)를 선택하고 아트보드에 드래그하여 W/H가 '400, 500' 크기인 직사각형 오브젝트를 그립니다. 오른쪽 패널에서 〈반복 그리드〉 버튼을 클릭합니다.

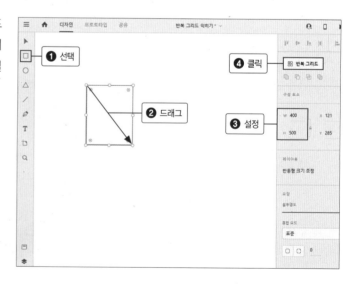

어도비 XD 기본

UI 아이콘 제작

애니메이션 제작

페이지 디자인

인터랙션 디자인

UI 디자인

실무 프로젝트

03 반복 그리드의 조절점을 왼쪽에서 오른쪽으로, 위에서 아래로 드래그하면 오브젝트가 반복적으로 만들어집니다.

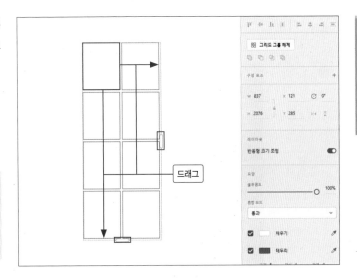

TIP

도형 도구로 오브젝트를 그리고 옵션 패널에서 반복 그리드를 선택하면 오브젝트 테두리에 오른쪽과 아래쪽에 초록색 조절점이 생성됩니다. 핸들을 좌에서 우로, 위에서 아래로 드래그하면 오브젝트가 반복적으로 복사가 됩니다.

04 오브젝트 사이에 마우스 포인터를 가져가면 분홍색으로 변경됩니다. 드래그하면 상/하, 좌/우 간격을 조정할 수 있습니다.

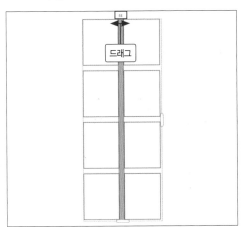

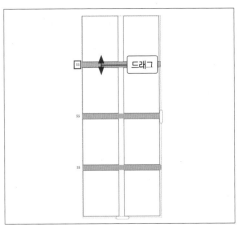

05 예제 폴더에서 '이미지01.jpg' 파일을 직사각형 오브젝트로 드래그하면 이미지가 삽입됩니다.

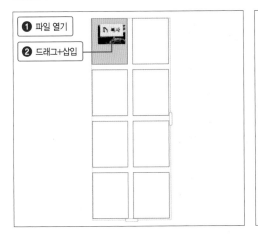

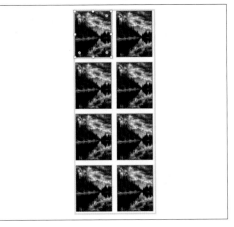

06 예제 폴더에서 '이미지02.jpg' 파일을 위쪽 두 번째 오브젝트에 드래그하면 그림과 같이 이미지가 변경됩니다.

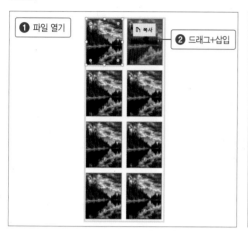
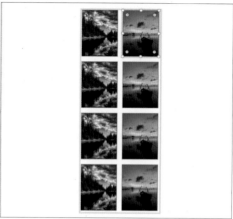

07 예제 폴더에서 '이미지03.jpg' 파일을 위쪽 첫 번째 오브젝트
에 드래그하면 그림과 같이 이미지가 변경됩니다.

08 오브젝트를 더블클릭한 다음 이미지를 클릭해서 크기를 조정하면 반복 그리드가 적용된 이미지가 똑같이 변경됩니다.

09 오브젝트 안쪽의 기준점을 드래그하면 반복 그리드가 적용된 모든 오브젝트가 똑같이 변경됩니다.

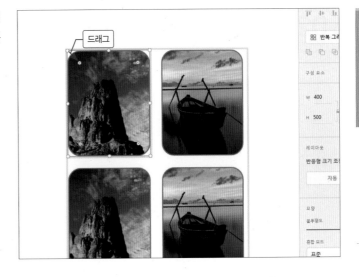

10 오른쪽 패널에서 테두리 크기를 '10', Hex를 '#0ACCB2'로 설정하면 반복 그리드가 적용된 모든 오브젝트가 똑같이 변경됩니다.

어도비 XD 기본

UI 아이콘 제작

애니메이션 제작

페이지 디자인

인터랙션 디자인

UI 디자인

실무 프로젝트

02 텍스트 적용 반복 그리드 사용하기
따라하기

01 텍스트 도구(T)를 선택하고 아트보드에 클릭한 다음 '요일'을 입력하고 오른쪽 패널에서 〈반복 그리드〉 버튼을 클릭합니다.

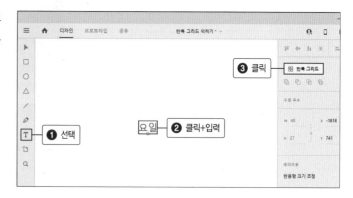

02 반복 그리드 조절점을 위에서 아래로 드래그하면 오브젝트가 반복적으로 만들어집니다.

TIP

텍스트 도구로 단어를 입력하고 〈반복 그리드〉 버튼을 클릭하면 반복 그리드 조절점이 생성되고 입력한 단어가 반복적으로 복사가 됩니다. 반복 그리드가 적용된 단어로 텍스트 파일을 드래그하면 마우스 포인터가 '복사'로 변경되고 단어의 컬러가 파란색으로 변경되면서 마우스 버튼을 해제하면 텍스트 파일 내용이 변경됩니다.

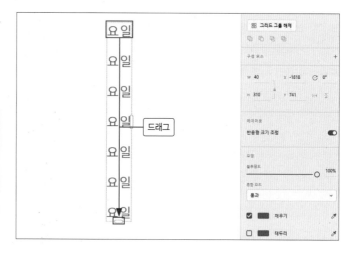

03 예제 폴더에서 '요일.txt' 파일을 드래그하면 텍스트 파일 내용이 삽입됩니다.

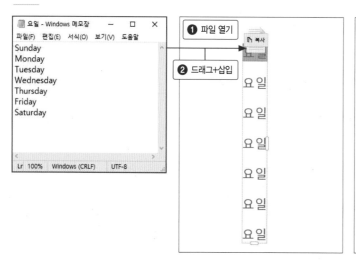

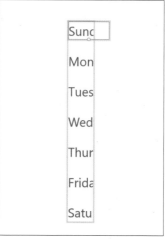

04 반복 그리드 조절점을 왼쪽에서 오른쪽으로 드래그하면 텍스트가 반복적으로 적용됩니다.

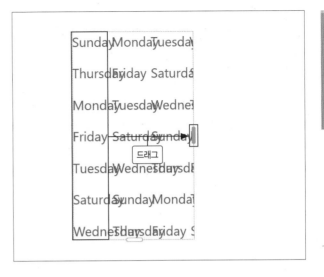

05 오브젝트 사이에 마우스 포인터를 가져가 간격을 조절합니다.

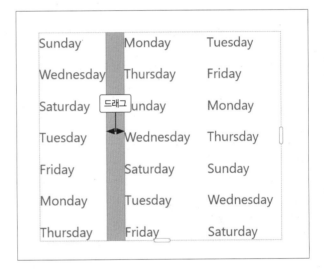

06 반복 그리드 조절점을 오른쪽에서 왼쪽으로 드래그하면 그림과 같이 반복 그리드가 변경됩니다.

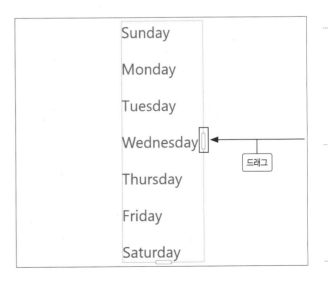

어도비 XD 기능

UI 아이콘 제작

애니메이션 제작

페이지 디자인

인터랙션 디자인

UI 디자인

실무 프로젝트

Xd

CC
2020

2

UI 디자인의 기본, 아이콘 만들기

어도비 XD 필수 기능을 익혔다면 이제부터는 UI 디자인에서 기본이 되는
아이콘과 UI 구성 요소를 효과적으로 디자인하는 방법을 알아봅니다.

A D O B E   X D

알림 아이콘 만들기

CHAPTER

사각형 도구를 활용하여 도형을 그리고 변형합니다. 여러 개의 도형을 정렬하고 순서를 변경하여 알림 아이콘을 디자인합니다.

01 사각형 도구로 알림 아이콘 본체 만들기
따라하기

01 시작 화면에서 'iPhone XR/XS Max/11 (414x896)'을 선택하여 새로운 아트보드를 만듭니다.

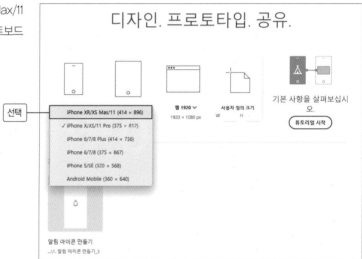

02 사각형 도구(☐)를 선택하고 아트보드에 드래그하여 W/H가 '60, 70' 크기인 직사각형을 그립니다. 오른쪽 패널에서 채우기의 Hex를 '흰색', 테두리의 Hex를 '#5592EE', 크기를 '8'로 설정합니다.

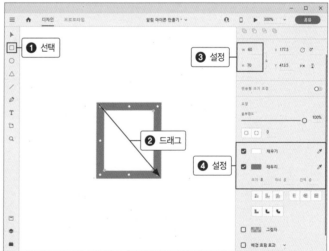

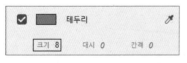

03 오른쪽 패널에서 '각 모퉁이에 대해 다른 반경' 아이콘(⬚)을 클릭하고 '왼쪽 상단 모퉁이 반경', '오른쪽 상단 모퉁이 반경'을 '40' 크기로 설정하여 오브젝트를 변형합니다.

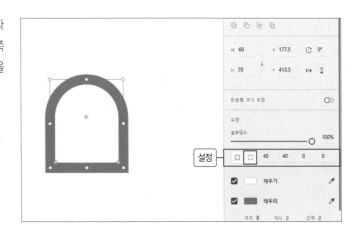

02 선과 원형으로 아이콘 완성하기
따라하기

01 타원 도구(◯)를 선택하고 W/H가 '20' 크기인 정원을 그립니다. 오른쪽 패널에서 채우기의 Hex를 '흰색', 테두리의 Hex를 '#5592EE', 크기를 '8'로 설정합니다.

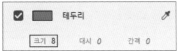

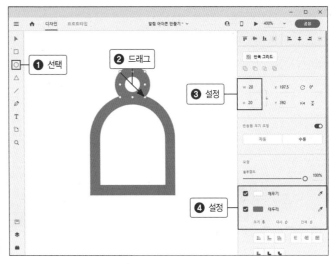

02 선 도구(／)를 선택하고 아트보드에 드래그하여 가로 선을 그립니다. 오른쪽 패널에서 테두리의 Hex를 '#5592EE', 크기를 '8'로 설정합니다.

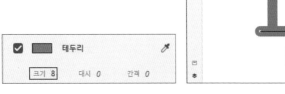

03 타원 도구(◎)를 선택하고 W/H가 '30' 크기인 정원을 그립니다. 작업한 모든 오브젝트를 선택한 다음 오른쪽 패널에서 '가운데 정렬(가로)' 아이콘(♣)을 클릭합니다.

TIP
그림과 똑같이 작업하려면 오브젝트를 직접 드래그해서 맞춰야 합니다.

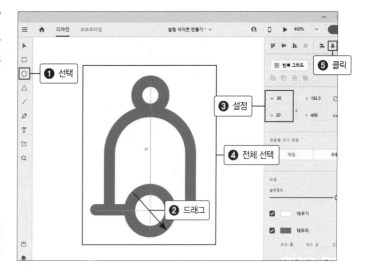

04 W/H가 '30' 크기인 정원 오브젝트를 선택하고 마우스 오른쪽 버튼을 클릭한 다음 나타나는 메뉴에서 정렬 → 맨 뒤로 보내기(Shift+Ctrl+[)를 실행합니다.

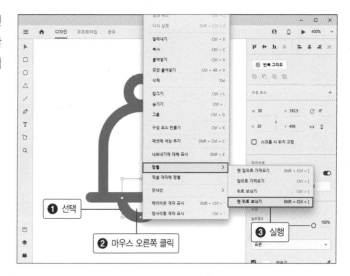

05 알림 아이콘이 완성되었습니다.

설정 아이콘 만들기

CHAPTER 02

선 도구를 활용하여 같은 간격으로 가로 선을 그리고 타원 도구를 활용하여 정원을 그린 다음 설정 아이콘을
디자인합니다.

01 따라하기 | 슬라이더 형태의 선 그리기

01 시작 화면에서 'iPhone XR/XS Max/11
(414x896)'을 선택하여 새로운 아트보드
를 만듭니다.

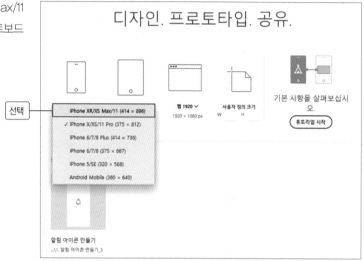

02 선 도구(✎)를 선택하고 아트보드에
드래그하여 길이가 '40'인 가로 선을
그립니다. 오른쪽 패널에서 테두리의 Hex를
'#5D5D5D', 크기를 '2'로 설정합니다.

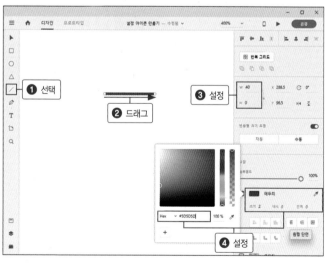

어도비 XD 기본

UI 아이콘 제작

애니메이션 제작

페이지 디자인

인터렉션 디자인

UI 디자인

실무 프로젝트

선 간격 조정하고 원을 그려 완성하기

01 선 오브젝트를 Alt와 Shift를 누르고 드래그하여 '14' 간격으로 복사를 실행합니다.

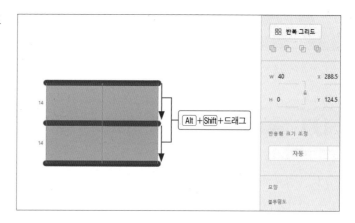

02 타원 도구(◯)를 선택하고 W/H가 '11' 크기인 정원을 3개 그립니다. 오른쪽 패널에서 채우기의 Hex를 '#FFFFFF', 테두리의 Hex를 '#5D5D5D', 크기를 '2'로 설정하고 선 오브젝트 위에 정원 오브젝트를 배치합니다.

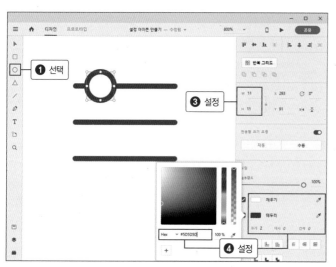

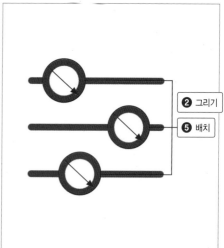

03 슬라이더 형태의 설정 아이콘이 완성되었습니다.

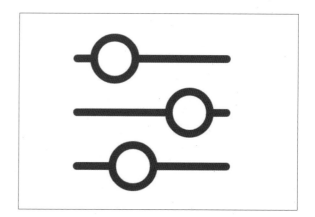

어도비 XD 기본

UI 아이콘 제작

애니메이션 제작

페이지 디자인

인터랙션 디자인

UI 디자인

실무 프로젝트

03
CHAPTER

다운로드 버튼 만들기

사각형 도구를 활용하여 도형을 그리고 변형합니다. 도형을 재구성하여 화살표 아이콘을 그린 다음 다운로드 버튼을 디자인합니다.

01 둥근 사각형 만들기
따라하기

01 시작 화면에서 'iPhone XR/XS Max/11 (414x896)'을 선택하여 새로운 아트보드를 만듭니다.

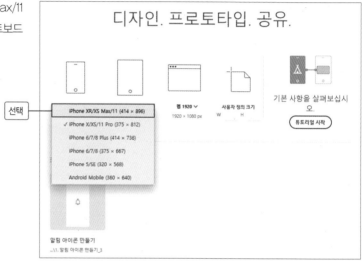

02 Tools 패널에서 사각형 도구(□)를 선택하고 아트보드에 드래그하여 W/H가 '200, 60' 크기인 직사각형을 만듭니다.

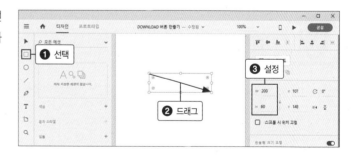

03 사각형의 모서리 안쪽으로 기준점을 드래그해서 사각형의 테두리를 둥글게 변형합니다.

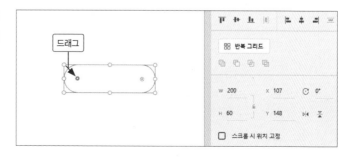

04 오른쪽 패널에서 채우기의 Hex를
'#920889'로 설정합니다.

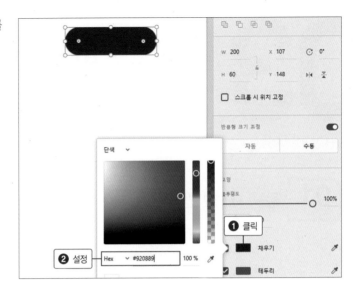

05 오른쪽 패널에서 '테두리'를 체크 해제
하여 테두리의 컬러를 삭제합니다.

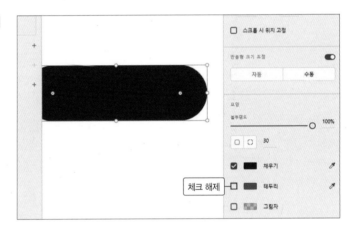

02 다운로드 화살표 만들기

01 Tools 패널에서 사각형 도구(□)를 선
택하고 W/H가 '30' 크기인 테두리 없는
정사각형을 만듭니다.

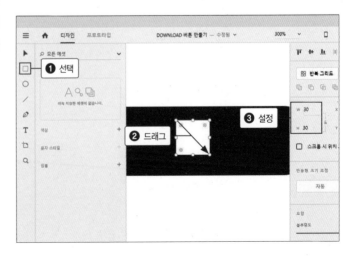

02 정사각형을 선택하고 오른쪽 패널에서
회전을 '45' 각도로 설정합니다.

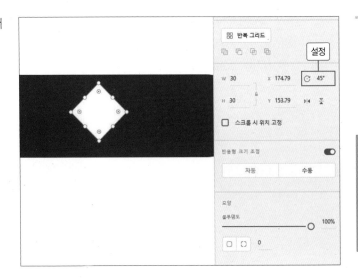

03 직사각형을 만들어 정사각형 가운데로
이동합니다.

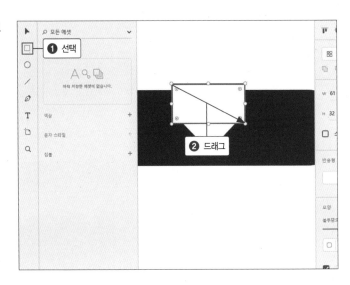

04 선택 도구(▶)를 선택하고 정사각형, 직
사각형을 모두 선택합니다.

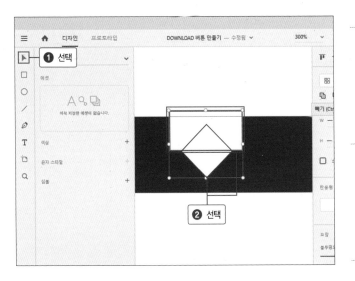

어도비 XD 기본

UI 아이콘 제작

애니메이션 제작

페이지 디자인

인터랙션 디자인

UI 디자인

실무 프로젝트

05 오른쪽 패널에서 '빼기(Ctrl+Shift+S)' 아이콘(⬚)을 클릭해서 삼각형으로 변형하고 '40, 18' 크기로 설정합니다.

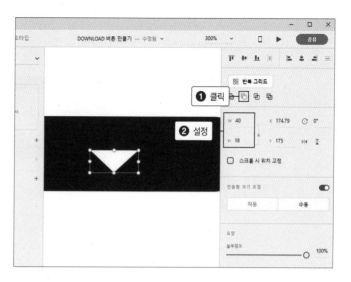

06 사각형 도구(⬚)를 선택해서 W/H가 '14, 18' 크기인 직사각형을 만듭니다.

07 선택 도구(▶)를 선택하고 직사각형, 삼각형을 모두 선택합니다. 오른쪽 패널에서 '추가(Ctrl+Alt+U)' 아이콘(⬚)을 클릭해서 화살표를 만듭니다.

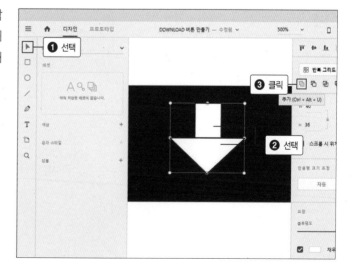

08 사각형 도구(□)를 선택해서 W/H가 '40, 2' 크기인 직사각형을 만듭니다.

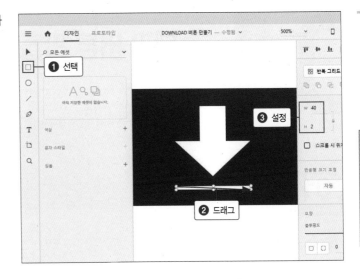

09 선택 도구(▶)를 선택하고 화살표, 직사 각형을 모두 선택합니다. 마우스 오른쪽 버튼을 클릭하고 그룹(Ctrl+G)을 실행합니다.

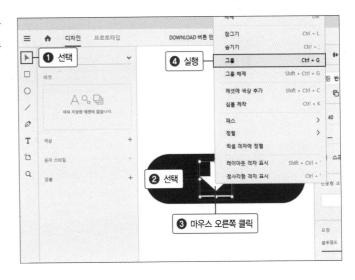

10 둥근 직사각형, 화살표를 모두 선택합니다. 오른쪽 패널에서 '가운데 정렬(가로)(Shift+C)' 아이콘(♣)을 클릭해서 가운데 정렬 로 작업을 마무리합니다.

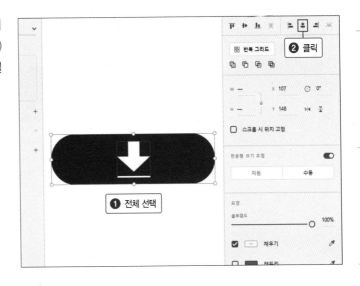

어도비 XD 기초

UI 아이콘 제작

애니메이션 제작

페이지 디자인!

인터랙션 디자인!

UI 디자인!

실무 프로젝트

스테퍼 버튼 만들기

CHAPTER

사각형 도구를 활용하여 도형을 그리고 변형한 다음 순서를 변경합니다. 정원 도형에 선형 그레이디언트 및 그림자를 적용하여 수치를 증가하고 감소시키기 위해 기호로 표시되는 스테퍼 UI를 디자인합니다.

01 둥근 사각형 만들기
따라하기

01 시작 화면에서 'iPhone XR/XS Max/11 (414x896)'을 선택하여 새로운 아트보드를 만듭니다.

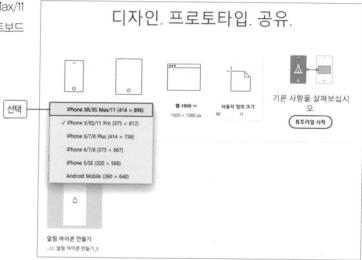

02 사각형 도구(□)를 선택하고 아트보드에 드래그하여 W/H가 '150, 50' 크기인 직사각형을 그립니다. 오른쪽 패널에서 채우기의 Hex를 '#24C4BE'로 설정합니다.

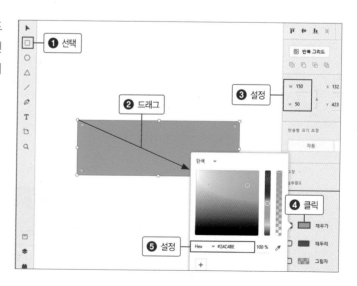

03 오른쪽 패널에서 '모든 모퉁이에 대해 동일한 반경' 아이콘(⬜)을 클릭한 다음 '25' 크기로 설정하여 둥근 직사각형을 만듭니다.

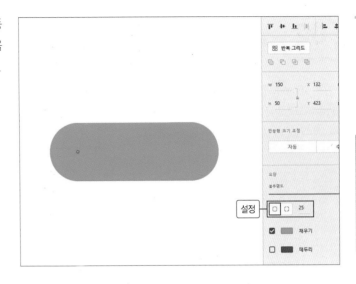

04 02번~03번과 같이 W/H가 '154, 54' 크기인 직사각형 오브젝트를 그립니다. 오른쪽 패널에서 '모든 모퉁이에 대해 동일한 반경' 아이콘(⬜)을 클릭한 다음 '27' 크기로, 채우기의 Hex를 '#089A94'로 설정합니다.

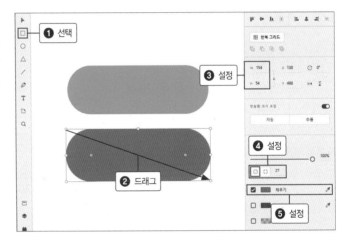

05 W/H가 '154, 54' 크기인 직사각형 오브젝트를 선택하고 마우스 오른쪽 버튼을 클릭한 다음 정렬 → 맨 뒤로 보내기(Shift+Ctrl+[)를 실행해 그림처럼 이동합니다.

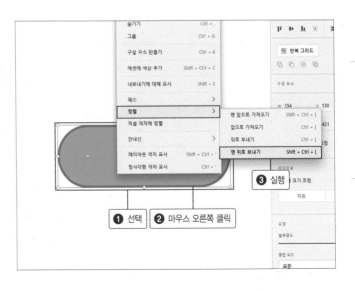

오토데스크 XD 기본

UI 아이콘 제작

애니메이션 제작

페이지 디자인!

인터랙션 디자인!

UI 디자인!

실무 프로젝트

01 타원 도구(◯)를 선택하고 W/H가 '46' 크기인 정원을 그립니다. 오른쪽 패널에서 채우기의 Hex를 '#EFEFEF'로 설정합니다.

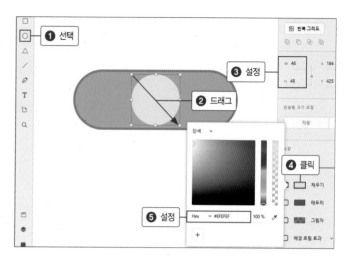

02 타원 도구(◯)를 선택하고 W/H가 '42' 크기인 정원을 그립니다. 오른쪽 패널에서 채우기를 '선형 그레이디언트'로 지정합니다. 컬러 바에서 왼쪽 조절점의 Hex를 '#FFFFFF', 오른쪽 조절점의 Hex를 '#C5C5C5'로 설정하여 그러데이션을 적용합니다.

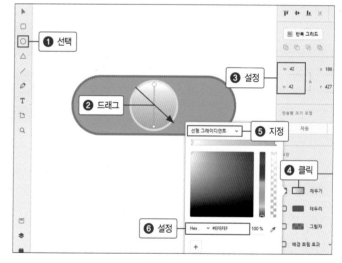

03 선 도구(╱)를 선택하고 길이가 '22'인 가로 선을 그립니다. 오른쪽 패널에서 테두리의 Hex를 '#FFFFFF', 크기를 '2'로 설정합니다.

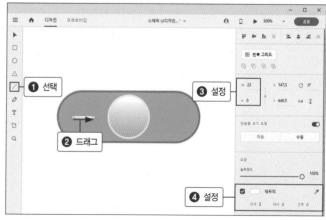

어도비 XD 기본

UI 아이콘 제작

애니메이션 제작

페이지 디자인

인터랙션 디자인

UI 디자인

실무 프로젝트

03 따라하기   –, + 기호 만들기

01 선 도구(✏️)를 선택하고 길이가 '22' 인 가로 선과 세로 선을 그려 '+모양' 을 만듭니다. 오른쪽 패널에서 테두리의 Hex를 '#FFFFFF', 크기를 '2'로 설정합니다.

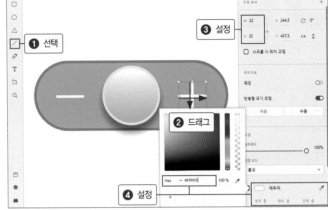

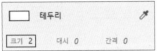

02 W/H가 '46' 크기인 정원 오브젝트를 선택합니다. 오른쪽 패널에서 '그림자'를 체크 표시한 다음 Hex를 '검은색', 알파를 '40%', X를 '0', Y를 '5', B를 '5'로 설정합니다.

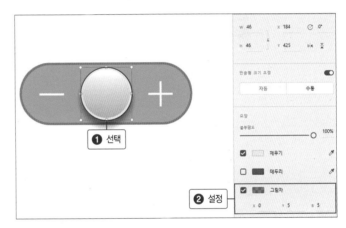

03 스테퍼 버튼이 완성되었습니다.

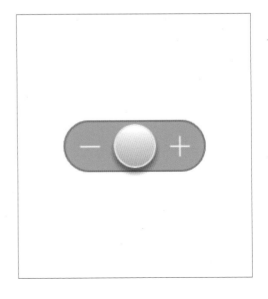

페이지네이션 아이콘 만들기

도형 도구를 활용하여 둥근 직사각형, 정원을 그립니다. 반복 그리드에 텍스트 파일을 적용하여 일련 번호 페이지를 선택할 수 있는 페이지네이션 UI를 디자인합니다.

01 따라하기 · 일련 번호가 있는 둥근 사각형 만들기

01 시작 화면에서 'iPhone XR/XS Max/11 (414x896)'을 선택하여 새로운 아트보드를 만듭니다.

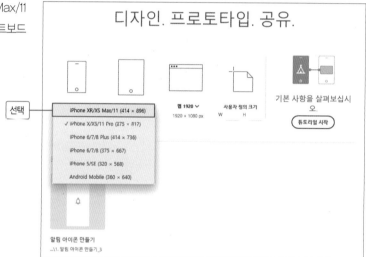

02 사각형 도구(□)를 선택하고 아트보드에 드래그하여 W/H가 '200, 30' 크기인 직사각형을 그립니다. 오른쪽 패널에서 채우기의 Hex를 '#57055D'로 설정합니다.

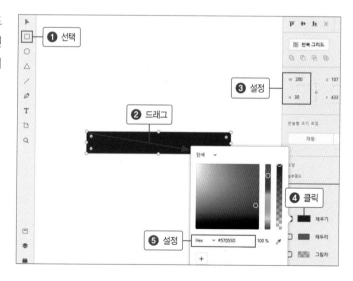

03 오른쪽 패널에서 '모든 모퉁이에 대해
동일한 반경' 아이콘(⬜)을 클릭한 다음
'15' 크기로 설정하여 둥근 직사각형을 만듭니다.

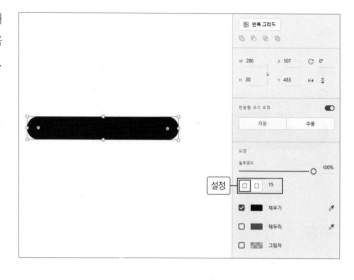

04 Tools 패널에서 텍스트 도구(T)를 선
택하고 아트보드에 클릭하여 '1'을 입력
합니다.

05 오른쪽 패널에서 〈반복 그리드〉 버튼을
클릭한 다음 테두리의 '그리드 그룹'의
조절점을 드래그합니다. 텍스트 그리드의 간격
을 드래그하여 '27' 크기로 조정합니다.

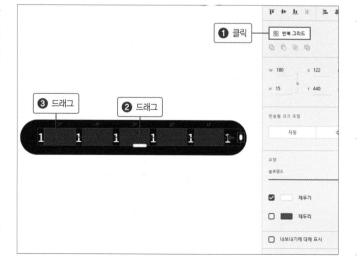

TIP

텍스트 사이에 표시되는 분홍색 부분에 마우스 포인
터를 가져가면 간격을 조절할 수 있습니다.

어도비 XD 기본

UI 아이콘 제작

애니메이션 제작

페이지 디자인

인터랙션 디자인

UI 디자인

실무 프로젝트

06 예제 폴더에서 '숫자.txt' 파일을 텍스트 그리드 위에 드래그하여 내용을 삽입합니다.

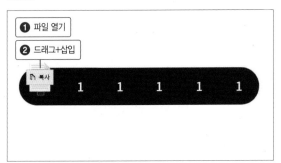
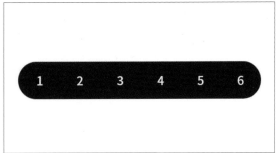

TIP

'숫자.txt' 파일에는 1~6까지 입력되어 있습니다.

02 페이지 선택 아이콘 만들기
따라하기

01 타원 도구(◯)를 선택하고 W/H가 '24' 크기인 정원을 그립니다. 오른쪽 패널에서 채우기의 Hex를 '흰색', 알파를 '50%'로 설정합니다.

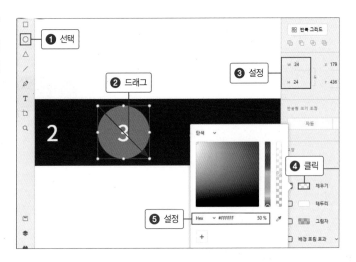

02 타원 도구(◯)를 선택하고 W/H가 '36' 크기인 정원을 그립니다. 오른쪽 패널에서 채우기의 Hex를 '#57055D'로 설정합니다.

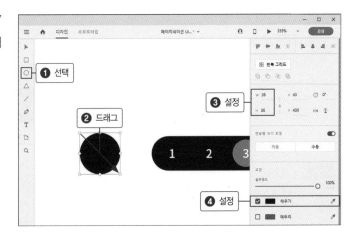

03 선 도구()를 선택하고 아트보드에 드
래그하여 두 개의 대각선을 그려서 화살
표 모양을 만듭니다. 오른쪽 패널에서 테두리의
Hex를 '흰색', 크기를 '2'로 설정합니다.

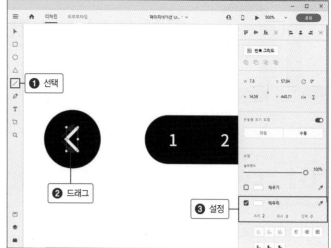

04 02번~03번과 같은 방법으로 버튼 아
이콘을 반대쪽에도 배치합니다.

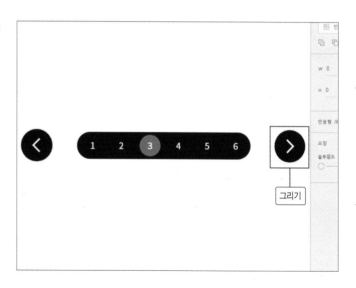

05 페이지네이션 버튼 아이콘이 완성되었습니다.

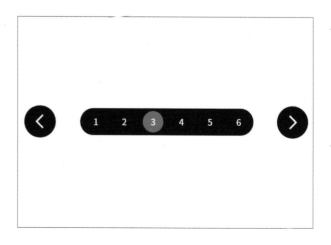

어도비 XD 기본

UI 아이콘 제작

애니메이션 제작

페이지 디자인

인터랙션 디자인

UI 디자인

실무 프로젝트

06 온도 조절 아이콘 만들기

CHAPTER

타원 도구를 활용하여 정원을 그리고 그림자 효과를 적용하여 그러데이션 온도 조절 UI를 디자인합니다.

01 원형에 테두리와 그림자 효과 만들기
따라하기

01 시작 화면에서 'iPhone XR/XS Max/11 (414x896)'을 선택하여 새로운 아트보드를 만듭니다.

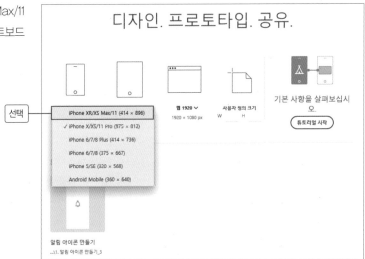

02 타원 도구(◯)를 선택하고 아트보드에 드래그하여 W/H가 '185' 크기인 정원을 그립니다.

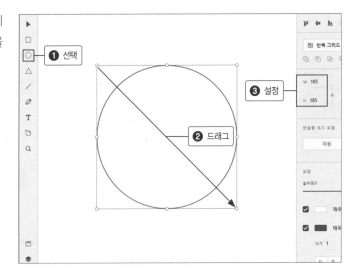

03 오른쪽 패널에서 '채우기'를 체크 해제하고 테두리의 크기를 '16'으로 설정합니다.

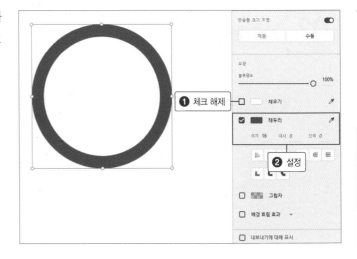

04 오른쪽 패널에서 테두리의 Hex를 '#FFFFFF', 그림자의 Hex를 '#098BE2', X를 '0', Y를 '0', B를 '15'로 설정합니다.

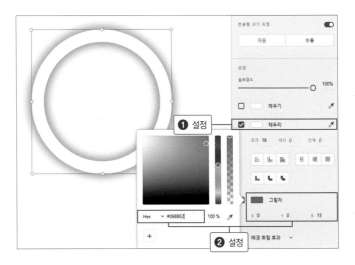

05 정원 오브젝트를 복사(Ctrl+C), 붙여넣기(Ctrl+V)하고 테두리의 크기를 '3' 원의 크기를 '137'로 설정합니다.

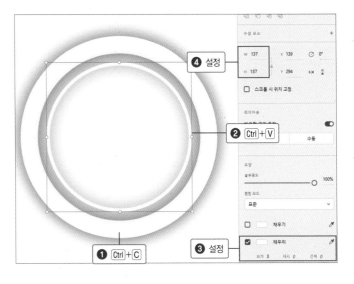

어도비 XD 기본

UI 아이콘 제작

애니메이션 제작

페이지 디자인

인터랙션 디자인

UI 디자인

실무 프로젝트

01 텍스트 도구(T)를 선택하고 아트보드에 클릭하여 정원의 가운데에 '21℃'를 입력합니다.

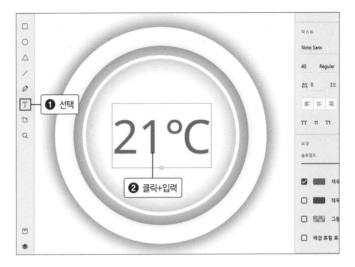

02 타원 도구(○)를 선택하고 W/H가 '14' 크기인 정원을 그립니다. 오른쪽 패널에서 채우기의 Hex를 '#098BE2'로 설정하고 정원 오브젝트 사이에 배치합니다.

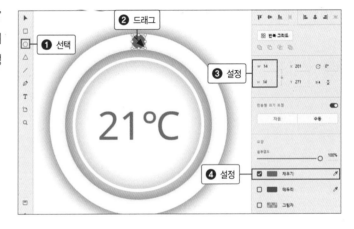

03 온도 조절 UI가 완성되었습니다.

달력 아이콘 만들기

CHAPTER

사각형 도구를 활용하여 도형을 그리고 변형합니다. 도형에 선형 그레이디언트를 적용해서 달력 아이콘을 디자인합니다.

어도비 XD 기본

UI 아이콘 제작

애니메이션 제작

페이지 디자인

인터랙션 디자인

UI 디자인

실무 프로젝트

01 달력 레이아웃 구성하기
따라하기

01 시작 화면에서 'iPhone XR/XS Max/11 (414x896)'을 선택하여 새로운 아트보드를 만듭니다.

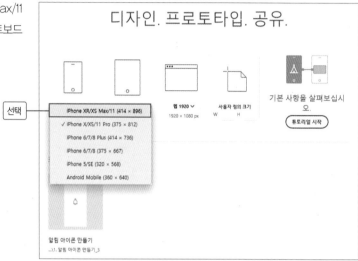

02 사각형 도구(□)를 선택하고 아트보드에 드래그하여 W/H가 '200' 크기인 정사각형을 그립니다.

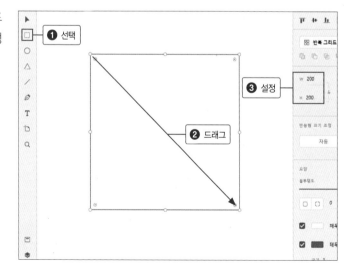

03 오른쪽 패널에서 채우기를 '선형 그레이 디언트'로 지정합니다. 컬러 바에서 왼 쪽 조절점의 Hex를 '#E6E6E6', 중간 조절점 의 Hex를 '#E4E4E4', 오른쪽 조절점의 Hex를 '#CBCBCB'로 설정합니다.

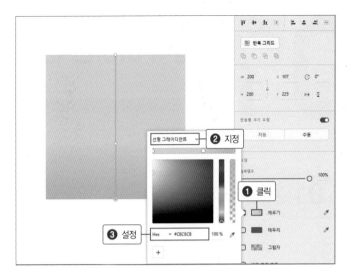

04 사각형 도구(□)를 선택하고 W/H가 '200, 50' 크기인 직사각형을 그립니다.

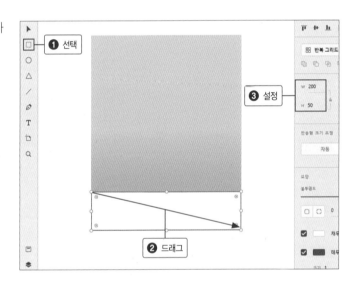

05 오른쪽 패널에서 채우기를 '선형 그레 이디언트'로 지정합니다. 컬러 바에서 왼쪽 조절점의 Hex를 '#5D11C2', 중간 조절점 의 Hex를 '#410C87', 오른쪽 조절점의 Hex를 '#2F0961'로 설정합니다.

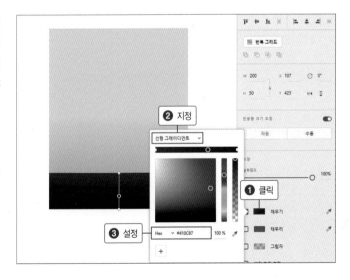

06 보라색 직사각형을 더블클릭하고 왼쪽 아래 기준점을 선택합니다. 오른쪽 패널에서 X를 '97'로 설정합니다.

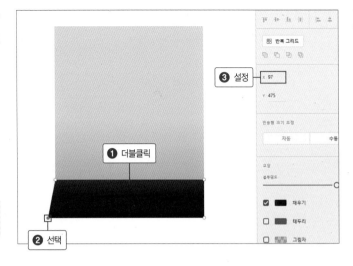

TIP

오브젝트 위치에 따라 기준점의 위치가 달라지니 기존 값에서 '-10'으로 설정합니다.

07 06번과 같은 방법으로 오른쪽 아래 기준점을 선택하고 오른쪽 패널에서 X를 '317'로 변경하여 사다리꼴 모양으로 설정합니다.

TIP

오브젝트 위치에 따라 기준점의 위치가 달라지니 기존 값에서 '+10'으로 설정합니다.

02 따라하기 달력 문자 입력하기

01 텍스트 도구(T)를 선택하고 아트보드에 클릭하여 '2'를 입력합니다. 오른쪽 패널에서 채우기의 Hex를 '#5D11C2'로 설정합니다.

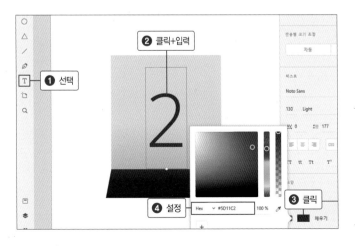

어도비 XD 기본

UI 아이콘 제작

애니메이션 제작

페이지 디자인!

인터랙션 디자인!

UI 디자인!

실무 프로젝트

02 텍스트 도구(T)를 선택하고 'JUNE', 'today'를 입력하고 달력 모양으로 배치합니다.

03 선택 도구(▶)를 선택하고 회색 정사각형과 보라색 사다리꼴을 같이 선택한 다음 오른쪽 패널에서 그림자의 Hex를 '#000000', 알파를 '30%', X를 '7', Y를 '5', B를 '4'로 설정합니다.

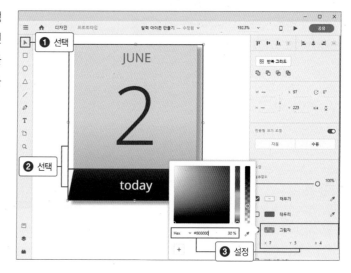

04 달력 아이콘이 완성되었습니다.

08 스톱워치 버튼 만들기

CHAPTER

타원 도구를 활용하여 정원을 그리고 재구성하여 도형을 변형합니다. 도형 도구를 활용하여 스톱워치 버튼을 그리고 UI를 디자인합니다.

어도비 XD 기본

UI 아이콘 제작

애니메이션 제작

페이지 디자인

인터렉션 디자인

UI 디자인

실무 프로젝트

01 시간 표시창 만들기

따라하기

01 시작 화면에서 'iPhone XR/XS Max/11 (414x896)'을 선택하여 새로운 아트보드를 만듭니다. 타원 도구(○)를 선택하고 아트보드에 드래그하여 W/H가 '190' 크기인 정원을 그립니다. 오른쪽 패널에서 채우기의 Hex를 '#919191'로 설정합니다.

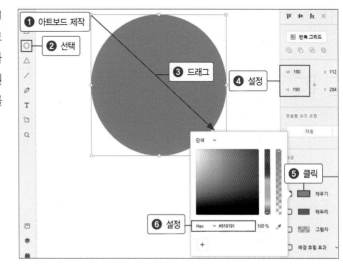

02 정원 오브젝트를 복사(Ctrl+C), 붙여넣기(Ctrl+V)를 실행하고 오른쪽 패널에서 채우기의 Hex를 '#36D4CE'로 설정합니다.

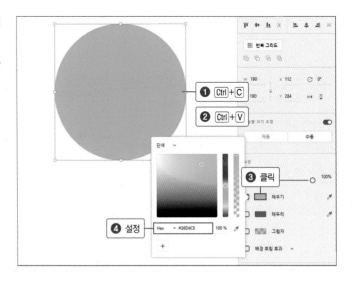

03 펜 도구(🖋)를 선택하고 아트보드에 클릭하여 정원의 가운데에서부터 사각형을 그립니다. 이어서 사각형과 정원 오브젝트를 같이 선택합니다.

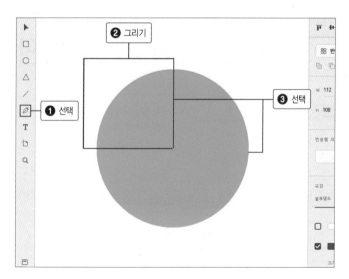

04 오른쪽 패널에서 '빼기(Ctrl+Alt+S)' 아이콘(🗗)을 클릭하여 도형을 변형합니다.

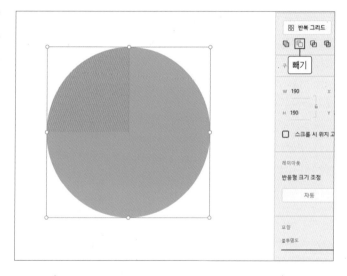

05 타원 도구(◯)를 선택하고 W/H가 '165' 크기인 정원을 그립니다. 오른쪽 패널에서 채우기의 Hex를 '#FFFFFF'로 설정한 다음 중간 정렬(세로)(🔢), 가운데 정렬(가로)(🔢)을 클릭합니다.

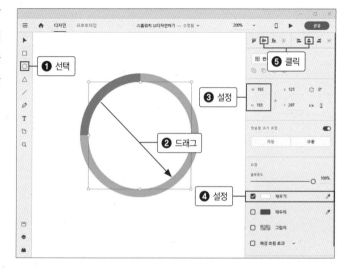

06 타원 도구(◯)를 선택하고 W/H가 '155'
크기인 정원을 그립니다. 오른쪽 패널에
서 채우기의 Hex를 '#36D4CE'로 설정합니다.

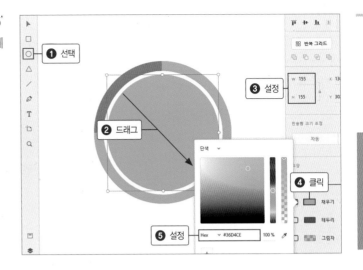

07 부채꼴 모양의 오브젝트를 선택하고 오
른쪽 패널에서 채우기를 '선형 그레이
디언트'로 지정합니다. 컬러 바에서 왼쪽 조절점
의 Hex를 '#36D4CE', 오른쪽 조절점의 Hex를
'#0A7874'로 설정한 다음 그러데이션을 적용합
니다.

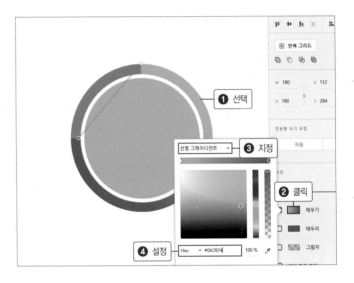

08 W/H가 '155' 크기인 정원을 선택하고
오른쪽 패널에서 채우기를 '방사형 그레
이디언트'로 지정합니다. 컬러 바에서 왼쪽 조절
점의 Hex를 '#36D4CE', 중간 조절점의 Hex를
'#25B1AB', 오른쪽 조절점의 Hex를 '#0A7874'
로 설정하고 그러데이션을 적용합니다.

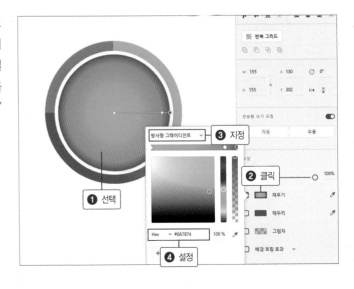

어도비 XD 기본

UI 아이콘 제작

애니메이션 제작

페이지 디자인

인터랙션 디자인

UI 디자인

실무 프로젝트

09 W/H가 '190' 크기인 회색 징원 오브젝트를 선택하고 오른쪽 패널에서 그림자의 X를 '6', Y를 '6', B를 '20', Hex를 '#000000', 알파를 '60%'로 설정하여 그림자를 표현합니다.

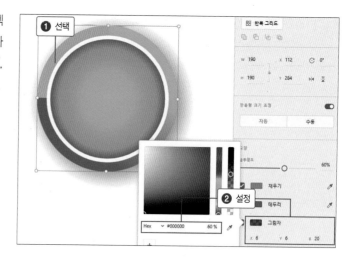

10 텍스트 도구(T)를 선택하고 아트보드에 클릭하여 '2:12"'를 입력한 다음 그림과 같이 배치합니다.

02 플레이 버튼 만들기
따라하기

01 타원 도구(○)를 선택하고 W/H가 '70' 크기인 정원을 그립니다. 오른쪽 패널에서 '채우기'를 체크 해제하고 테두리의 Hex를 '#36D4CE', 크기를 '2'로 설정합니다.

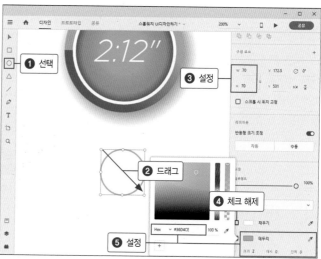

02 다각형 도구(△)를 선택하고 삼각형을 그립니다. 오른쪽 패널에서 채우기이 Hex를 '#36D4CE', 각도를 '90'으로 설정하고 정원 오브젝트 가운데에 배치합니다.

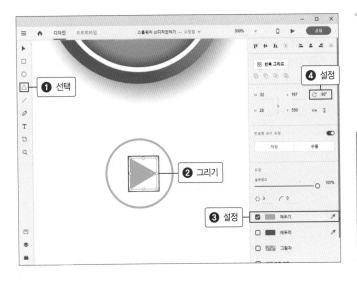

03 오른쪽 패널에서 모퉁이 반경(⌐)을 '2'로 설정하여 둥근 삼각형으로 변형합니다.

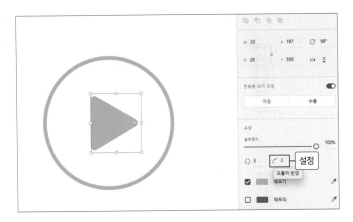

01 타원 도구(○)를 선택하고 W/H가 '70' 크기인 정원을 그립니다. 오른쪽 패널에서 채우기와 테두리의 Hex를 '#36D4CE'로 설정한 다음 테두리의 크기를 '2'로 설정합니다.

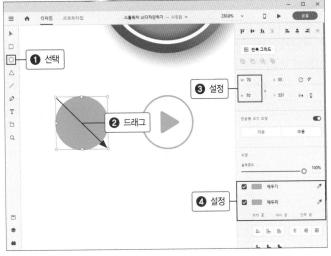

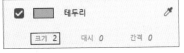

02 사각형 도구(□)를 선택하고 W/H가 '6, 29' 크기인 직사각형을 2개 그립니다. 오른쪽 패널에서 채우기의 Hex를 '#FFFFFF'로 설정합니다.

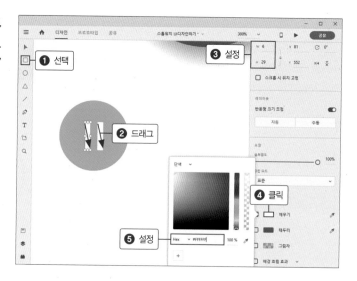

03 타원 도구(◯)를 선택하고 W/H가 '70' 크기인 정원을 그립니다. 오른쪽 패널에서 채우기와 테두리의 Hex를 '#36D4CE', 테두리의 크기를 '2'로 설정합니다.

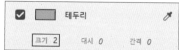

04 사각형 도구(□)를 선택하고 W/H가 '25' 크기인 정사각형을 그립니다. 오른쪽 패널에서 채우기의 Hex를 '#FFFFFF'로 설정하고 작업을 마무리합니다.

위치 표시 아이콘 만들기

타원 도구를 활용하여 정원을 그리고 패스의 설정을 변경하여 변형합니다. 도형을 재구성 및 그레이디언트를 적용하여 위치 표시 아이콘을 디자인합니다.

01 위치 표시 아이콘 형태 구성하기
따라하기

01 시작 화면에서 'iPhone XR/XS Max/11 (414x896)'을 선택하여 새로운 아트보드를 만듭니다. 타원 도구(◯)를 선택하고 아트보드에 드래그하여 W/H가 '150', '90' 크기인 정원을 아트보드에 드래그하여 두 개 그립니다. 정원 오브젝트를 모두 선택하고 중간 정렬(세로)(⬄), 가운데 정렬(가로)(⬍)을 클릭합니다.

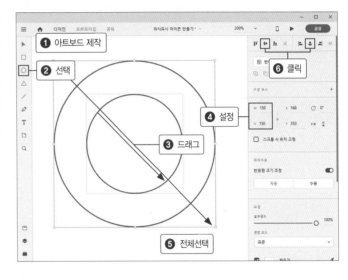

02 정원을 더블클릭하고 아래쪽 기준점을 더블클릭하면 꼭짓점이 각지게 변형됩니다.

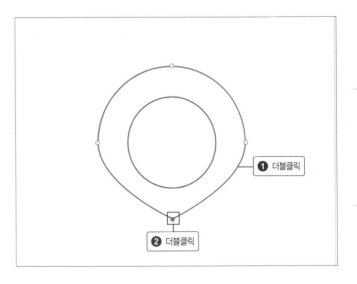

03 아래쪽 기준점을 아래로 드래그해서 도
형을 변형합니다.

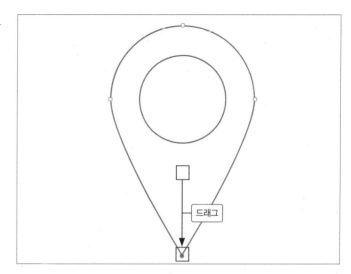

04 사각형 도구(□)를 선택하고 오브젝트
가운데에서부터 드래그하여 직사각형을
그린 다음 2개의 오브젝트를 모두 선택합니다.

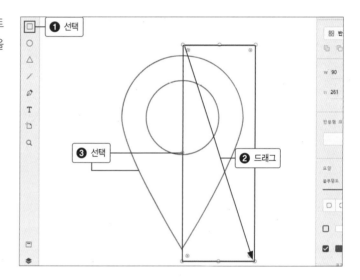

05 오른쪽 패널에서 '교차(Ctrl+Alt+I)'
아이콘(□)을 클릭하면 도형이 변형됩
니다.

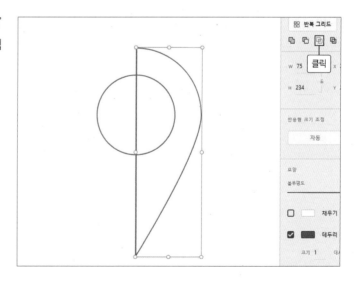

06 교차한 오브젝트를 선택하고 복사(Ctrl)
+C), 붙여넣기(Ctrl+V)를 실행합니다.

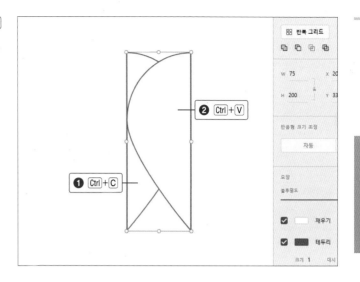

07 오른쪽 패널에서 '가로로 뒤집기' 아이
콘(▶◀)을 클릭하고 오브젝트를 이동합
니다.

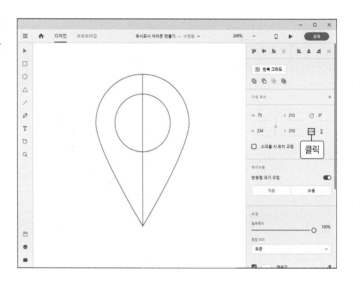

08 정원 오브젝트를 선택하고 복사를 실행
합니다. 정원과 오른쪽 오브젝트를 같이
선택하고 오른쪽 패널에서 '빼기(Ctrl+Alt+S)'
아이콘(🗗)을 클릭하면 도형이 변형됩니다.

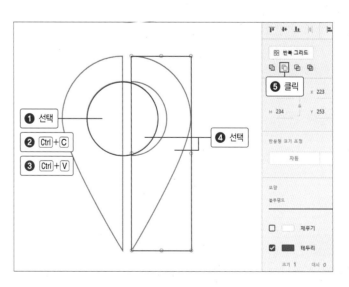

어도비 XD 기본

UI 아이콘 제작

애니메이션 제작

페이지 디자인

인터랙션 디자인

UI 디자인

실무 프로젝트

09 08번과 같은 방법으로 왼쪽 오브젝트도
변형합니다. 그러면 총 3개의 오브젝트
가 만들어집니다.

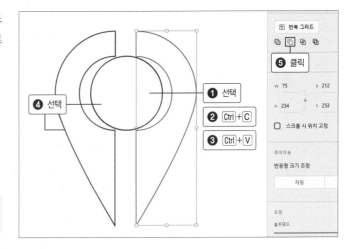

TIP

변형된 오브젝트를 보여주기 위해 오브젝트를 양옆
으로 이동했습니다.

10 오른쪽 오브젝트를 선택하고 오른쪽 패
널에서 채우기를 '선형 그레이디언트'로
지정합니다. 컬러 바에서 왼쪽 조절점의 Hex를
'#EE7A8C', 오른쪽 조절점이 Hex를 '#C52E46'
로 설정하여 그러데이션을 적용합니다.

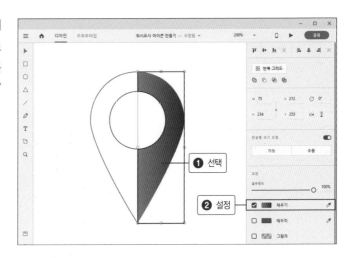

02 따라하기 그레이디언트로 입체감 표현하기

01 왼쪽 오브젝트를 선택하고 오른쪽 패널
에서 채우기를 '선형 그레이디언트'로
지정합니다. 컬러 바에서 왼쪽 조절점의 Hex를
'#C52E46', 오른쪽 조절점의 Hex를 '#EE7A8C'
로 설정하고 그러데이션을 적용합니다.

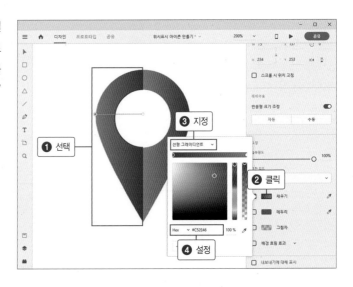

02 타원 도구(◯)를 선택하고 W/H가 '110' 크기인 정원을 그린 다음 2개의 정원을 선택합니다.

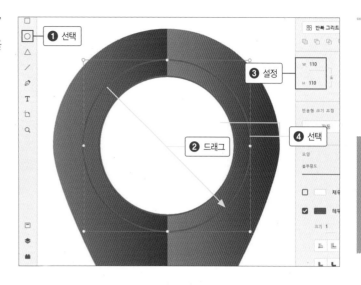

03 오른쪽 패널에서 '오버랩 제외(Ctrl +Alt+X)' 아이콘(⬚)을 클릭하면 링 모양 도형으로 변형됩니다.

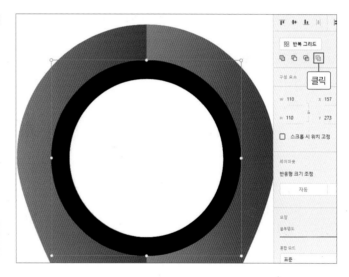

> **TIP**
> 링 모양 도형을 보여주기 위해 채우기에 컬러를 적용했습니다.

04 오른쪽 패널에서 채우기를 '선형 그레이디언트'로 지정합니다. 컬러 바에서 왼쪽 조절점의 Hex를 '#C52E46', 오른쪽 조절점의 Hex를 '#EE7A8C'로 설정하고 그러데이션을 적용합니다. 3개의 오브젝트를 선택하고 복사(Ctrl+C), 붙여넣기(Ctrl+V)를 실행합니다.

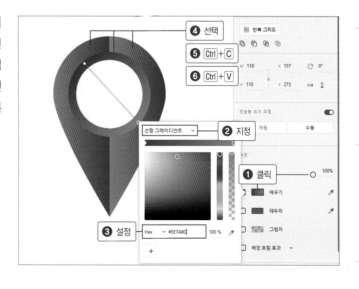

05 오른쪽 패널에서 '추가(Ctrl+Alt+U)'
아이콘(⬚)을 클릭합니다.

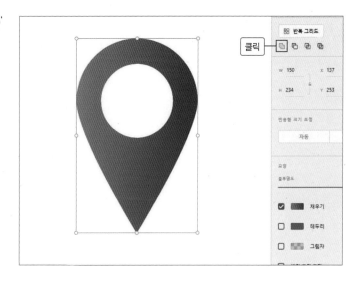

06 오른쪽 패널에서 채우기를 '선형 그레이
디언트'로 지정합니다. 컬러 바에서 왼
쪽 조절점의 Hex를 '#000000', 오른쪽 조절점
의 알파를 '0%'로 설정하고 그러데이션을 적용
합니다. 위쪽 기준점을 아래로 드래그하여 오브
젝트의 크기를 줄입니다.

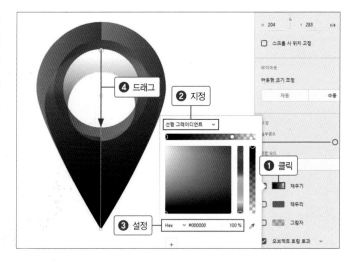

07 그림자 오브젝트를 선택하고 마우스 오
른쪽 버튼을 클릭한 다음 나타나는 메뉴
에서 정렬 → 맨 뒤로 보내기(Shift+Ctrl+[)를
실행합니다. 오른쪽 패널에서 '오브젝트 흐림 효
과'를 체크 선택한 다음 정도를 '2'로 설정하고
작업을 마무리합니다.

10
CHAPTER

음악 플레이 아이콘 만들기

타원 도구를 활용하여 정원을 그리고 방사형 그레이디언트의 컬러를 추가하여 그러데이션을 변형합니다. 도형 재구성 및 그레이디언트를 적용하여 하이라이트를 그리고 음악 플레이 아이콘을 디자인합니다.

어도비 XD 기초

UI 아이콘 제작!

애니메이션 제작!

페이지 디자인!

인터랙션 디자인!

UI 디자인!

실무 프로젝트

01 LP판 형태의 아이콘 형태 구성하기
따라하기

01 시작 화면에서 'iPhone XR/XS Max/11 (414x896)'을 선택하여 새로운 아트보드를 만듭니다.

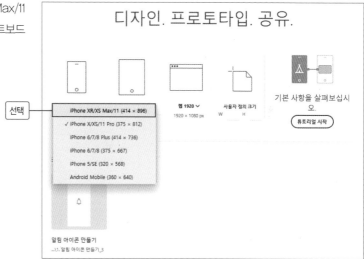

02 Tools 패널에서 타원 도구(◯)를 선택하고 아트보드에 드래그하여 W/H가 '190' 크기인 정원을 만듭니다.

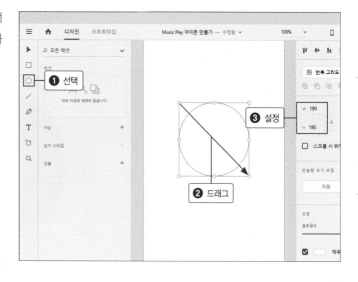

03 오른쪽 패널에서 채우기의 Hex를 '#ECECEC'로 설정합니다.

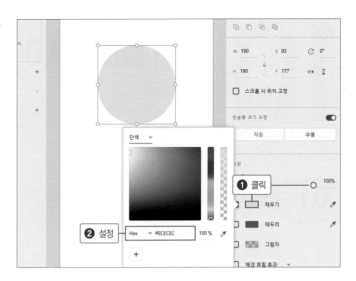

04 정원 오브젝트를 선택하고 복사(Ctrl +C), 붙여넣기(Ctrl+V)를 실행합니다. 오른쪽 패널에서 W/H를 '180' 크기로 설정한 다음 2개의 정원 오브젝트를 선택하고 중간 정렬(세로)(🔳), 가운데 정렬(가로)(🔳)을 클릭합니다. 오른쪽 패널에서 채우기를 '방사형 그레이디언트'로 지정합니다.

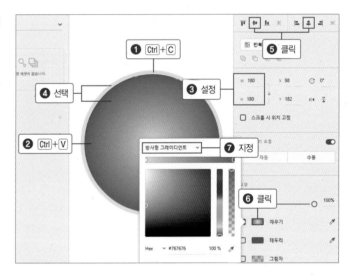

05 방사형 그레이디언트의 컬러 바에서 조절점의 Hex를 왼쪽부터 순서대로 '#BBBBBB', '#6A6A6A', '#848484', '#585858'로 설정하고 그러데이션을 적용합니다.

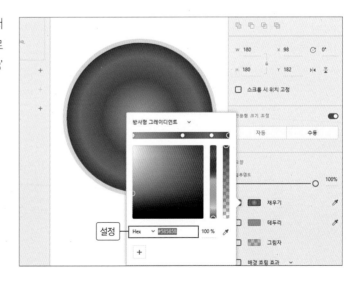

06 정원 오브젝트를 복사하고 오른쪽 패널
에서 W/H를 '70' 크기로 설정합니다. 채
우기의 Hex를 '#C10355'로 설정합니다.

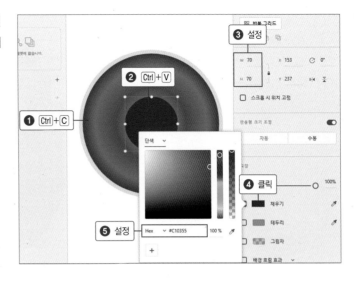

07 정원 오브젝트를 복사하고 오른쪽 패널
에서 W/H를 '20' 크기로 설정한 다음
W/H가 '20', '70' 크기인 정원 오브젝트를 모두
선택합니다.

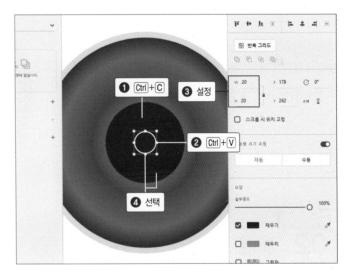

08 오른쪽 패널에서 '오버랩 제외(Ctrl
+Alt+X)' 아이콘(◧)을 클릭합니다.

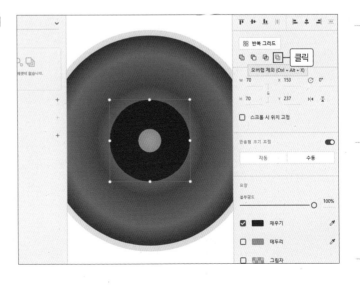

어도비 XD 기본

UI 아이콘 제작

애니메이션 제작

페이지 디자인

인터랙션 디자인

UI 디자인

실무 프로젝트

09 정원 오브젝트를 복사하고 오른쪽 패널
 에서 W/H를 '160' 크기로 설정합니다.
'채우기'를 체크 해제한 다음 테두리의 Hex를
'#FFFFFF', 알파를 '50%'로 설정합니다.

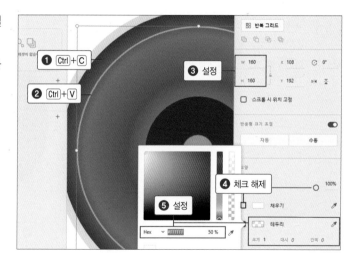

10 09번의 테두리 정원을 선택하고 복사
 ([Ctrl]+[C]), 붙여넣기([Ctrl]+[V])를 실행한
다음 정원의 크기를 줄입니다. 이 과정을 6번 반
복해서 정원이 점점 작아지는 방법으로 레코드
의 질감을 표현합니다.

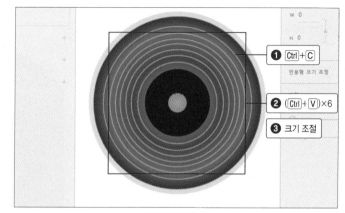

02 따라하기 하이라이트 효과 적용하기

01 펜 도구([✎])를 선택하고 아트보드에 클
 릭하여 정원의 가운데 점에서 외곽 방향
으로 삼각형을 그립니다.

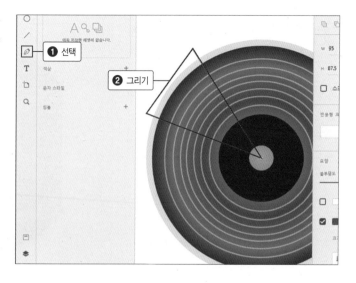

어도비 XD 기본

UI 아이콘 제작

애니메이션 제작

페이지 디자인

인터랙션 디자인

UI 디자인

실무 프로젝트

02 방사형 그레이디언트의 채우기가 적용
된 정원을 선택하고 복사(Ctrl+C), 붙
여넣기(Ctrl+V)를 실행한 다음 붙여넣기 한 정
원과 삼각형을 같이 선택합니다.

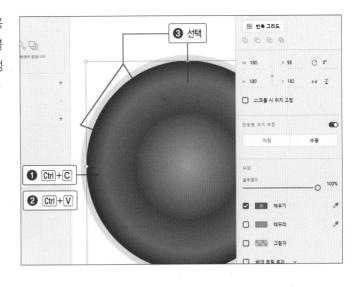

03 오른쪽 패널에서 '교차(Ctrl+Alt+I)'
아이콘(回)을 클릭합니다.

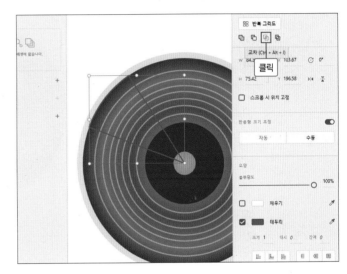

04 변형된 오브젝트를 선택하고 오른쪽 패
널에서 '테두리'를 체크 해제한 다음 채
우기를 '방사형 그레이디언트'로 지정하고, 컬
러 바에서 순서대로 Hex를 '#FFFFFF', 알파
를 '20%' / Hex를 '#FFF5F5', 알파를 '80%'
/ Hex를 '#A7A4A4', 알파를 '80%' / Hex를
'#FFFFFF', 알파를 '30%'로 설정합니다.

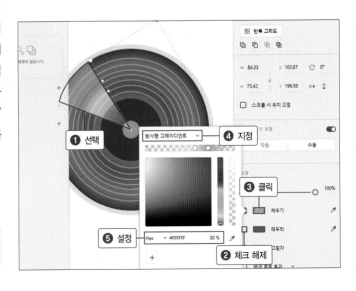

TIP

방사형 그레이디언트 모서리에 마우스 포인터를 가
져가면 그레이디언트 크기를 수정할 수 있습니다.

05 01번~04번을 반복하여 하이라이트를 추가합니다.

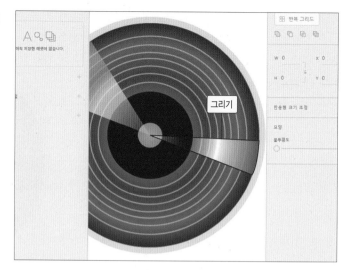

06 01번~04번을 한 번 더 반복하여 하이라이트를 추가합니다.

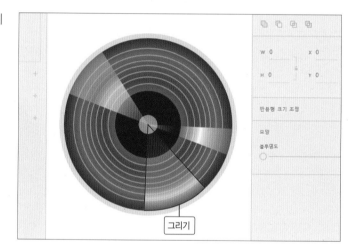

07 가장 바깥쪽에 있는 정원을 선택하고 오른쪽 패널에서 그림자의 Hex를 '#C10355', X를 '5', Y를 '4', B를 '13', 불투명도를 '80%'로 설정하고 작업을 마무리합니다.

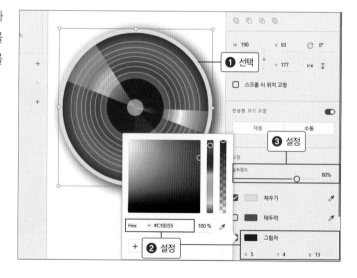

CHAPTER 11

시계 GUI 아이콘 만들기

타원 도구를 활용하여 정원을 그리고 선형 그레이디언트를 적용합니다. 선 도구를 활용하여 시침, 분침을 그리고 회전 툴을 활용하여 눈금 표시를 그려서 시계 GUI를 디자인합니다.

01 원형의 시계 형태 만들기
따라하기

01 시작 화면에서 'iPhone XR/XS Max/11 (414x896)'을 선택하여 새로운 아트보드를 만듭니다.

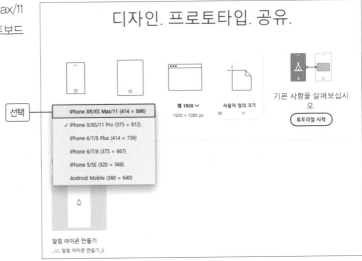

02 타원 도구(◯)를 선택하고 아트보드에 드래그하여 W/H가 '190' 크기인 정원을 그립니다. 채우기의 Hex를 '#3D3D3D'로 설정합니다.

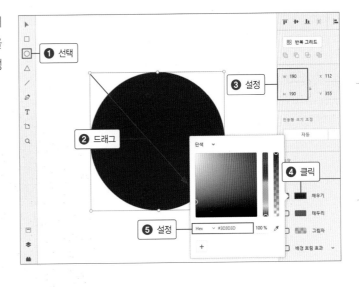

03 아트보드에 드래그하여 W/H가 '180' 크기인 정원을 그립니다. 오른쪽 패널에서 채우기를 '선형 그레이디언트'로 지정합니다. 컬러 바에서 왼쪽 조절점의 Hex를 '#C4C4C4', 오른쪽 조절점의 Hex를 '#545252'로 설정합니다. 오브젝트 컬러의 조절점을 이동하여 대각선 방향으로 설정합니다.

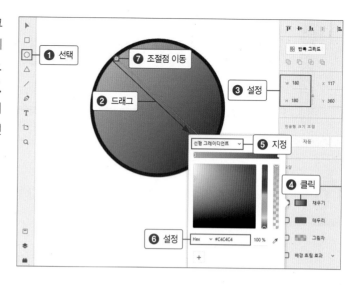

04 타원 도구(◯)를 선택하고 W/H가 '176' 크기인 정원을 그리고 채우기의 Hex를 '#3D3D3D'로 설정합니다.

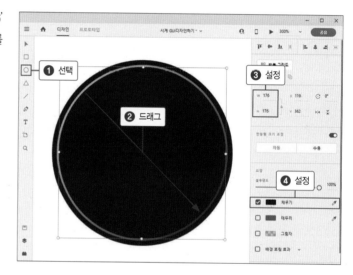

05 타원 도구(◯)를 선택하고 W/H가 '8' 크기인 정원을 그리고 채우기의 Hex를 '흰색'으로 설정합니다.

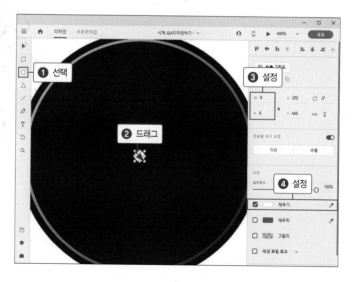

어도비 XD 기본

UI 아이콘 제작

애니메이션 제작

페이지 디자인!

인터랙션 디자인!

UI 디자인

실무 프로젝트

02 시침과 분침 만들기
따라하기

01 선 도구(✏️)를 선택하고 원 오브젝트의
가운데로 드래그하여 그림과 같이 시침
을 그리고 테두리의 Hex를 '흰색', 크기를 '2'로
설정합니다.

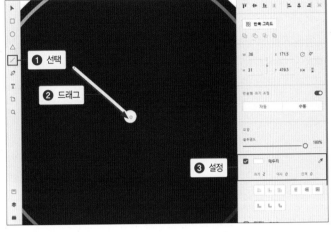

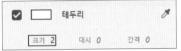

02 선 도구(✏️)를 선택하고 정원 오브젝트
의 가운데에서 드래그하여 그림과 같이
분침을 그리고 테두리의 Hex를 '#CFCFCF',
크기를 '2'로 설정합니다.

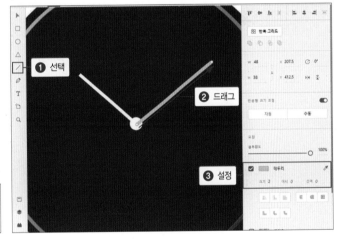

03 선 도구(✏️)를 선택하고 정원 오브젝트
의 가운데에서 드래그하여 그림과 같이
초침을 그리고 테두리의 Hex를 '#D10000', 크
기를 '1'로 설정합니다.

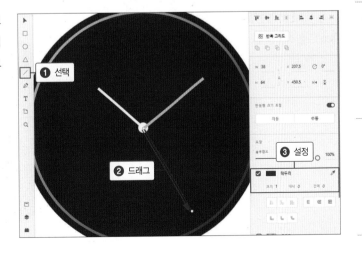

04 W/H가 '8' 크기인 정원 오브젝트를 선택하고 마우스 오른쪽 버튼을 클릭하여 나타나는 메뉴에서 정렬 → 맨 앞으로 가져오기(Shift+Ctrl+])를 실행합니다.

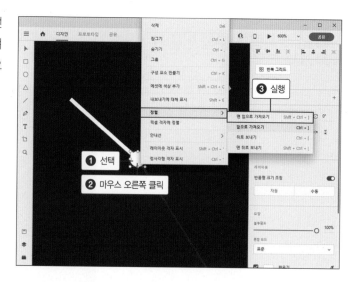

05 선 도구(⟋)를 선택하여 그림과 같이 그리고 테두리의 Hex를 '흰색', 크기를 '1'로 설정합니다.

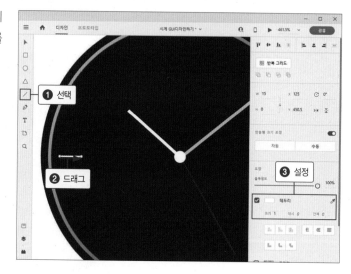

06 그림과 같이 선을 그리고 오른쪽으로 이동한 다음 두 개의 선을 선택합니다. 마우스 오른쪽 버튼을 클릭하여 나타나는 메뉴에서 그룹(Ctrl+G)으로 지정합니다.

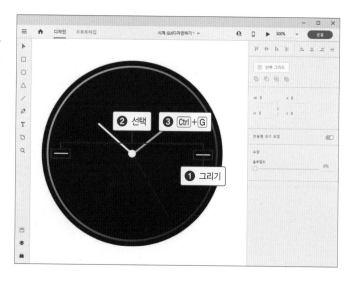

07 그룹한 오브젝트를 선택하고 복사(Ctrl +C), 붙여넣기(Ctrl+V)를 실행합니다. 오른쪽 패널에서 회전을 '90' 각도로 설정하면 그림과 같이 이동합니다. 복사 및 회전을 이용하여 시계의 시간 부분을 그림과 같이 배치합니다. 오른쪽 패널에서 테두리의 Hex를 '#929292'로 설정합니다.

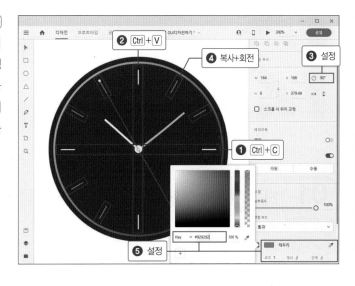

08 시침, 분침, 초침 오브젝트를 선택합니다. 오른쪽 패널에서 '그림자'를 체크 선택하고 Hex를 '검정', X를 '3', Y를 '2', B를 '3'으로 설정합니다.

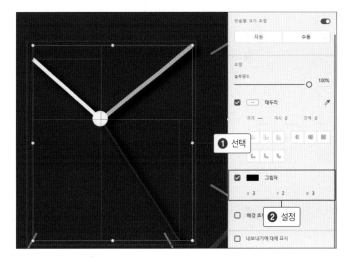

09 예제 폴더에서 '가죽.jpg' 파일을 정원 오브젝트에 드래그하여 삽입하고 작업을 마무리합니다.

열기구 아이콘 만들기

CHAPTER

타원 도구를 활용하여 원을 그리고 그러데이션을 적용하여 열기구 풍선을 그립니다. 도형 도구를 활용하여 재구성한 다음 하이라이트, 그림자를 적용하여 입체감이 느껴지는 열기구 아이콘을 디자인합니다.

01 타원 형태의 입체 구 만들기
따라하기

01 시작 화면에서 'iPhone XR/XS Max/11 (414x896)'을 선택하여 새로운 아트보드를 만듭니다.

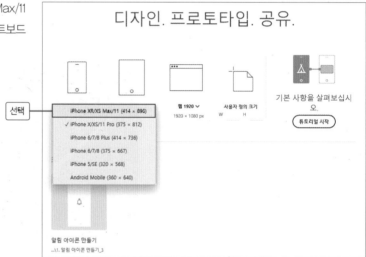

02 타원 도구(◯)를 선택하고 아트보드에 드래그하여 W/H가 '180' 크기인 정원을 그립니다. 오른쪽 패널에서 채우기를 '선형 그레이디언트'로 지정합니다. 컬러 바에서 왼쪽 조절점의 Hex를 '#C5F8EF', 오른쪽 조절점의 Hex를 '#52CEBE'로 설정하고 그러데이션을 적용합니다.

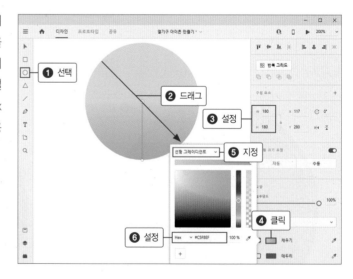

03 타원 도구(◎)를 선택하고 W/H가 '161, 130' 크기인 원을 그립니다. 오른쪽 패널에서 채우기를 '선형 그레이디언트'로 지정합니다. 컬러 바에서 왼쪽 조절점의 Hex를 '#44A1DE', 오른쪽 조절점의 Hex를 '#216596'로 설정하고 그러데이션을 적용합니다.

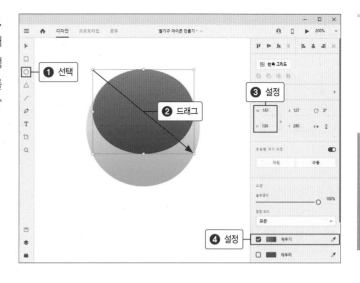

04 타원 도구(◎)를 선택하고 W/H가 '120, 86' 크기인 원을 그립니다. 오른쪽 패널에서 채우기를 '선형 그레이디언트'로 지정합니다. 컬러 바에서 왼쪽 조절점의 Hex를 '#EAFDF9', 오른쪽 조절점의 Hex를 '#66E6D6'로 설정하고 그러데이션을 적용합니다.

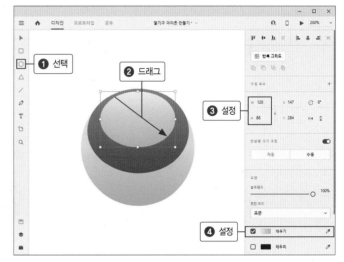

05 타원 도구(◎)를 선택하고 W/H가 '68, 48' 크기인 원을 그립니다. 오른쪽 패널에서 채우기를 '선형 그레이디언트'로 지정합니다. 컬러 바에서 왼쪽 조절점의 Hex를 '#79B9E6', 오른쪽 조절점의 Hex를 '#236396'으로 설정한 다음 그러데이션을 적용합니다.

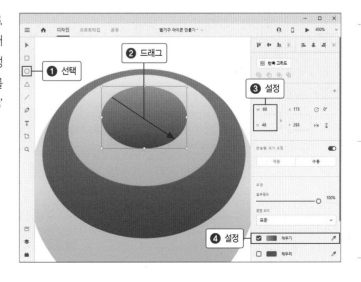

어도비 XD 기본   UI 아이콘 제작   애니메이션 제작   페이지 디자인   인터랙션 디자인   UI 디자인   실무 프로젝트

06 타원 도구(◯)를 선택하고 W/H가 '48, 34' 크기인 원을 그립니다. 오른쪽 패널에서 채우기를 '선형 그레이디언트'로 지정합니다. 컬러 바에서 왼쪽 조절점의 Hex를 '#EAFDF8', 오른쪽 조절점의 Hex를 '#66E6D6'으로 설정하고 그러데이션을 적용합니다.

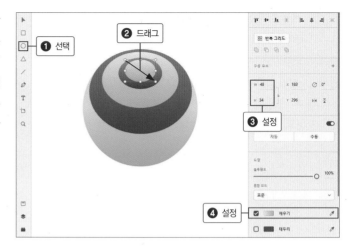

02
따라하기

하단 몸체 만들기

01 다각형 도구(△)를 선택하고 삼각형을 그린 다음 오른쪽 패널에서 코너 카운트(⬠)를 '5'로 설정하여 오각형으로 변형하고 W/H를 '160, 150' 크기로 설정합니다. 채우기의 Hex를 '#236396'으로 설정한 다음 오각형 오브젝트와 원 오브젝트를 모두 선택하고 '가운데 정렬(가로)' 아이콘(♣)을 클릭합니다.

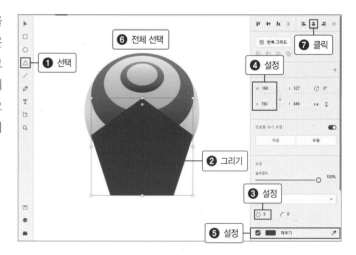

02 오른쪽 패널에서 모퉁이 반경(⌐)을 '10'으로 설정합니다. 마우스 오른쪽 버튼을 클릭한 다음 나타나는 메뉴에서 정렬 → 맨 뒤로 보내기(Shift+Ctrl+[)를 실행합니다.

03 선 도구(✏)를 선택하고 길이가 '64'인
세로 선을 그립니다. 오른쪽 패널에서
테두리의 Hex를 '#707070', 크기를 '4'로 설정한
다음 적절히 회전합니다.

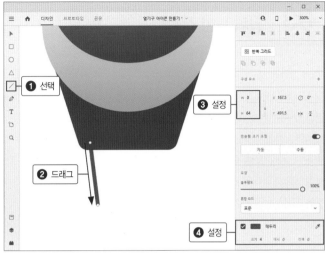

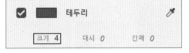

04 선 오브젝트를 선택하고 복사(Ctrl+C),
붙여넣기(Ctrl+V)를 실행합니다. 오른
쪽 패널에서 '가로로 뒤집기' 아이콘(▶◀)을 클릭
한 다음 두 개의 선 오브젝트를 선택하고 마우
스 오른쪽 버튼을 클릭하여 나타나는 메뉴에서
정렬 → 맨 뒤로 보내기(Shift+Ctrl+[)를 실행
합니다.

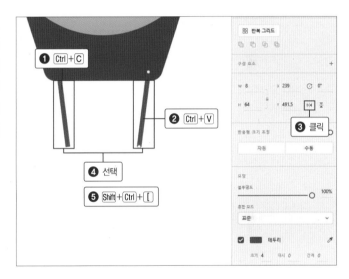

05 사각형 도구(▢)를 선택하고 W/H가
'80, 54' 크기인 직사각형을 그립니다.
오른쪽 패널에서 채우기의 Hex를 '#6A4E00',
'모든 모퉁이에 대해 동일한 반경' 아이콘(▢)을
클릭한 다음 '4'로 설정합니다.

오토바 XD 기본

UI 아이콘 제작

애니메이션 제작

페이지 디자인

인터랙션 디자인

UI 디자인

실무 프로젝트

입체 느낌 적용하기

01 타원 도구(○)를 선택하고 W/H가 '90, 58' 크기인 원을 그립니다. 오른쪽 패널에서 채우기를 '선형 그레이디언트'로 지정합니다. 컬러 바에서 왼쪽 조절점의 Hex를 '#FFFFFF', 오른쪽 조절점의 알파를 '0%'로 설정하고 그러데이션을 적용한 다음 원 오브젝트에 '가운데 정렬(가로)' 아이콘(ⅱ)을 클릭합니다.

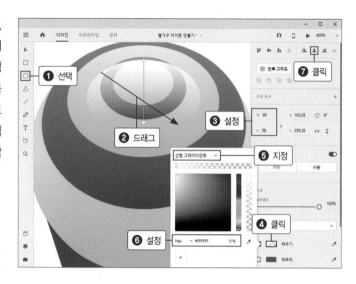

02 원과 오각형 오브젝트를 복사한 다음 선택합니다.

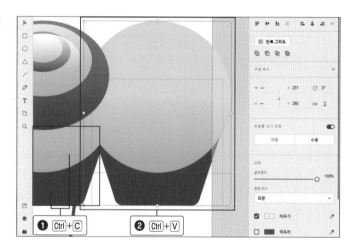

03 오른쪽 패널에서 '교차(Ctrl+Alt+I)' 아이콘(回)을 클릭하여 오브젝트를 변형합니다.

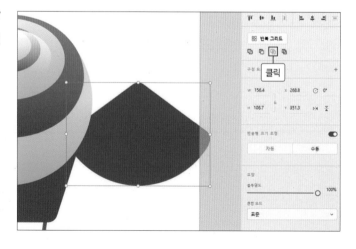

04 변형된 오브젝트를 선택하고 02번에서 복사한 원 뒤에 배치합니다. 오른쪽 패널에서 채우기의 Hex를 '#000000', 불투명도를 '50%', '오브젝트 흐림 효과'를 체크 선택한 다음 정도를 '8'로 설정합니다.

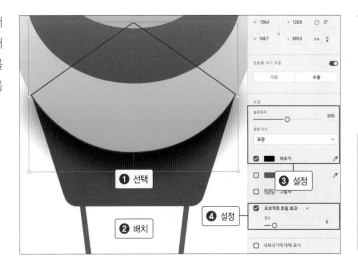

05 오각형 오브젝트를 복사하고 흐림 효과를 적용한 오브젝트와 같이 선택합니다. 마우스 오른쪽 버튼을 클릭한 다음 나타나는 메뉴에서 모양으로 마스크 만들기(Shift+Ctrl+M)를 실행합니다. 그림자 효과를 위해 마스크한 오브젝트를 선택하고 뒤로 보내기(Ctrl+[)를 반복하여 오각형 오브젝트 바로 위로 위치합니다.

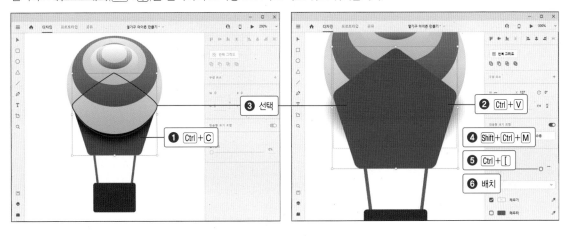

06 열기구 아이콘이 완성되었습니다.

합격 부적 아이콘 만들기

CHAPTER

사각형 도구를 활용하여 직사각형을 그리고 같은 간격으로 정렬합니다. 반복 그리드를 적용하여 보조 그래픽을 그리고 배치해서 합격 부적 아이콘을 디자인합니다.

01 부적 형태 구성하기
따라하기

01 시작 화면에서 'iPhone XR/XS Max/11 (414x896)'을 선택하여 새로운 아트보드를 만듭니다. 사각형 도구(□)를 선택하고 아트보드에 드래그하여 W/H가 '256, 424' 크기인 직사각형을 그립니다. 오른쪽 패널에서 채우기의 Hex를 '#DEB100'로 설정합니다.

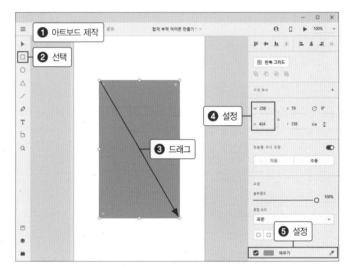

02 사각형 도구(□)를 선택하고 W/H가 '246, 414' 크기인 직사각형을 그립니다. 오른쪽 패널에서 테두리의 Hex를 '#C20000', 크기를 '1'로 설정합니다.

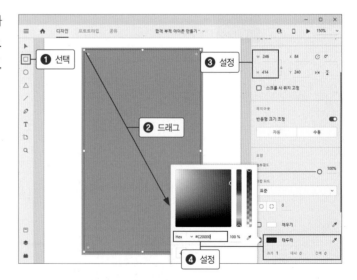

03 사각형 도구(回)를 선택하고 W/H가
'20, 8' 크기인 직사각형을 그립니다. 오
른쪽 패널에서 채우기의 Hex를 '#C20000'로
설정합니다.

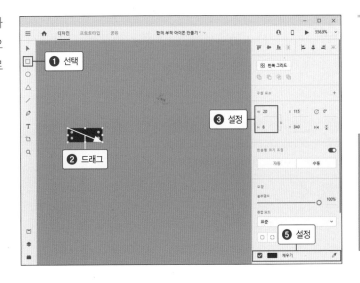

04 빨간색 직사각형 오브젝트를 복사하고
'4' 크기의 간격으로 배치합니다.

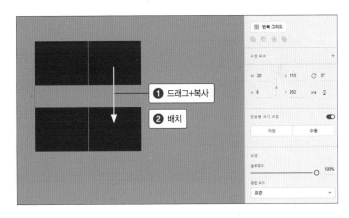

02 격자 테두리 만들기
따라하기

01 직사각형 오브젝트를 그룹(Ctrl+G)으
로 지정합니다. 그룹한 오브젝트를 복사
한 다음 오른쪽 패널에서 회전을 '90' 각도로 설
정하고 '4' 크기의 간격으로 배치합니다.

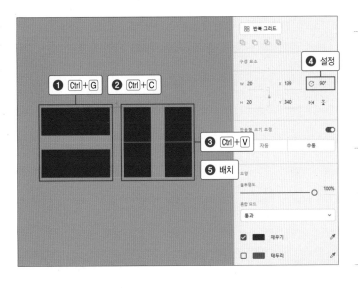

어도비 XD 기본

UI 아이콘 제작

애니메이션 제작

페이지 디자인

인터렉션 디자인

UI 디자인

실무 프로젝트

02 오른쪽 패널에서 〈반복 그리드〉 버튼을 클릭합니다. 간격을 '4' 크기로 오른쪽 조절점을 드래그하여 패턴을 반복합니다.

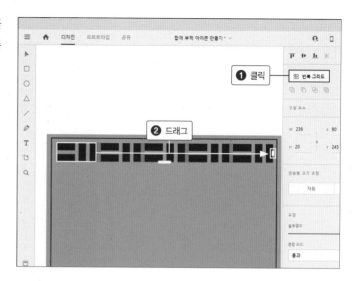

03 반복 그리드한 오브젝트를 선택하고 복사((Ctrl)+(C)), 붙여넣기((Ctrl)+(V))를 실행한 다음 사각형 오브젝트의 아래쪽에 배치합니다.

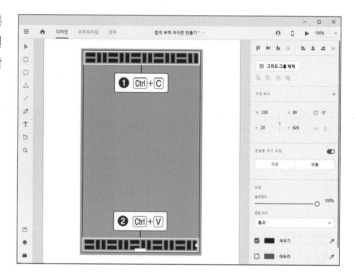

04 01번~03번과 같은 방법으로 사각형 오브젝트 양쪽에 반복 그리드로 패턴을 배치합니다.

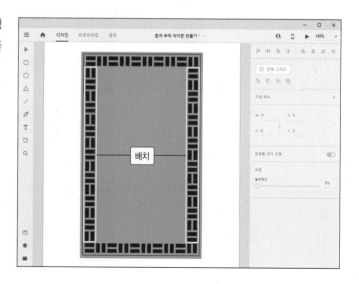

어도비 XD 기본

UI 아이콘 제작

애니메이션 제작

페이지 디자인

인터랙션 디자인

UI 디자인

실무 프로젝트

05 사각형 도구(□)를 선택하고 W/H가 '186, 354' 크기인 직사각형을 그립니다. 오른쪽 패널에서 테두리의 Hex를 '#C20000', 크기를 '1'로 설정합니다.

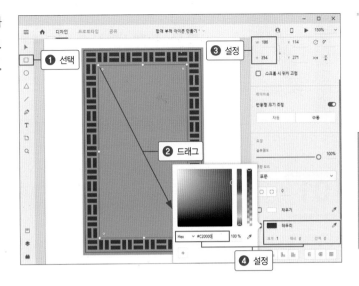

06 사각형 도구(□)를 선택하고 W/H가 '140' 크기인 정사각형 오브젝트를 두 개 그립니다. 테두리의 Hex를 '#C20000', 크기를 '4'로 설정합니다. 노란색 사각형 오브젝트의 가운데에 일렬로 배치합니다.

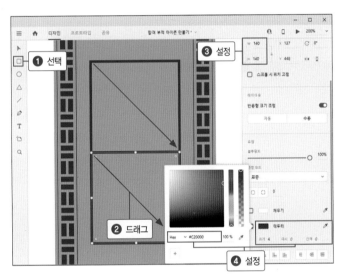

07 텍스트 도구(T)를 선택하고 '합격'을 입력합니다. 오른쪽 패널에서 글꼴 크기를 '103', 채우기의 Hex를 '#C20000'로 설정하고 작업을 마무리합니다.

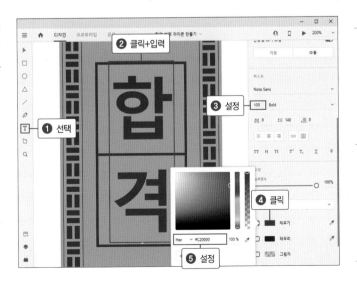

러닝 거리 아이콘 만들기

CHAPTER

선 도구를 활용하여 가로 선을 그리고 반복 그리드를 적용하여 눈금을 그립니다. 반복 그리드에 텍스트 파일을 적용하고 거리를 표시하여 러닝 거리 UI를 디자인합니다.

01 그리드 눈금자 만들기
따라하기

01 시작 화면에서 'iPhone XR/XS Max/11 (414x896)'을 선택하여 새로운 아트보드를 만듭니다. 선 도구(✏)를 선택하고 아트보드에 드래그하여 길이가 '50'인 가로 선을 그립니다. 오른쪽 패널에서 테두리의 Hex를 '#082C81', 크기를 '2'로 설정합니다.

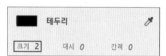

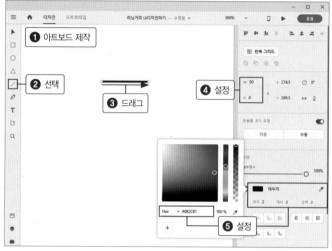

02 오른쪽 패널에서 〈반복 그리드〉 버튼을 클릭하여 실행하고 조절점을 아래로 드래그합니다.

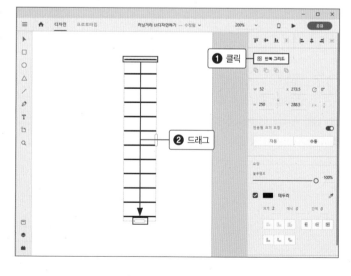

03 마우스 포인터를 선 오브젝트 사이에 가
져가면 분홍색으로 표시되면서 간격을
조절할 수 있습니다. 오브젝트 간격을 드래그하
여 '42' 크기로 수정합니다.

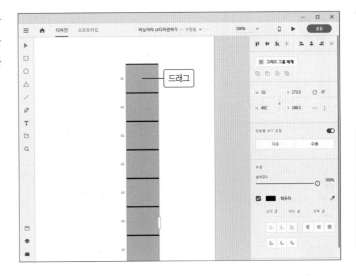

04 선 도구(⧄)를 선택하고 길이가 '30'인
가로 선을 그립니다. 테두리의 Hex를
'#7F98D4', 크기를 '2'로 설정합니다.

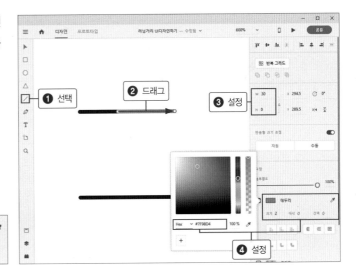

05 02번~03번과 같이 반복 그리드를 실
행하고 오브젝트 간격을 드래그하여 '9'
크기로 수정합니다.

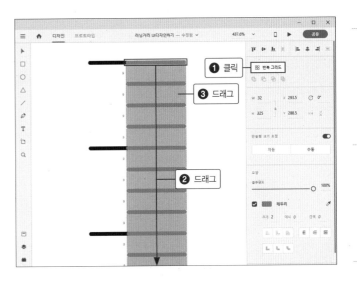

어도비 XD 기본

UI 아이콘 제작

애니메이션 제작

페이지 디자인

인터랙션 디자인

UI 디자인

실무 프로젝트

01 텍스트 도구(T)를 선택하고 아트보드
　에 클릭하여 '0km'를 입력합니다. 오른
쪽 패널에서 '영역 텍스트' 아이콘(▤)을 클릭하
고 좌우 간격을 넓게 변경한 다음 반복 그리드
를 실행합니다.

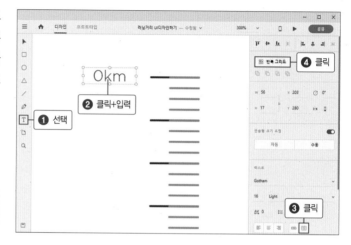

TIP

텍스트가 길어지면 텍스트가 잘리기 때문에 여백을
확보합니다.

02 오브젝트 간격을 드래그하여 '27' 크기
　로 수정합니다.

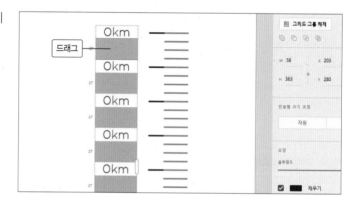

03 예제 폴더에서 '거리.txt' 파일을 텍스트 그리드 위에 드래그하면 텍스트 그리드의 내용이 txt 파일의 내용으로 수정됩
　니다.

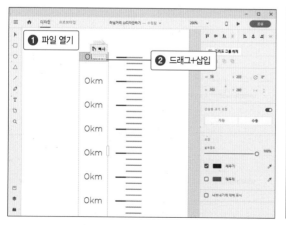 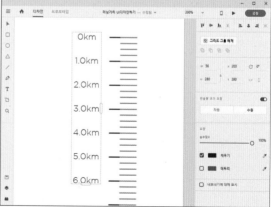

어도비 XD 기본

UI 아이콘 제작

애니메이션 제작

페이지 디자인

인터랙션 디자인

UI 디자인

실무 프로젝트

04 반복 그리드를 적용한 눈금 3개를 6km 부분의 높이로 변경하고 마우스 오른쪽 버튼을 클릭한 다음 나타나는 메뉴에서 정렬 → 맨 뒤로 보내기(Shift+Ctrl+[)를 실행합니다.

TIP

짧은 눈금을 뒤로 보내면 긴 눈금이 앞에 보입니다.

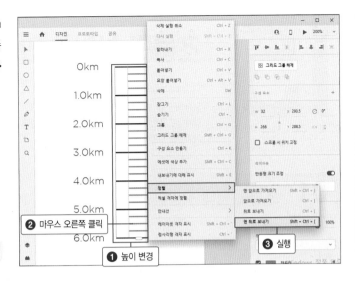

05 사각형 도구(□)를 선택하고 아트보드에 드래그하여 W/H가 '7, 166' 크기인 직사각형을 그립니다. 오른쪽 패널에서 채우기를 '선형 그레이디언트'로 지정합니다. 컬러 바에서 왼쪽 조절점의 Hex를 '#082C81', 오른쪽 조절점의 Hex를 '#7F98D4'로 설정하고 그러데이션을 적용합니다.

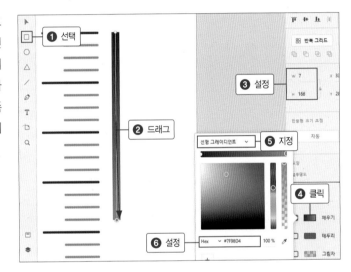

06 오른쪽 패널에서 '모든 모퉁이에 대해 동일 반경' 아이콘(□)을 클릭한 다음 '4' 크기로 설정하고 작업을 마무리합니다.

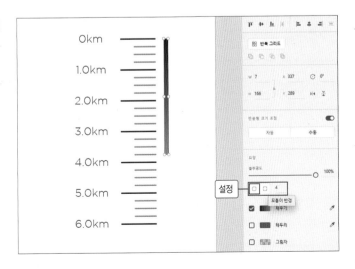

초콜릿 아이콘 만들기

도형 도구를 활용하여 도형을 그리고 재구성합니다. 재구성한 도형에 각각 다른 컬러를 적용하여 입체감을 나타내고 펜 도구를 활용하여 도형을 그린 다음 오브젝트 흐림 효과를 적용해 하이라이트를 표현한 초콜릿 아이콘을 디자인합니다.

01 따라하기 · 초콜릿 형태 구성하기

01 시작 화면에서 'iPhone XR/XS Max/11 (414x896)'을 선택하여 새로운 아트보드를 만듭니다.

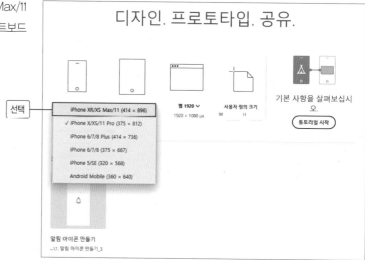

02 사각형 도구(□)를 선택하고 아트보드에 드래그하여 W/H가 '50' 크기인 정사각형을 그립니다. 오른쪽 패널에서 채우기의 Hex를 '#683304'로 설정합니다.

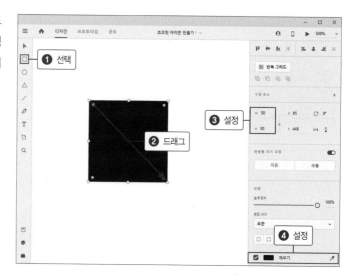

03 펜 도구(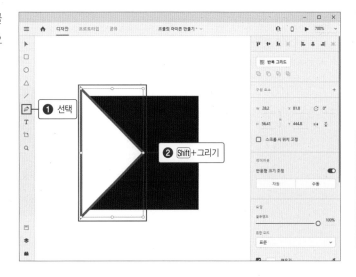)를 선택하고 아트보드에 클릭하여 정사각형의 가운데부터 왼쪽으로 Shift를 누르면서 삼각형을 그립니다.

① 선택

② Shift+그리기

04 오브젝트를 모두 선택하고 오른쪽 패널에서 '교차(Ctrl+Alt+I)' 아이콘(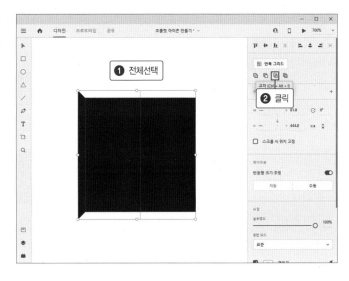)을 클릭하여 실행합니다.

① 전체선택

② 클릭

05 오브젝트를 복사해서 정렬하고 채우기의 Hex를 '#582B04'로 설정합니다.

② Ctrl+V

① Ctrl+C

③ 클릭

④ 설정

어도비 XD 기본

UI 아이콘 제작

애니메이션 제작

페이지 디자인

인터랙션 디자인

UI 디자인

실무 프로젝트

06 삼각형 오브젝트의 복사를 반복하여
사각형 모양이 되게 정렬합니다. 오른
쪽 패널에서 채우기의 Hex를 각각 '#2E1600',
'#442001'로 설정합니다.

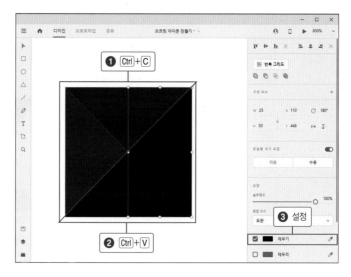

07 사각형 도구(□)를 선택하고 W/H가
'34' 크기인 정사각형을 그립니다. 오른
쪽 패널에서 채우기를 '선형 그레이디언트'로 지
정합니다. 컬러 바에서 왼쪽 조절점의 Hex를
'#7A3B05', 오른쪽 조절점의 Hex를 '#3D1E03'
으로 설정하고 그러데이션을 적용합니다.

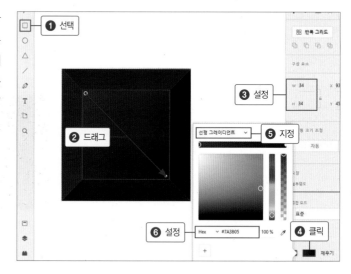

08 펜 도구(✐)를 선택하고 세로로 뒤집어
진 'ㄱ' 모양의 오브젝트를 그립니다. 오
른쪽 패널에서 채우기의 Hex를 '#FFFFFF'로
설정합니다.

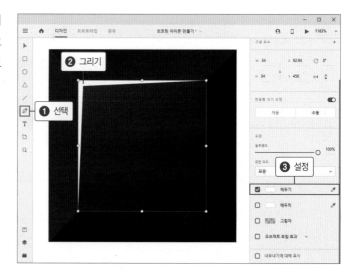

09 오른쪽 패널에서 '오브젝트 흐림 효과'를
   체크 선택한 다음 정도를 '1'로 설정하여
초콜릿에 광택 효과를 줍니다.

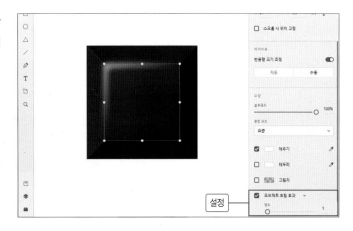

어도비 XD 기본

UI 아이콘 제작

애니메이션 제작

페이지 디자인

인터랙션 디자인

UI 디자인

실무 프로젝트

02 초콜릿 배열하기
따라하기

01 초콜릿 오브젝트를 전체 선택하고 복사
   (Ctrl+C), 붙여넣기(Ctrl+V)를 실행
하여 오른쪽에 배치합니다.

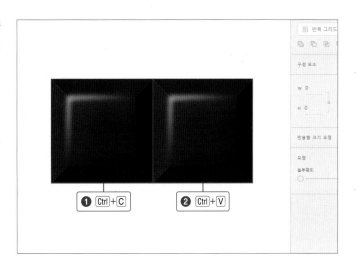

02 왼쪽 초콜릿의 '오른쪽 삼각형'과 오른쪽 초콜릿의 '왼쪽 삼각형'을 선택해서 복사하고 오른쪽 패널에서 '추가(Ctrl
   +Alt+U)' 아이콘(🔲)을 클릭하여 마름모 모양으로 만듭니다.

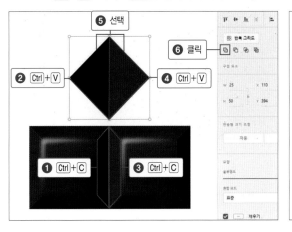

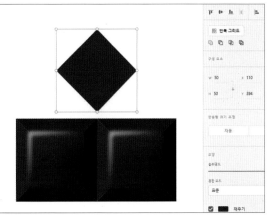

03 마름모 오브젝트의 채우기를 '선형 그레
이디언트'로 지정하고 Hex는 무채색 계
열로 설정한 다음 알파를 조절하여 입체적인 느
낌으로 그러데이션을 적용합니다.

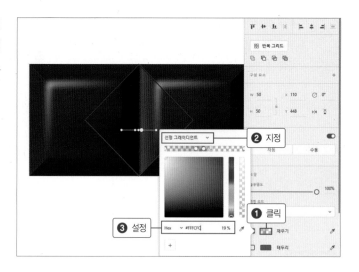

04 초콜릿을 복사해서 그림과 같이 배치합
니다.

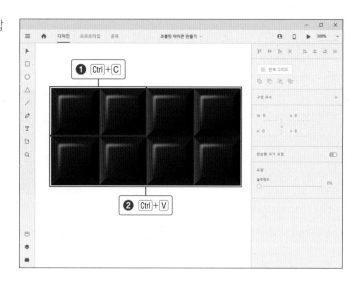

05 초콜릿 아이콘이 완성되었습니다.

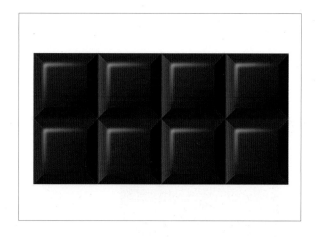

온도계 아이콘 만들기

CHAPTER 16

도형 도구를 활용하여 정원과 둥근 직사각형을 그리고 재구성합니다. 선 도구를 활용하여 가로 선을 그리고 반복 그리드를 적용한 다음 눈금을 그려 온도계 아이콘을 디자인합니다.

01 온도계 형태 구성하기
따라하기

01 시작 화면에서 'iPhone XR/XS Max/11 (414x896)'을 선택하여 새로운 아트보드를 만듭니다.

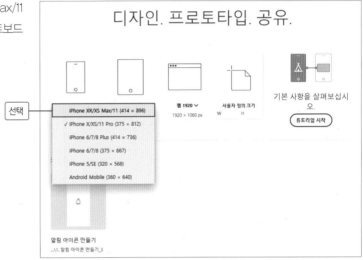

02 타원 도구(◯)를 선택하고 아트보드에 드래그하여 W/H가 '160' 크기인 정원을 그립니다. 오른쪽 패널에서 채우기의 Hex를 '#FFFFFF', 테두리의 Hex를 '#707070', 크기를 '8'로 설정합니다.

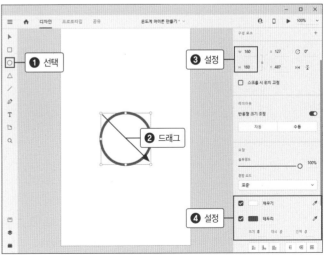

어도비 XD 기본

UI 아이콘 제작

애니메이션 제작

페이지 디자인

인터랙션 디자인

UI 디자인

실무 프로젝트

03 사각형 도구(□)를 선택하고 W/H가 '80, 360' 크기인 직사각형을 그립니다. 오른쪽 패널에서 채우기의 Hex를 '#FFFFFF', 테두리의 Hex를 '#707070', 크기를 '8'로 설정합니다.

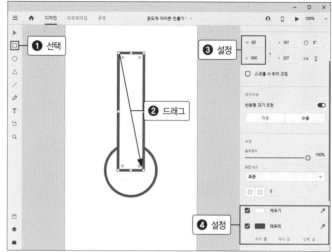

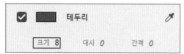

04 오른쪽 패널에서 '모퉁이에 대해 동일한 반경' 아이콘(□)을 클릭하고 '40' 크기로 설정한 다음 둥근 직사각형, 정원 오브젝트를 선택합니다.

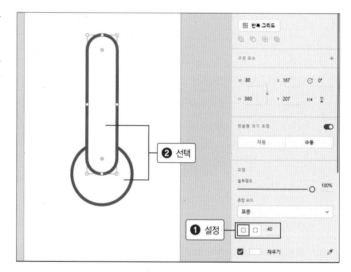

05 오른쪽 패널에서 '추가(Ctrl+Alt+U)' 아이콘(⬚)을 클릭하여 오브젝트를 변형합니다.

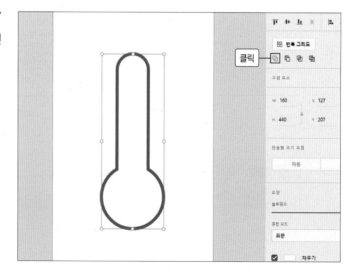

06 타원 도구(◯)를 선택하고 W/H가 '116' 크기인 정원을 그립니다. 변형 오브젝트 아래쪽 정원 모양의 가운데에 배치합니다.

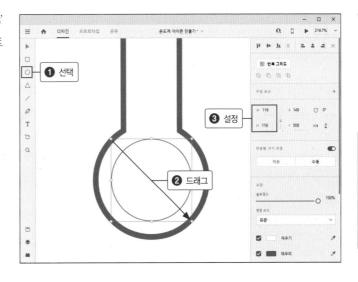

07 사각형 도구(▢)를 선택하고 W/H가 '36, 360' 크기인 직사각형을 그립니다. 오른쪽 패널에서 '모든 모퉁이에 대해 동일한 반경' 아이콘(◻)을 클릭한 다음 '18'로 설정합니다. 둥근 직사각형, 정원 오브젝트를 선택하고 오른쪽 패널에서 '추가(Ctrl+Alt+U)' 아이콘(▣)을 클릭하여 오브젝트를 변형합니다.

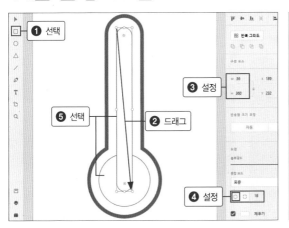
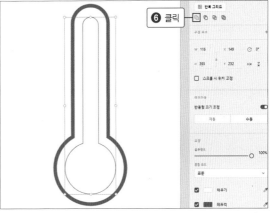

08 오른쪽 패널에서 채우기를 '선형 그레이디언트'로 지정합니다. 컬러 바에서 왼쪽 조절점의 Hex를 '#FF2500', 오른쪽 조절점의 Hex를 '#941500'로 설정하고 그러데이션을 적용합니다.

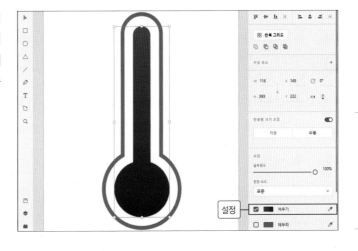

어도비 XD 기본

UI 아이콘 제작

애니메이션 제작

페이지 디자인

인터랙션 디자인

UI 디자인

실무 프로젝트

01 선 도구(✐)를 선택하고 아트보드에 드래그하여 오른쪽 패널에서 테두리의 Hex를 '#707070', 크기를 '6'으로 설정한 다음 길이가 '40'인 가로 선을 드래그하여 '36' 크기의 간격으로 복사합니다.

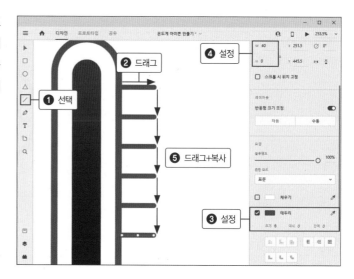

02 선 도구(✐)를 선택하고 아트보드에 드래그하여 오른쪽 패널에서 테두리의 Hex를 '#707070', 크기를 '3'으로 설정한 다음 길이가 '22'인 가로 선을 드래그하여 '18' 크기의 간격으로 복사합니다.

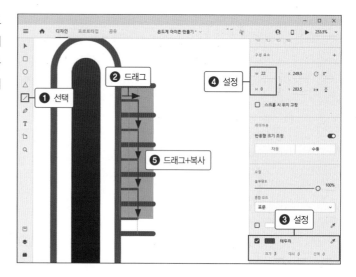

03 텍스트 도구(T)를 선택하고 아트보드에 클릭하여 '30°'에서 '40°'까지의 텍스트를 입력하고 정렬합니다.

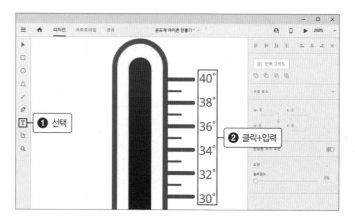

어도비 XD 기본

UI 아이콘 제작

애니메이션 제작

페이지 디자인

인터랙션 디자인

UI 디자인

실무 프로젝트

04 펜 도구(🖊)를 선택하고 아트보드에 클릭하여 마스크를 적용할 오브젝트를 그립니다. 빨간색 오브젝트와 펜 도구로 그린 오브젝트를 모두 선택하고 마우스 오른쪽 버튼을 클릭하여 나타나는 메뉴에서 **모양으로 마스크 만들기**(Shift+Ctrl+M)를 실행한 다음 작업을 마무리합니다.

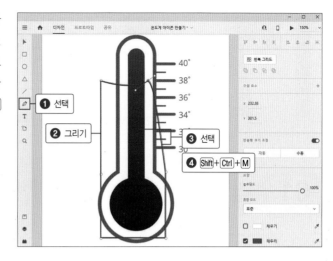

05 온도계 아이콘이 완성되었습니다.

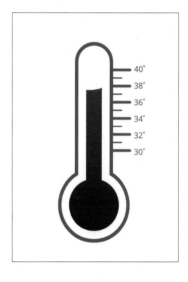

태극기 아이콘 만들기

CHAPTER

도형 도구를 활용하여 다양한 도형을 그리고 도형을 재구성 및 마스크를 적용하여 변형합니다. 원형 도형에
그레이디언트를 적용하여 하이라이트, 그림자를 그려서 태극기 아이콘을 디자인합니다.

01 태극 문양 만들기
따라하기

01 시작 화면에서 'iPhone XR/XS Max/11
(414x896)'을 선택하여 새로운 아트보드
를 만듭니다.

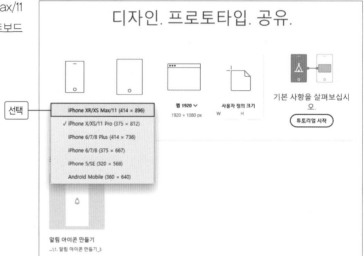

02 타원 도구(◯)를 선택하고 아트보드에
드래그하여 W/H가 '80' 크기인 정원
을 그립니다. 오른쪽 패널에서 채우기의 Hex를
'#CB0000'로 설정합니다.

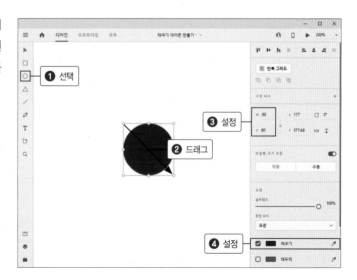

어도비 XD 기본

UI 아이콘 제작

애니메이션 제작

페이지 디자인

인터랙션 디자인

UI 디자인

실무 프로젝트

03 사각형 도구(□)를 선택하고 정원의 가운데에서부터 직사각형을 그린 다음 정원 오브젝트와 직사각형 오브젝트를 선택합니다.

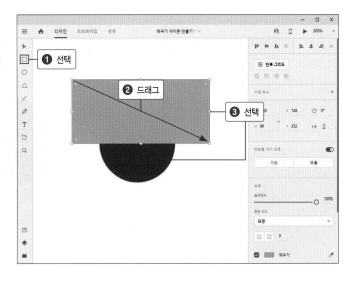

04 오른쪽 패널에서 '교차(Ctrl+Alt+I)' 아이콘(⊡)을 클릭하여 오브젝트를 변형합니다.

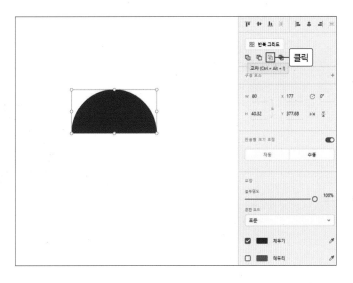

05 타원 도구(○)를 선택하고 W/H가 '40' 크기인 정원을 그립니다. 오른쪽 패널에서 채우기의 Hex를 '#CB0000'로 설정합니다.

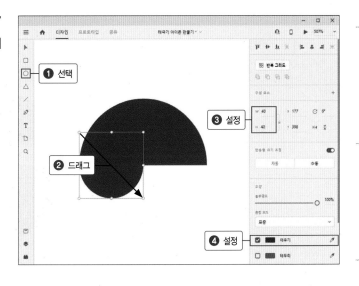

06 타원 도구(⊙)를 선택하고 W/H가 '40' 크기인 정원을 그립니다. 오른쪽 패널에서 채우기의 Hex를 '#FFFFFF'로 설정합니다. 모든 오브젝트를 선택하고 오른쪽 패널에서 각도를 '30'으로 설정합니다.

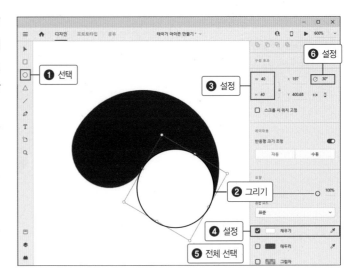

07 반원과 정원 오브젝트를 모두 선택하고 오른쪽 패널에서 '빼기(Ctrl+Alt+S)' 아이콘(🗗)을 클릭합니다. 빨간색 오브젝트를 모두 선택하고 그룹(Ctrl+G)으로 지정합니다.

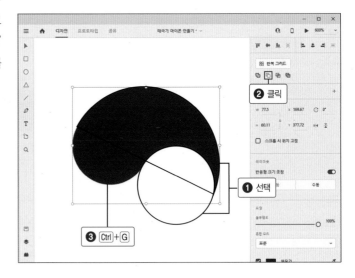

08 타원 도구(⊙)를 선택하고 W/H가 '80' 크기인 정원을 그립니다. 오른쪽 패널에서 채우기의 Hex를 '#00058F'로 설정합니다.

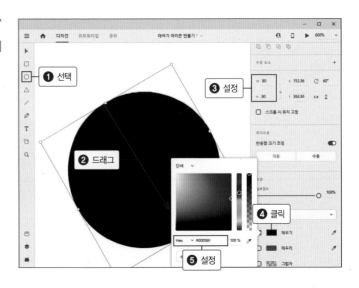

09 마우스 오른쪽 버튼을 클릭한 다음 나타나는 메뉴에서 정렬 → 맨 뒤로 보내기 (Shift + Ctrl + [)를 실행합니다.

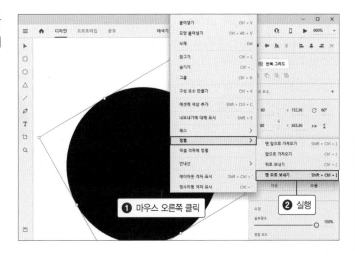

02 따라하기 건곤감리 구성하기

01 사각형 도구(□)를 선택하고 W/H가 '6, 40' 크기인 직사각형을 '4' 크기의 간격으로 3개 그립니다. 사각형 오브젝트를 모두 선택하고 오른쪽 패널에서 채우기의 Hex를 '#000000'으로 설정합니다.

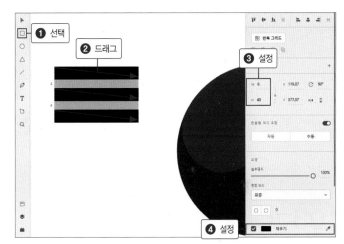

02 사각형 도구(□)를 선택하고 W/H가 '6, 40' 크기인 직사각형과 '6, 18' 크기인 직사각형을 각각 2개씩 그립니다. 오른쪽 패널에서 채우기의 Hex를 '#000000'로 설정합니다. '4' 크기의 간격으로 오브젝트를 배치합니다.

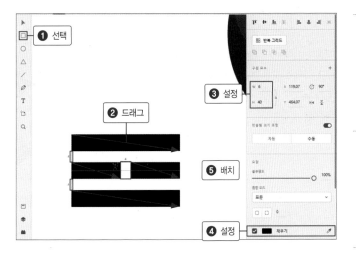

03 사각형 도구(□)를 선택하고 W/H가 '6, 40' 크기인 직사각형과 '6, 18' 크기인 직사각형을 '4' 크기의 간격으로 그립니다. 오른쪽 패널에서 채우기의 Hex를 '#000000'로 설정한 다음 배치하면서 건곤감리를 완성합니다.

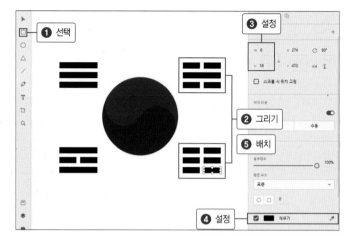

04 건곤감리를 선택하고 각각 '45' 각도로 회전하고 위치에 맞게 배치합니다.

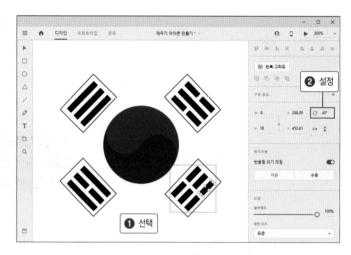

03 따라하기 입체 구 만들기

01 타원 도구(○)를 선택하고 W/H가 '200' 크기인 정원을 그립니다. 오른쪽 패널에서 채우기의 Hex를 '#EBEBEB'로 설정하고 마우스 오른쪽 버튼을 클릭한 다음 나타나는 메뉴에서 정렬 → 맨 뒤로 보내기(Shift+Ctrl +[)를 실행합니다.

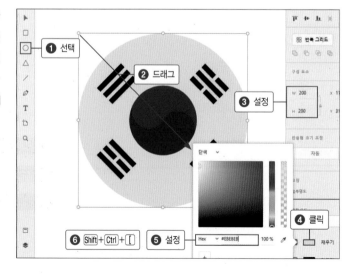

02 타원 도구(◎)를 선택하고 W/H가 '170' 크기인 정원을 그립니다. 오른쪽 패널에서 채우기를 '방사형 그레이디언트'로 지정합니다. 컬러 바에서 왼쪽 조절점의 Hex를 '#FFFFFF', 중간 조절점과 오른쪽 조절점의 알파를 '0%'로 설정하고 그러데이션을 적용합니다.

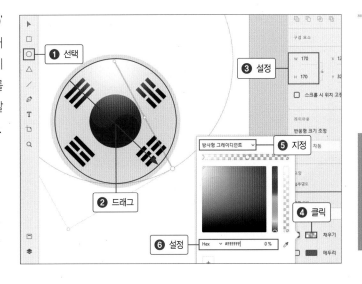

03 타원 도구(◎)를 선택하고 W/H가 '108, 68' 크기인 원을 그립니다. 오른쪽 패널에서 채우기를 '방사형 그레이디언트'로 지정합니다. 컬러 바에서 왼쪽 조절점의 Hex를 '#FFFFFF', 오른쪽 조절점의 알파를 '10%'로 설정하고 그러데이션을 적용합니다.

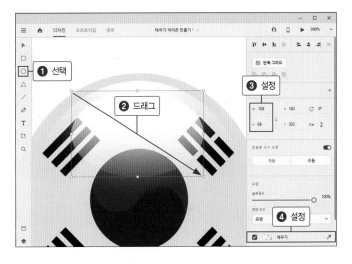

04 타원 도구(◎)를 선택하고 W/H가 '200, 22' 크기인 원을 그립니다. 오른쪽 패널에서 채우기를 '방사형 그레이디언트'로 지정합니다. 컬러 바에서 왼쪽 조절점의 Hex를 '#000000', 오른쪽 조절점의 알파를 '0%'로 설정하고 그러데이션을 적용하여 작업을 마무리합니다.

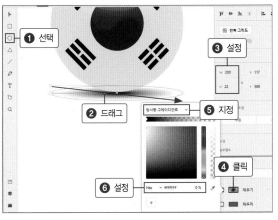

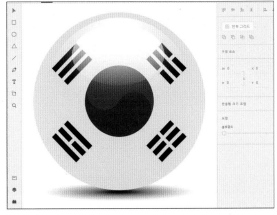

어도비 XD 기본

UI 아이콘 제작

애니메이션 제작

페이지 디자인

인터랙션 디자인

UI 디자인

실무 프로젝트

Xd

CC
2020

3

UI 디자인
애니메이션 만들기

UI 디자인 구성 요소와 아이콘과 디자인을 했다면 어도비 XD에서 제공하는 다양한 애니메이션 기능이 있습니다.
UI 디자인과 아이콘에 애니메이션을 적용하여 간단하게 시뮬레이션하는 방법을 알아봅니다.

A D O B E   X D

서서히 나오는 동그란 점 로딩 UI 디자인하기

타원 도구로 정원을 그리고 컬러를 적용한 다음 아트보드를 복사하여 정원 오브젝트의 크기와 컬러를 변경합니다. 아트보드에 '자동 애니메이트'를 적용하여 점 로딩 애니메이션을 적용합니다.

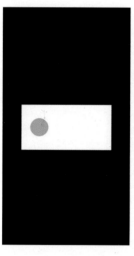
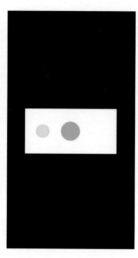
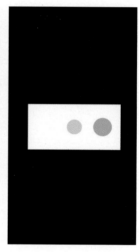

완성파일 : 점로딩_완성.xd

01 원형의 점 구성하기
따라하기

01 시작 화면에서 사용자 정의 크기의 W/H가 '200, 100' 크기인 아트보드를 만듭니다.

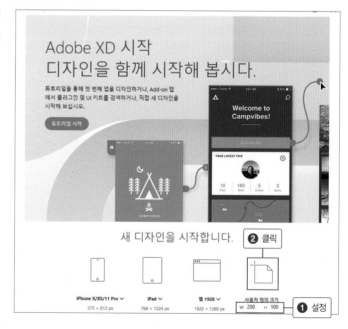

애드비 XD 기초

UI 아이콘 제작

애니메이션 제작

페이지 디자인

인터랙션 디자인

UI 디자인

실무 프로젝트

02 타원 도구(◯)를 선택하고 아트보드에 드래그하여 W/H가 '30' 크기인 정원 오브젝트를 3개 그리고 채우기의 Hex를 '#00C9D8'로 설정합니다.

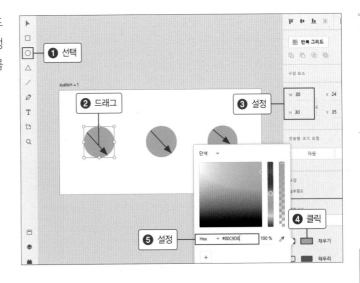

03 Alt와 Shift를 같이 누른 채 아트보드의 'custom-1' 이름 부분을 클릭한 다음 아래로 2번 드래그해서 복사를 실행합니다.

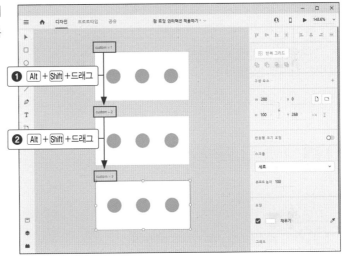

04 'custom-1' 아트보드에서 왼쪽 정원 오브젝트는 W/H가 '42' 크기인 정원으로 변경한 다음 가운데와 오른쪽 정원 오브젝트를 선택하고 오른쪽 패널에서 '채우기'를 체크 해제합니다.

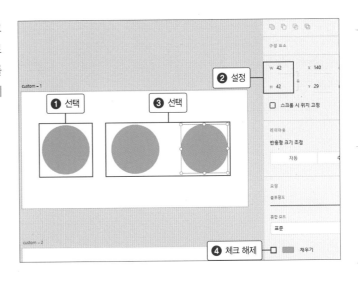

Chapter 01 · 서서히 나오는 동그란 점 로딩 UI 디자인하기　155

05 'custom-2' 아트보드에서 왼쪽 정원
   오브젝트의 불투명도를 '20%', 가운데
정원 오브젝트는 W/H가 '42' 크기인 정원으로
변경한 다음 오른쪽 정원 오브젝트를 선택하고
오른쪽 패널에서 '채우기'를 체크 해제합니다.

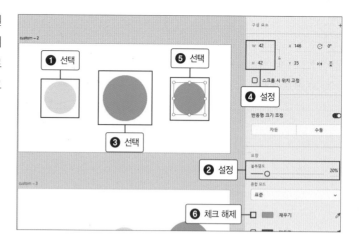

06 'custom-3' 아트보드에서 왼쪽 정원
   오브젝트는 오른쪽 패널에서 '채우기'의
체크 해제한 다음 가운데 정원의 오브젝트는 불
투명도를 '20%', 오른쪽 오브젝트는 W/H를 '42'
크기인 정원으로 변경합니다.

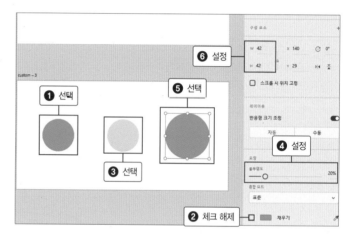

02 로딩 애니메이션 만들기
따라하기

01 위쪽에 '프로토타입'을 선택하면 프로토
   타입 화면으로 됩니다. 아트보드를 선택
하면 오른쪽에 인터랙션 연결 아이콘이 나타납
니다.

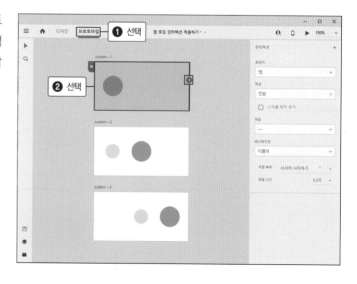

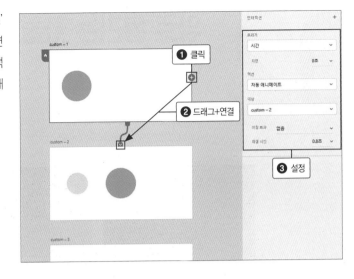

02 인터랙션 연결 아이콘을 'custom-2' 아트보드로 드래그하면 인터랙션이 연결됩니다. 오른쪽 패널에서 트리거는 '시간', 액션은 '자동 애니메이트', 이징 효과는 '없음', 재생 시간은 '0.8초'로 설정합니다.

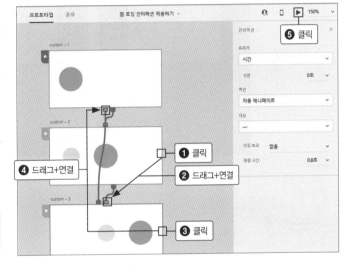

03 'custom-2' 아트보드에서 'custom-3' 아트보드로, 'custom-3' 아트보드에서 'custom-1' 아트보드로 인터랙션을 연결합니다. 오른쪽 위쪽에 '데스크탑 미리보기'(▶)를 클릭합니다.

04 점 로딩 애니메이션을 확인할 수 있습니다.

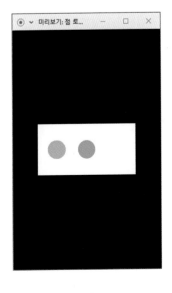

어도비 XD 기본

UI 아이콘 제작

애니메이션 제작

페이지 디자인

인터랙션 디자인

UI 디자인

실무 프로젝트

02

CHAPTER

위로 열리는 자물쇠 잠금
UI 디자인하기

도형 도구를 활용하고 컬러 및 선형 그레이디언트를 적용하여 도형을 재구성한 다음 잠금 아이콘을 디자인합니다. 잠금 아이콘에 마스크를 적용하고 트리거는 '탭', 액션은 '전환', 애니메이션은 '디졸브'를 설정하여 잠금 아이콘을 터치하면 자물쇠가 열리는 전환 애니메이션이 됩니다.

완성파일 : 자물쇠_완성.xd

01
따라하기 **자물쇠 형태의 아이콘 만들기**

01 시작 화면에서 'iPhone XR/XS Max/11 (414x896)'을 선택하여 새로운 아트보드를 만듭니다. 타원 도구(◯)를 선택하고 아트보드에 드래그하여 W/H가 '160' 크기인 정원을 그립니다. 오른쪽 패널에서 채우기를 '선형 그레이디언트'로 지정합니다. 컬러 바에서 왼쪽 조절점의 Hex를 '#C5D3EF', 오른쪽 조절점의 Hex를 '#7199E8'로 설정하고 그러데이션을 대각선 방향으로 적용합니다.

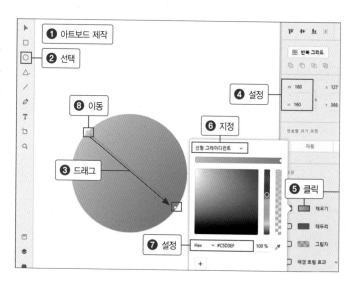

어도비 XD 기본

UI 아이콘 제작

애니메이션 제어

페이지 디자인

인터랙션 디자인

UI 디자인

실무 프로젝트

02 W/H가 '144' 크기인 정원을 그립니다. 오른쪽 패널에서 채우기의 Hex를 '#FFFFFF'로 설정하고 큰 정원 오브젝트와 같이 선택한 다음 중간 정렬(세로)([#]), 가운데 정렬(가로)([#])을 합니다.

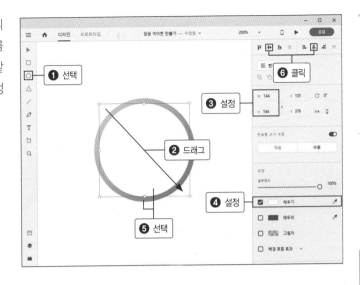

03 사각형 도구([□])를 선택하고 W/H가 '74, 50' 크기인 직사각형을 그립니다. 오른쪽 패널에서 채우기의 Hex를 '#FFFFFF', 테두리의 Hex를 '#7199E8', 크기를 '5'로 설정하고 배치합니다.

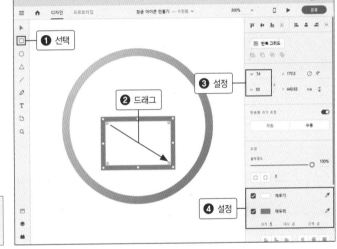

04 오른쪽 패널에서 '모든 모퉁이에 대해 동일한 반경' 아이콘([□])을 클릭한 다음 '22'로 설정하여 둥근 직사각형으로 변경합니다.

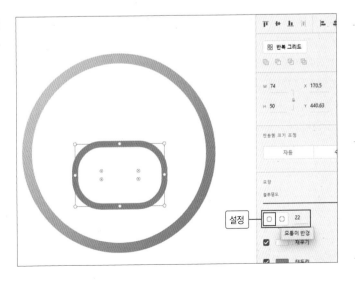

05 사각형 도구(□)를 선택하고 W/H가 '36, 38' 크기인 직사각형을 그립니다. 오른쪽 패널에서 채우기의 Hex를 '#FFFFFF', 테두리의 Hex를 '#7199E8', 크기를 '5'로 설정합니다.

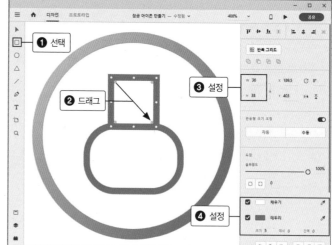

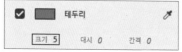

06 오른쪽 패널에서 '각 모퉁이에 대해 다른 반경' 아이콘(⬜)을 클릭한 다음 '10', '10', '0', '0'을 입력하여 왼쪽과 오른쪽 위를 둥글게 변형합니다.

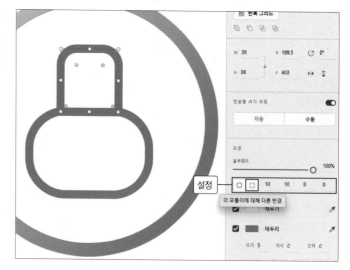

07 타원 도구(○)를 선택하고 W/H가 '18' 크기인 정원을 그립니다. 오른쪽 패널에서 채우기의 Hex를 '#FFFFFF', 테두리의 Hex를 '#7199E8', 크기를 '5'로 설정합니다.

08 사각형 도구(□)를 선택하고 W/H가 '8, 16' 크기인 직사각형을 그립니다. 오른쪽 패널에서 채우기의 Hex를 '#FFFFFF', 테두리의 Hex를 '#7199E8', 크기를 5로 설정합니다.

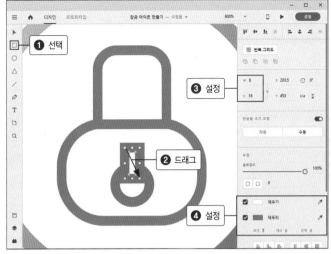

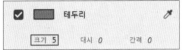

09 오른쪽 패널에서 '모든 모퉁이에 대해 동일한 반경' 아이콘(□)을 클릭한 다음 '4' 크기로 설정하여 둥근 직사각형으로 변형합니다.

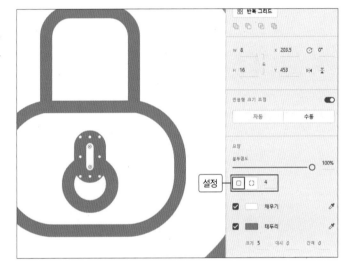

10 정원과 직사각형 오브젝트를 선택하고 오른쪽 패널에서 '추가([Ctrl]+[Alt]+[U])' 아이콘(🗗)을 클릭하여 오브젝트를 변형합니다.

어도비 XD 기본

UI 아이콘 제작

애니메이션 제작

페이지 디자인

인터렉션 디자인

UI 디자인

실무 프로젝트

01 오른쪽 패널에서 아트보드의 W/H를 '180' 크기로 수정한 다음 아트보드의 이름을 '잠금 아이콘'으로 변경합니다. Alt 와 Shift 를 같이 누른 채 아트보드의 이름 부분을 오른쪽으로 드래그하여 복사를 실행합니다.

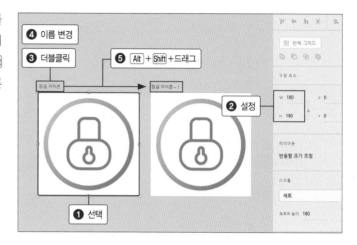

02 '잠금 아이콘-1' 아트보드에서 사각형 도구(□)를 선택하고 그림과 같이 직사각형을 그린 다음 직사각형과 둥근 직사각형 오브젝트를 모두 선택합니다.

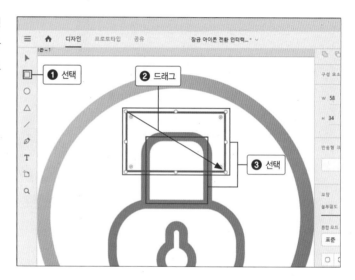

03 마우스 오른쪽 버튼을 클릭하여 나타나는 메뉴에서 모양으로 마스크 만들기 (Shift + Ctrl + M)를 실행합니다.

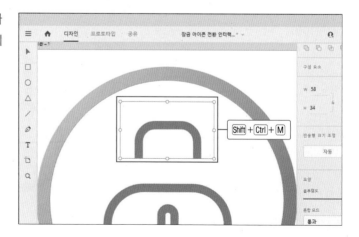

04 위쪽에 '프로토타입'을 선택하면 프로토
타입 화면으로 됩니다. 아트보드를 선택
하면 오른쪽에 인터랙션 연결 아이콘이 나타납
니다.

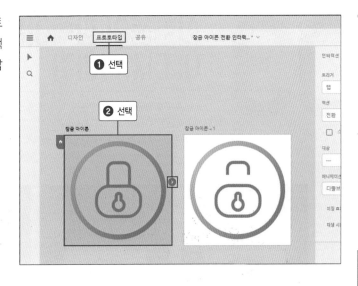

05 인터랙션 연결 아이콘을 '잠금 아이
콘-1' 아트보드로 드래그하면 인터랙션
이 연결됩니다. 오른쪽 패널에서 트리거는 '탭',
액션은 '전환', 애니메이션은 '디졸브', 이징 효과
는 '서서히 끝내기', 재생 시간은 '1초'로 설정합
니다. '잠금 아이콘-1' 아트보드에서 '잠금 아이
콘' 아트보드로 인터랙션을 연결합니다. 오른쪽
위에 '데스크탑 미리보기'(▶)를 선택합니다.

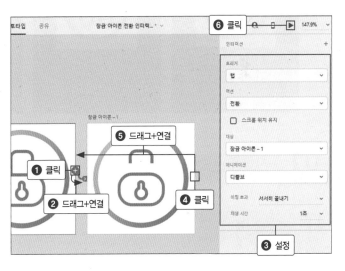

06 트리거를 '탭'으로 설정하여 클릭하면 다음 화면으로 넘어가며 애니메이션은
'디졸브'로 설정하면 오버랩되면서 화면이 전환됩니다.

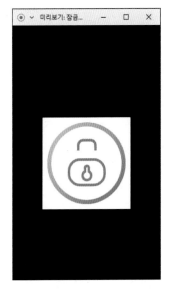

어도비 XD 기본

UI 아이콘 제작

애니메이션 제작

페이지 디자인

인터랙션 디자인

UI 디자인

실무 프로젝트

신호등이 깜빡이는 제한속도 UI 디자인하기

CHAPTER 03

도형 도구를 활용하여 정원과 둥근 직사각형을 그리고 컬러 및 선형 그레이디언트를 적용하여 제한속도 UI를 디자인합니다. 아트보드를 복사하고 각각 아트보드에 신호등의 컬러를 변경한 다음 트리거는 '시간', 액션은 '자동 애니메이트'를 적용하면 신호등 컬러가 자동으로 변경되는 자동 애니메이션이 됩니다.

완성파일 : 신호등_완성.xd

01 신호등 형태의 아이콘 만들기
따라하기

01 시작 화면에서 'iPhone XR/XS Max/11 (414x896)'을 선택하여 새로운 아트보드를 만듭니다.

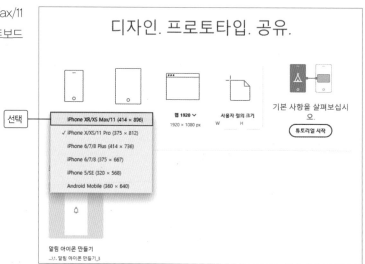

02 타원 도구(⬭)를 선택하고 아트보드에
드래그하여 W/H가 '150' 크기인 정원을
그립니다. 오른쪽 패널에서 채우기를 '선형 그레
이디언트'로 지정하고 컬러 바에서 왼쪽 조절점
의 Hex를 '#FF0000', 오른쪽 조절점의 Hex를
'#710000'로 설정한 다음 오브젝트의 컬로 조절
점을 이동하여 그러데이션 방향을 대각선으로
변경합니다.

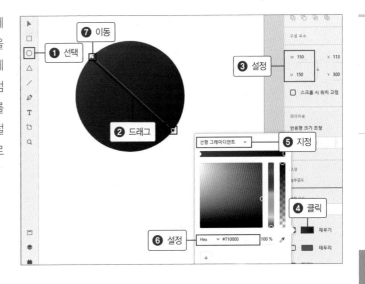

03 타원 도구(⬭)를 선택하고 W/H가 '130'
크기인 정원을 그립니다. 오른쪽 패널에
서 채우기의 Hex를 '흰색'으로 설정합니다. 흰
색 정원 오브젝트를 빨간색 정원 오브젝트의 가
운데에 배치합니다.

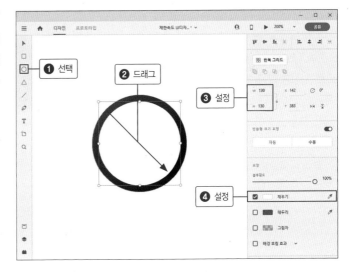

04 사각형 도구(▢)를 선택하고 W/H가
'90, 30' 크기인 직사각형을 그립니다.
오른쪽 패널에서 채우기를 '선형 그레이디언트'
로 지정하고 컬러 바에서 왼쪽 조절점의 Hex를
'#E9E9E9', 오른쪽 조절점의 Hex를 '#888888'
로 설정한 다음 오브젝트의 컬러 조절점을 이동
하여 그러데이션 방향을 대각선으로 변경합니다.

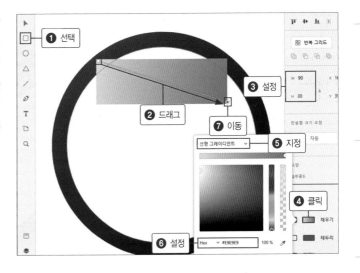

어도비 XD 기본

UI 아이콘 제작

애니메이션 제작

페이지 디자인

인터랙션 디자인

UI 디자인

실무 프로젝트

05 오른쪽 패널에서 '모든 모퉁이에 대해
동일한 반경' 아이콘(□)을 클릭한 다음
'15' 크기로 설정하여 둥근 직사각형 모양으로
만듭니다.

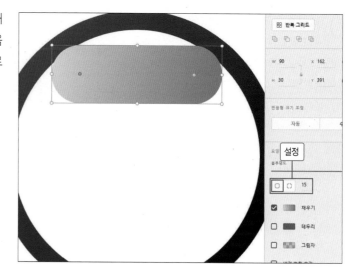

06 사각형 도구(□)를 선택하고 W/H가
'84, 24' 크기인 직사각형을 그립니다.
오른쪽 패널에서 채우기를 '선형 그레이디언
트'로 지정한 다음 컬러 바에서 왼쪽 조절점의
Hex를 '#747474', 오른쪽 조절점의 Hex를 '검
은색', '모든 모퉁이에 대해 동일한 반경' 아이콘
(□)을 클릭한 다음 '12'로 설정합니다. 오브젝트
의 컬러 조절점을 이동하여 그러데이션 방향을
대각선으로 변경합니다.

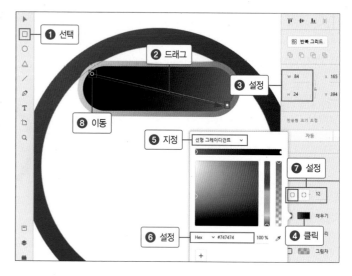

07 타원 도구(○)를 선택하고 드래그하여
W/H가 '18' 크기인 정원을 그립니다. 오
른쪽 패널에서 채우기의 Hex를 '#FB0000'로
설정합니다.

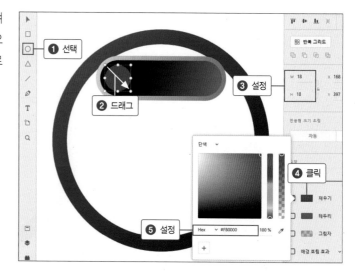

08 07번과 같은 방법으로 정원 두 개를 추가로 그린 다음 오른쪽 패널에서 채우기의 Hex를 각각 '#FBEA00', '#009E15'로 설정합니다.

09 텍스트 도구(T)를 선택하고 아트보드에 클릭하여 '60'을 입력한 다음 정원 오브젝트의 가운데에 배치합니다.

10 타원 도구(○)를 선택하고 W/H가 '150' 크기인 정원을 그립니다. 오른쪽 패널에서 채우기를 '선형 그레이디언트'로 지정하고 컬러 바의 조절점을 그림과 같이 추가합니다. 세번째 조절점의 Hex를 '흰색', 알파를 '60%'로 설정하고 나머지 조절점의 알파를 '0%'로 설정합니다. 오브젝트의 컬러 조절점을 이동하여 그러데이션 방향을 대각선으로 변경합니다.

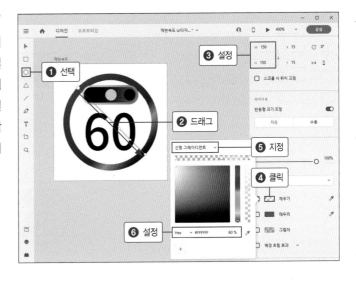

어도비 XD 기본

UI 아이콘 제작

애니메이션 제작

페이지 디자인

인터랙션 디자인

UI 디자인

실무 프로젝트

02 신호가 작동되는 애니메이션 만들기
따라하기

01 오른쪽 패널에서 아트보드의 W/H 크기를 '180'으로 수정한 다음 아트보드의 이름을 '제한속도'로 변경합니다. Alt와 Shift를 같이 누른 채 이름 부분을 오른쪽으로 2번 드래그하여 복사를 실행합니다. 신호등 오브젝트를 맨 앞으로 가져오기(Shift+Ctrl+])를 실행합니다.

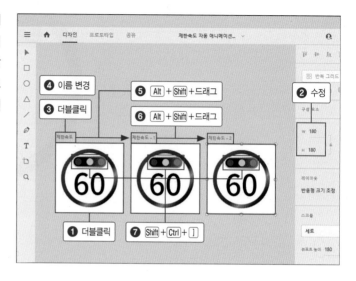

02 '제한속도' 아트보드에서 노란색과 초록색, '제한속도-1' 아트보드에서 빨간색과 초록색, '제한속도-2' 아트보드에서 빨간색과 노란색 오브젝트를 같이 선택합니다. 오른쪽 패널에서 채우기의 Hex를 '#000000'로 설정합니다.

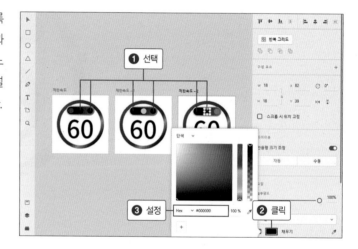

03 위쪽에 '프로토타입'을 선택하면 프로토타입 화면으로 됩니다. 아트보드를 선택하면 오른쪽에 인터랙션 연결 아이콘이 나타납니다.

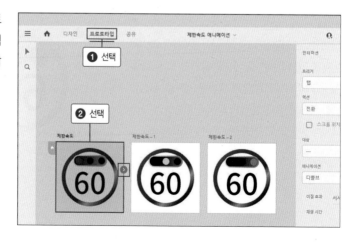

04 인터랙션 연결 아이콘을 '제한속도-1' 아트보드로 드래그하면 인터랙션이 연결됩니다. 오른쪽 패널에서 트리거는 '시간', 액션은 '자동 애니메이트', 이징 효과는 '서서히 끝내기', 재생 시간은 '3초'로 설정합니다.

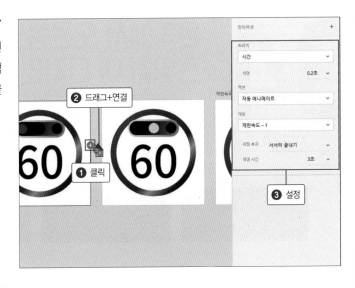

05 03번~04번과 같은 방법으로 '제한속도-1' 아트보드에서 '제한속도-2' 아트보드로, '제한속도-2' 아트보드에서 '제한속도' 아트보드로 인터랙션을 연결합니다. 오른쪽 위에 '데스크탑 미리보기'(▶)를 클릭합니다.

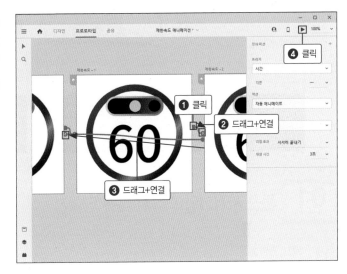

06 자동 애니메이션이 실행되는 것을 확인할 수 있습니다.

어도비 XD 기본

UI 아이콘 제작

애니메이션 제작

페이지 디자인

인터랙션 디자인

UI 디자인

실무 프로젝트

왼쪽에서 오른쪽으로 미는 스위치 UI 디자인하기

CHAPTER

사각형 도구를 활용하여 직사각형을 그린 다음 둥근 직사각형으로 변형하고, 타원 도구를 활용하여 정원을 그린 다음 그림자 효과를 적용하여 스위치 UI를 디자인합니다. 아트보드를 복사하고 각각 아트보드의 둥근 직사각형에 '구성 요소'와 '마우스 오버 상태'를 적용하여 컬러 변경 및 정원을 이동합니다. 그런 다음 '마우스 오버 상태'에서 '자동 애니메이션'을 적용하여 스위치의 컬러와 이동되는 마우스 오버 애니메이션을 만듭니다.

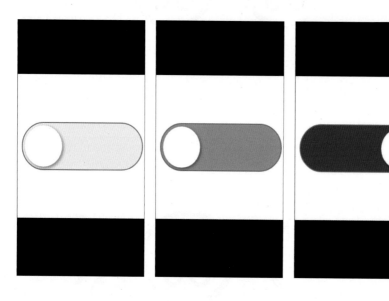

완성파일 : 스위치_완성.xd

01 둥근 사각형의 스위치 버튼 만들기
따라하기

01 시작 화면에서 사용자 정의 크기 W/H 가 '300' 크기인 새로운 아트보드를 만듭니다.

02 Tools 패널에서 사각형 도구(□)를 선택하고 아트보드에 드래그하여 W/H가 '280, 100' 크기인 직사각형을 그립니다. 사각형 모서리 안쪽 조절점을 드래그해서 사각형 테두리를 둥글게 변형합니다.

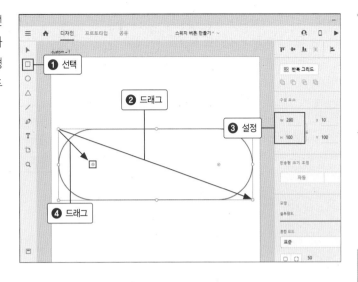

03 오른쪽 패널에서 채우기의 Hex를 '#F1F1F1'로 설정한 다음 '테두리'를 체크 선택하고 크기를 '2'로 설정합니다.

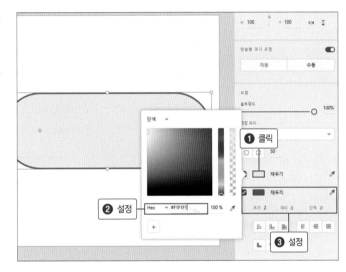

04 Tools 패널에서 타원 도구(○)를 선택하고 W/H가 '86' 크기인 정원을 그립니다.

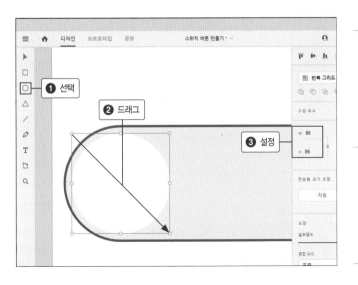

어도비 XD 기본

UI 아이콘 제작

애니메이션 제작

페이지 디자인

인터랙션 디자인

UI 디자인

실무 프로젝트

05 오른쪽 패널에서 '그림자'를 체크 선택하고 알파를 '40%', X를 '3', Y를 '3', B를 '6'으로 설정합니다.

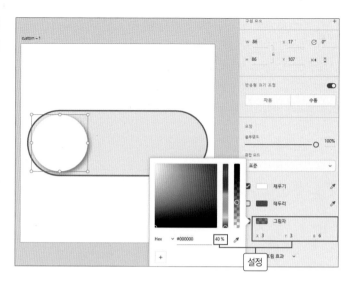

06 'Custom–1' 아트보드의 이름을 스위치 버튼으로 변경한 다음 Alt 와 Shift 를 같이 누른 채 아트보드의 이름 부분을 오른쪽으로 드래그해서 복사를 실행합니다.

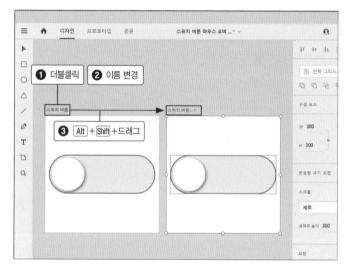

07 '스위치 버튼' 아트보드에서 둥근 직사각형과 정원을 모두 선택하고 오른쪽 패널의 구성 요소에서 '+'를 클릭하면 기본 상태로 설정됩니다.

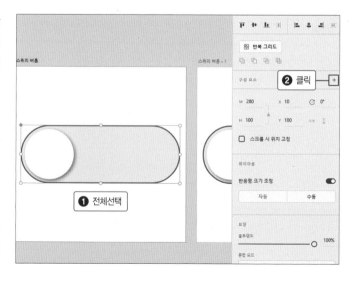

> **TIP**
> 구성 요소가 설정된 오브젝트는 왼쪽 위에 초록색 마름모가 나타납니다.

어도비 XD 기본

UI 아이콘 제작

애니메이션 제작

페이지 디자인

인터랙션 디자인

UI 디자인

실무 프로젝트

08 기본 상태의 '+'를 클릭하고 '마우스 오버 상태'를 추가합니다.

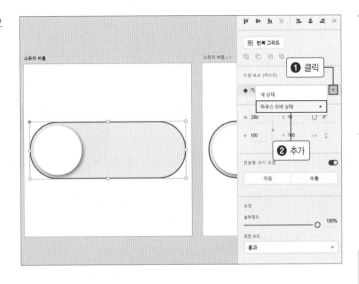

09 둥근 직사각형 오브젝트를 더블클릭하고 채우기의 Hex를 '#9B9B9B'로 적용합니다.

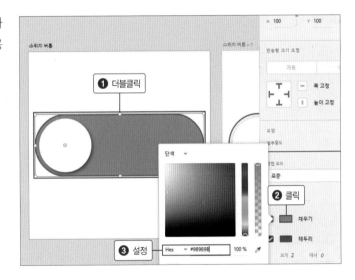

10 '스위치 버튼-1' 아트보드에서 정원 오브젝트를 그림과 같이 이동합니다. 둥근 직사각형 오브젝트 채우기의 Hex를 '#09496E'로 적용합니다.

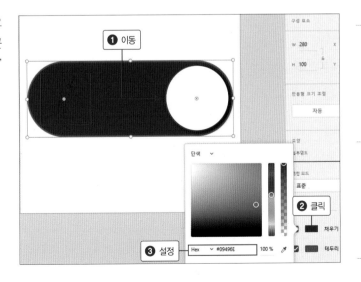

11 둥근 직사각형과 정원을 모두 선택하고 오른쪽 패널의 구성 요소에서 '+'를 클릭하면 기본 상태로 설정됩니다. 기본 상태에서 '+'를 선택하고 마우스 오버 상태를 추가합니다.

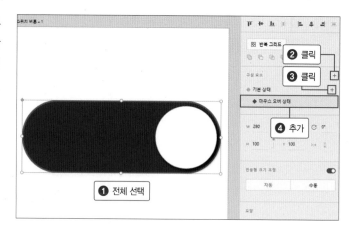

12 둥근 직사각형 오브젝트를 더블클릭하고 채우기의 Hex를 '#9B9B9B'로 적용합니다.

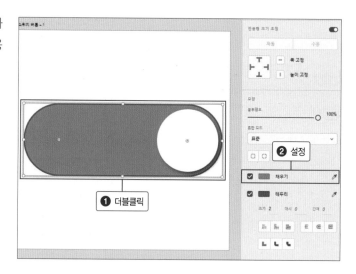

오른쪽으로 밀리는 버튼 애니메이션 만들기

01 '스위치 버튼' 아트보드와 '스위치 버튼-1' 아트보드에 있는 스위치 버튼을 오른쪽 패널에서 기본 상태로 설정합니다.

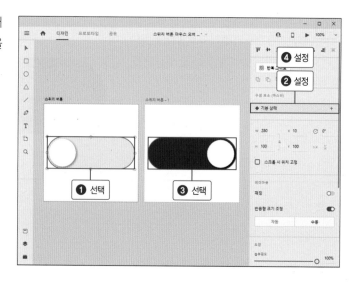

02 위쪽에 '프로토타입'을 선택하면 프로토
타입 화면으로 됩니다. 스위치 버튼 오
브젝트를 선택하면 오른쪽 패널에서 마우스 오
버 인터랙션이 설정되어 있는 것을 확인합니다.

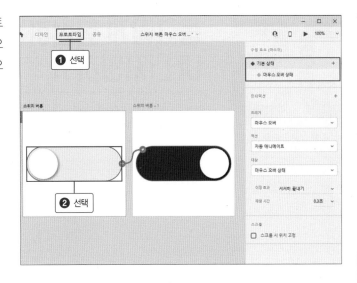

03 오른쪽 패널에서 마우스 오버 상태를 선
택하고 '스위치 버튼' 아트보드의 인터랙
션 아이콘을 '스위치 버튼–1' 아트보드로 드래그
하면 인터랙션이 연결됩니다. 오른쪽 패널에서
트리거는 '탭', 액션은 '자동 애니메이트', 대상은
'스위치 버튼–1', 이징 효과는 '서서히 끝내기', 재
생 시간은 '0.8초'로 설정합니다.

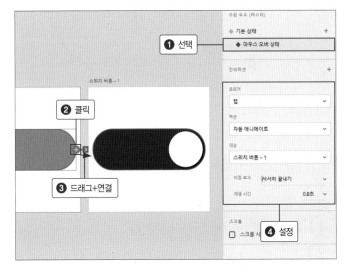

04 오른쪽 패널에서 기본 상태를 선택하고
'스위치 버튼–1' 아트보드의 인터랙션 아
이콘을 '스위치 버튼' 아트보드로 드래그하면 인
터랙션이 연결됩니다. 오른쪽 패널에서 트리거
는 '탭', 액션은 '자동 애니메이트', 대상은 '스위
치 버튼', 이징 효과는 '서서히 끝내기', 재생 시
간은 '0.8초'로 설정합니다. 오른쪽 위에 '데스크
탑 미리보기'(▶)를 클릭합니다. 스위치 버튼에
마우스 포인터를 가져가면 마우스 오버 상태로
전환되고 클릭하면 기본 상태로 변환됩니다.

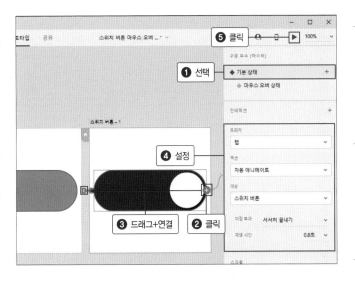

동그랗게 회전하는 스피너 로딩 UI 디자인하기

05
CHAPTER

타원 도구를 활용하여 정원을 그린 다음 테두리에 컬러를 적용하고 테두리 선의 간격을 조절하여 스피너 로딩 UI를 디자인합니다. 아트보드를 복사하고 복사한 아트보드의 정원을 회전한 다음 트리거는 '시간', 액션은 '자동 애니메이트', 이징 효과는 '서서히 끝내기'를 적용하여 스피너 로딩 애니메이션을 만듭니다.

● 완성파일 : 스피너_완성.xd

01 따라하기 · **원형 도형 형태 만들기**

01 시작 화면에서 'iPhone XR/XS Max/11 (414x896)'을 선택하여 새로운 아트보드를 만듭니다.

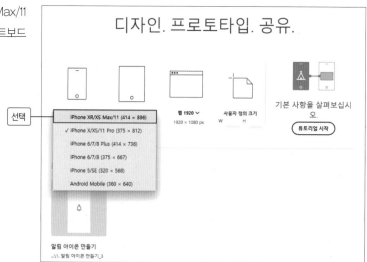

02 타원 도구(○)를 선택하고 아트보드에 드래그하여 W/H가 '240' 크기인 정원 오브젝트를 그립니다. 오른쪽 패널에서 테두리의 크기는 '10', 불투명도는 '5%'로 설정한 다음 정원 오브젝트 복사(Ctrl+C)를 실행합니다.

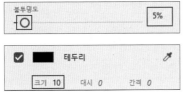

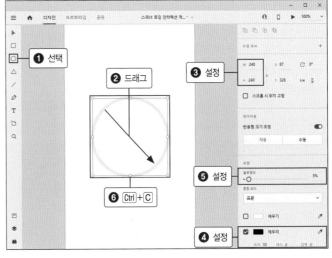

03 붙여넣기(Ctrl+V)를 실행하고 오른쪽 패널에서 불투명도는 '100%', 테두리의 Hex를 '#00F6FF'로 설정합니다.

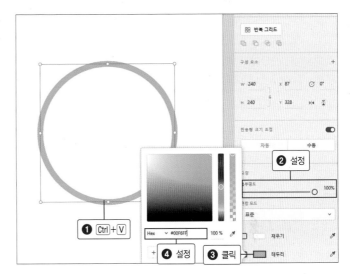

04 오른쪽 패널에서 '테두리'를 체크 선택하고 대시는 '300', 간격은 '150'으로 설정을 변경한 다음 '원형 단면' 아이콘(▣)을 클릭합니다.

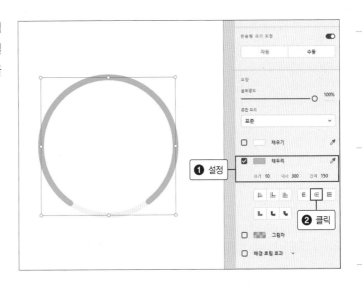

05 타원 도구(⌾)를 선택하고 W/H가 '30' 크기인 정원 오브젝트를 그리고 오른쪽 패널에서 채우기의 Hex를 '#00F6FF'로 설정합니다. 선과 정원 오브젝트를 선택하고 그룹(Ctrl +G)으로 지정합니다.

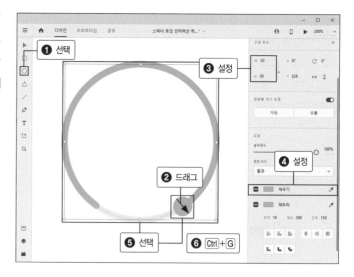

06 타원 도구(⌾)를 선택하고 W/H가 '150' 크기인 정원 오브젝트를 그린 다음 오른쪽 패널에서 테두리의 Hex를 '#00F6FF', 크기를 '6', 대시를 '400', 간격을 '500'으로 설정하여 그림과 같이 정렬합니다.

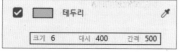

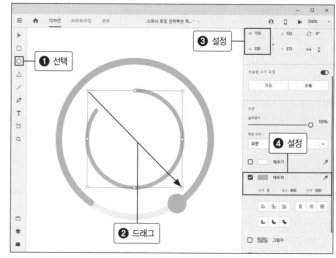

07 Alt와 Shift를 같이 누른 채 아트보드의 이름 부분을 오른쪽으로 드래그해서 복사를 실행합니다.

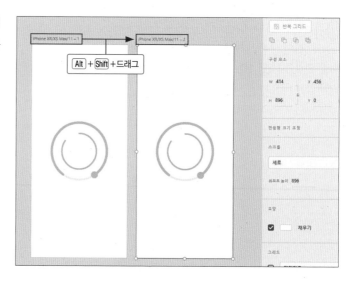

어도비 XD 기본

UI 아이콘 제작

애니메이션 제작

페이지 디자인

인터랙션 디자인

UI 디자인

실무 프로젝트

08 'iPhone XR/XS Max/11-2' 아트보드에서 정원 오브젝트의 테두리를 선택하고 오른쪽 패널에서 회전을 '360' 각도로 설정합니다.

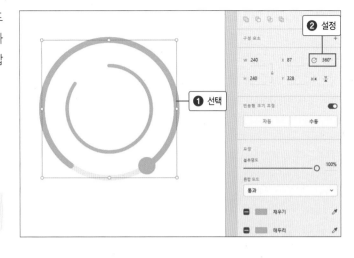

TIP

'360' 각도로 회전하였기 때문에 똑같아 보이지만 프로토타입을 실행하면 회전합니다.

09 W/H가 '150' 크기인 정원 오브젝트를 선택하고 오른쪽 패널에서 회전을 '-360' 각도로 설정합니다.

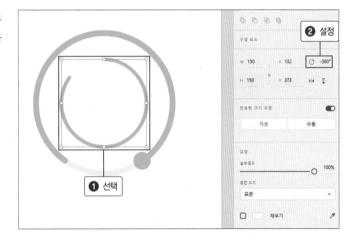

02 따라하기 회전하는 스피너 로딩 애니메이션 만들기

01 위쪽에 '프로토타입'을 선택하면 프로토타입 화면으로 됩니다. 'iPhone XR/XS Max/11-1' 아트보드를 선택하면 오른쪽에 인터랙션 연결 아이콘이 나타납니다.

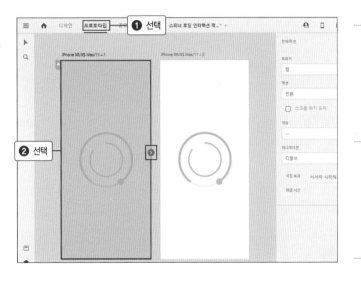

Chapter 05 · 동그랗게 회전하는 스피너 로딩 UI 디자인하기 **179**

02 인터랙션 연결 아이콘을 'iPhone XR/ XS Max/11-2' 아트보드로 드래그하면 인터랙션이 연결됩니다. 오른쪽 패널에서 트리거는 '시간', 액션은 '자동 애니메이트', 이징 효과는 '서서히 끝내기', 재생 시간은 '1.5초'로 설정합니다.

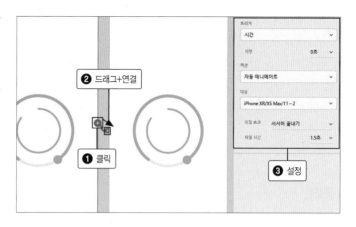

03 'iPhone XR/XS Max/11-2' 아트보드에서 'iPhone XR/XS Max/11-1' 아트보드로 인터랙션을 연결합니다. 오른쪽 위에 '데스크탑 미리보기'(▶)를 클릭합니다.

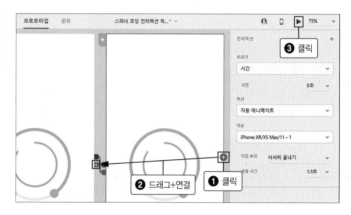

04 스피너 로딩 애니메이션을 확인할 수 있습니다.

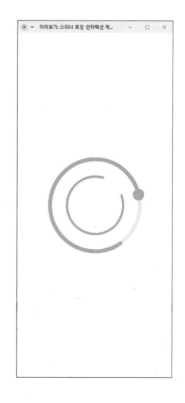

위로 사라지는 캐쉬 UI 디자인하기

CHAPTER

타원 도구를 활용하여 타원을 그리고 선형 그레이디언트를 적용한 다음 투명도를 조절하여 하이라이트가 있는 캐쉬 UI를 디자인합니다. 캐쉬를 복사하여 확대/축소 및 회전을 하고 아트보드를 복사한 다음 캐쉬의 위치 변경 및 투명도를 조절합니다. 트리거는 '시간', 액션은 '자동 애니메이트', 이징 효과는 '서서히 시작하기'를 적용하여 캐쉬 적립 애니메이션을 만듭니다.

어도비 XD 기본

UI 아이콘 제작

애니메이션 제작

페이지 디자인

인터랙션 디자인

UI 디자인

실무 프로젝트

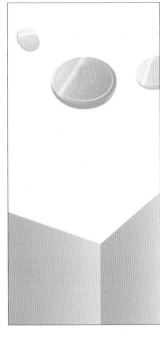

완성파일 : 캐쉬_완성.xd

01 입체 캐쉬 이미지 만들기
따라하기

01 시작 화면에서 'iPhone XR/XS Max/11 (414x896)'을 선택하여 새로운 아트보드를 만듭니다.

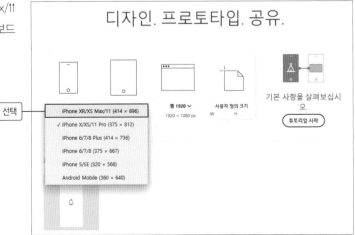

02 타원 도구(◯)를 선택하고 아트보드에 드래그하여 W/H가 '218, 156' 크기인 원을 그립니다. 오른쪽 패널에서 채우기를 '선형 그레이디언트'로 지정합니다. 컬러 바에서 왼쪽 조절점의 Hex를 '#FBF7AC', 오른쪽 조절점의 Hex를 '#D4AB10'로 설정하고 오브젝트의 컬러 조절점을 이동합니다.

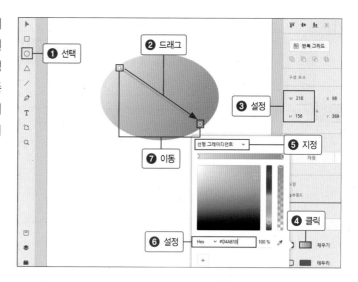

03 타원 도구(◯)를 선택하고 W/H가 '196, 140' 크기인 원을 그립니다. 오른쪽 패널에서 채우기를 '선형 그레이디언트'로 지정합니다. 컬러 바에서 왼쪽 조절점의 Hex를 '#FFD73F', 오른쪽 조절점의 Hex를 '#FFD73F'로 설정하고 오브젝트의 컬러 조절점을 이동합니다.

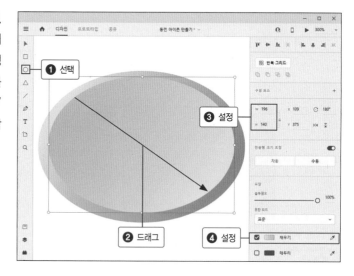

04 타원 도구(◯)를 선택하고 W/H가 '196, 134' 크기인 원을 그립니다. 오른쪽 패널에서 채우기를 '선형 그레이디언트'로 지정합니다. 컬러 바에서 왼쪽 조절점의 Hex를 '#F9F492', 오른쪽 조절점의 Hex를 '#EBBC08'로 설정하고 오브젝트의 컬러 조절점을 이동합니다.

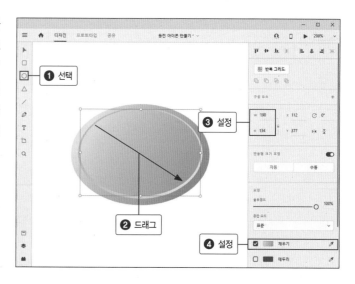

05 텍스트 도구(T)를 선택하고 아트보드
에 클릭하여 'P'를 입력합니다. 오른쪽
패널에서 채우기의 Hex를 '#FCE97C'로 설정
하고, 텍스트를 복사합니다. 복사한 텍스트의 채
우기 색상을 '#FFD01C'로 설정하고 입체적인
느낌이 들게 적절히 배치합니다.

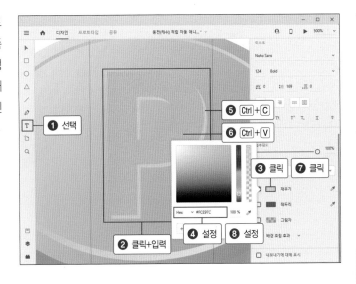

06 타원 도구(◯)를 선택하고 W/H가 '218,
166' 크기인 원을 그립니다. 오른쪽 패
널에서 채우기를 '선형 그레이디언트'로 지정합
니다. 컬러 바에서 조절점의 Hex를 순서대로
'#E8AA11', '#E8AB13', '#F8E88A'로 설정하고 그
러데이션을 적용한 다음 오브젝트를 선택합니다.

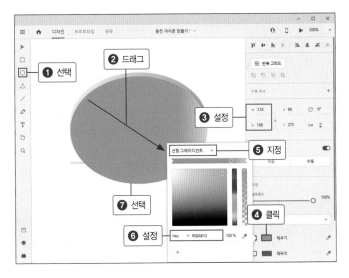

07 맨 뒤로 보내기(Shift+Ctrl+[)를 실행
합니다.

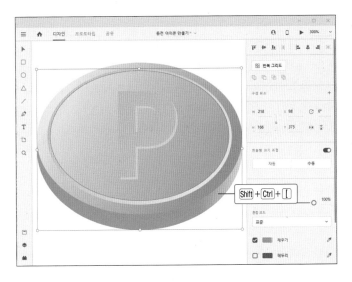

아도비 XD 기본

UI 아이콘 제작

애니메이션 제작

페이지 디자인!

인터랙션 디자인!

UI 디자인

실무 프로젝트

08 타원 도구(◯)를 선택하고 W/H가 '218, 156' 크기인 원을 그립니다. 오른쪽 패널에서 채우기를 '선형 그레이디언트'로 지정합니다. 컬러 바의 Hex를 '#FFFFFF'로 설정하고 조절점을 추가하여 알파를 '0%', '100%'로 적절히 조절한 다음 오브젝트의 컬러 조절점을 이동합니다.

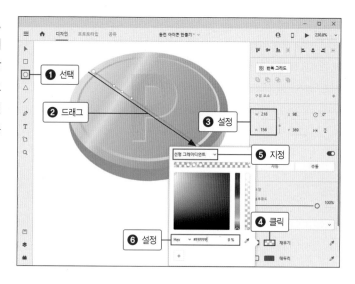

02
따라하기
애니메이션 배경 만들기

01 아트보드의 이름을 '동전(캐쉬) 적립'으로 변경합니다. 사각형 도구(▢)를 선택하고 W/H가 '250' 크기인 정사각형 오브젝트를 그리고 그림과 같이 배치합니다.

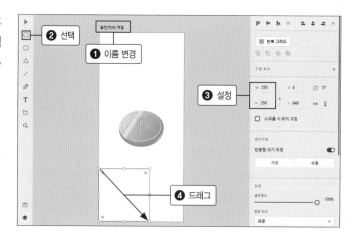

02 오브젝트를 더블클릭하고 왼쪽 위의 기준점을 조절하여 오브젝트를 변형합니다. 오른쪽 패널에서 각각의 조절점을 선택한 다음 왼쪽에서부터 채우기의 Hex를 '#FBF3B9', '#FFD01D'로 설정하여 그러데이션을 적용합니다.

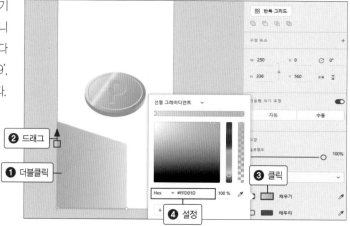

03 01번~02번과 같은 방법으로 W/H
가 '164, 388' 크기인 직사각형을 그리
고 변형합니다. 오른쪽 패널에서 각각의 조절점
을 선택한 다음 왼쪽에서부터 채우기의 Hex를
'#FFD01D', '#F3F0DB'로 설정하여 그러데이션
을 적용합니다.

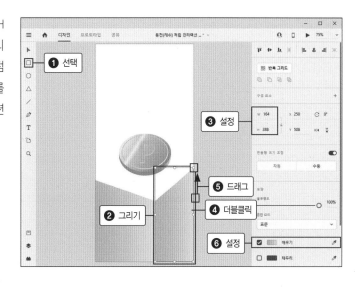

어도비 XD 기본

UI 아이콘 제작

애니메이션 제작

페이지 디자인

인터랙션 디자인

UI 디자인

실무 프로젝트

03 따라하기 캐쉬가 위로 사라지는 애니메이션 만들기

01 캐쉬 아이콘을 그룹(Ctrl+G)으로 지정
합니다. 동전 아이콘을 복사(Ctrl+C),
붙여넣기(Ctrl+V)를 실행 및 회전하여 그림과
같이 배치합니다.

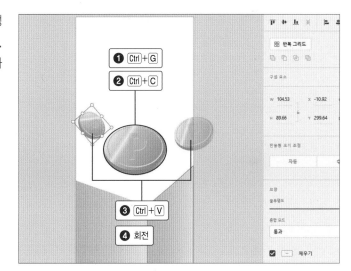

02 캐쉬 아이콘을 그림과 같이 이동합니다.
모든 오브젝트를 그룹(Ctrl+G)으로 지
정합니다.

TIP
왼쪽 아래 '레이어' 아이콘(◈)을 클릭하면 레이어
순서를 확인할 수 있습니다.

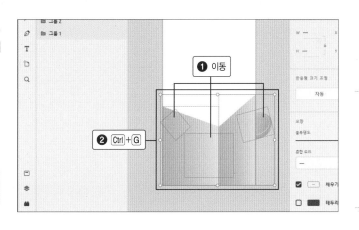

03 [Alt]와 [Shift]를 같이 누른 채 아트보드의 이름 부분을 오른쪽으로 드래그해서 복사합니다.

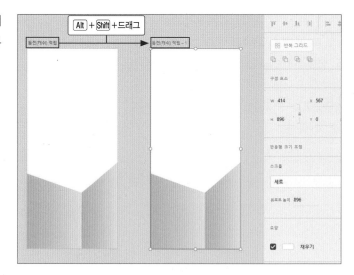

04 그룹으로 지정한 오브젝트를 더블클릭하고 오른쪽의 캐쉬 아이콘을 아트보드 바깥으로 이동 및 축소, 불투명도를 '0%'로 설정합니다.

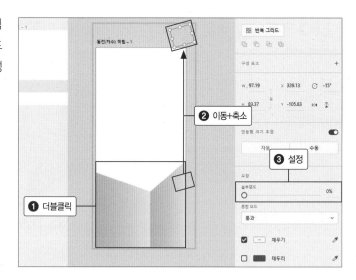

05 레이어 툴에서 '패스 1'을 '숨김([Ctrl]+[,])' 아이콘(👁)을 클릭하고 왼쪽의 캐쉬 아이콘을 아트보드 바깥으로 이동 및 축소한 다음 불투명도를 '0%'로 설정합니다.

TIP

오브젝트를 선택하기 위해 '패스 1' 레이어를 숨김 처리합니다.

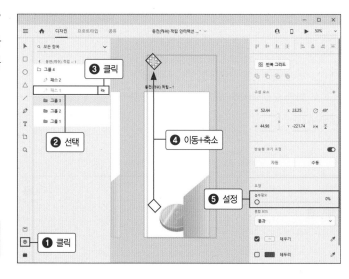

06

가운데의 캐쉬 아이콘을 선택하고 아트보드 바깥으로 이동 및 축소한 다음 불투명도를 '50%'로 설정합니다. 레이어 툴의 05번에서 숨긴 '패스 1'을 노랑색 밑줄(Ctrl+,)로 지정합니다.

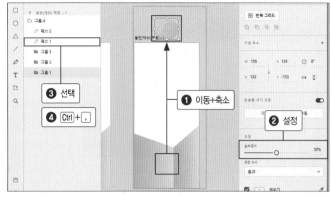

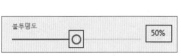

07

위쪽에 '프로토타입'을 선택하면 프로토타입 화면으로 됩니다. '동전(캐쉬) 적립' 아트보드의 인터랙션 연결 아이콘을 '동전(캐쉬) 적립-1' 아트보드로 드래그하면 인터랙션이 연결됩니다. 오른쪽 패널에서 트리거는 '시간', 액션은 '자동 애니메이트', 이징 효과는 '서서히 시작하기', 재생 시간은 '1초'로 설정합니다. 오른쪽 위에 '데스크탑 미리보기'(▶)를 클릭합니다.

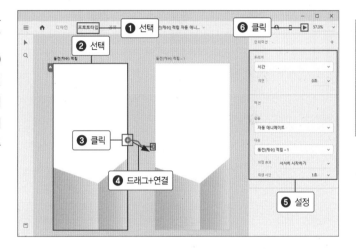

08

캐쉬가 올라가면서 사라지는 애니메이션을 확인할 수 있습니다.

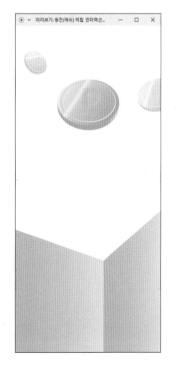

어도비 XD 기본

UI 아이콘 제작

애니메이션 제작

페이지 디자인

인터랙션 디자인

UI 디자인

실무 프로젝트

Xd

CC
2020

4

웹&앱 페이지
디자인하기

웹&앱 페이지 디자인의 이미지를 편집하기 위해 도형에 이미지를 마스크 적용하는 기능과
UI 구성 요소 디자인 작업을 통하여 웹&앱 페이지 디자인을 효과적으로 하는 방법을 알아봅니다.

A D O B E   X D

01

CHAPTER

프로필 만들기

원형 오브젝트에 이미지를 적용하고 배열 순서를 조정하여 프로필을 디자인합니다.

홍 길 동

프로필 편집

예제파일 : 이미지1.jpg, 이미지2.jpg
이미지3.jpg
완성파일 : 프로필_완성.xd

---

01 원형 오브젝트에 이미지 삽입하기

따라하기

01 시작 화면에서 'iPhone XR/XS Max/11 (414x896)'을 선택하여 새로운 아트보드를 만듭니다.

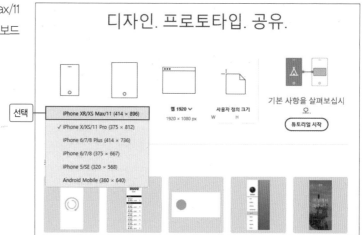

02 타원 도구(◯)를 선택하고 아트보드에 드래그하여 W/H가 '150' 크기인 정원을 1개, '130' 크기인 정원을 2개 그립니다.

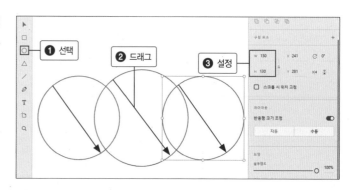

03 W/H의 크기가 '130'인 정원을 두 개를 선택하고 그룹(Ctrl)+G))을 실행합니다. 그룹으로 지정한 정원과 W/H의 크기가 '150'인 정원을 선택하고 오른쪽 패널에서 '중간 정렬(세로)(Shift)+M))' 아이콘(⊪)을 클릭하여 정렬합니다.

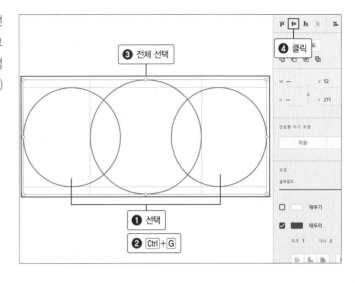

❸ 전체 선택

❹ 클릭

❶ 선택

❷ Ctrl+G

04 예제 폴더에서 '이미지1.jpg' 파일을 정원 오브젝트 위에 드래그하면 이미지가 적용됩니다.

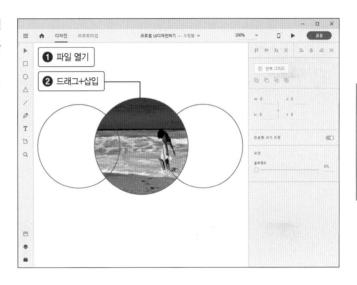

❶ 파일 열기

❷ 드래그+삽입

TIP

오브젝트의 테두리에 드래그하면 오브젝트의 면 컬러가 파란색으로 변하면서 복사(마스크)됩니다.

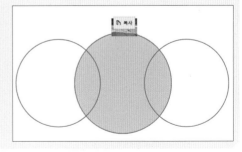

어도비 XD 기본

UI 아이콘 제작

애니메이션 제작

페이지 디자인!

인터랙션 디자인!

UI 디자인!

실무 프로젝트

05 이미지를 추가한 오브젝트를 더블클릭
    하면 이미지의 위치와 크기를 수정할 수
있습니다.

06 이미지를 보기 좋게 확대, 이동하여 수정
    하고 [Esc]를 눌러 수정을 종료합니다.

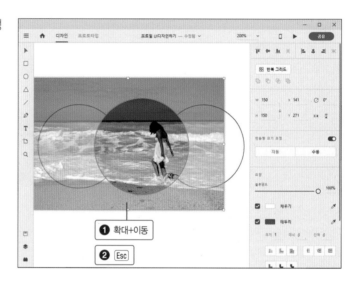

07 04번~06번과 같은 방법으로 예제 폴
    더에서 '이미지2.jpg', '이미지3.jpg' 파
일을 나머지 정원 오브젝트에 추가합니다.

08 그룹으로 지정한 2개의 정원을 선택
—— 하고 마우스 오른쪽 버튼을 클릭한 다
음 나타나는 메뉴에서 정렬 → 맨 뒤로 보내기
(Shift + Ctrl + [)를 실행합니다. 오른쪽 패널에서
그룹으로 지정한 정원 오브젝트 '테두리'를 체크
해제합니다.

02 효과 테두리 적용하기
따라하기

01 가운데 정원 오브젝트를 선택하고
—— 오른쪽 패널에서 테두리의 Hex를
'#FFFFFF', 크기를 '5'로 설정한 다음 '바깥쪽
선' 아이콘(⌐)을 클릭합니다.

02 그룹한 정원 오브젝트를 선택하고 마우
—— 스 오른쪽 버튼을 클릭한 다음 그룹 해
제(Shift + Ctrl + G)로 실행합니다. 오른쪽 패널에
서 그림자를 체크 표시한 다음 Hex를 '#000000',
알파를 '60%', X를 '0', Y를 '0', B를 '10'으로 설정
합니다.

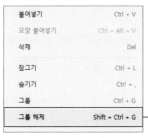

어도비 XD 기본

UI 아이콘 제작

애니메이션 제작

페이지 디자인

인터랙션 디자인

UI 디자인

실무 프로젝트

03 사각형 도구(□)를 선택하고 W/H가
'150, 25' 크기인 직사각형을 그립니다.
오른쪽 패널에서 채우기의 Hex를 '#A4A4A4'
로 설정합니다.

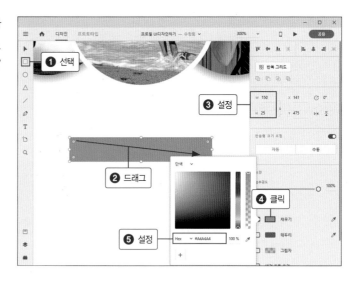

04 직사각형 오브젝트 안쪽의 조절점을 드
래그하여 모서리를 둥글게 변형합니다.

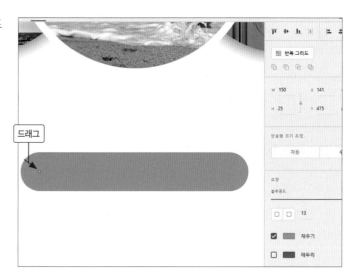

05 텍스트 도구(T)를 선택하고 아트보드
에 클릭하여 '이름'과 '프로필 편집'을 입
력하고 작업을 마무리합니다.

운동화 상품 페이지 만들기

CHAPTER

운동화 이미지를 회전 및 그림자 효과를 적용하고 사각형 오브젝트를 그린 다음 배치를 변경하여 운동화 구매 상품 페이지를 디자인합니다.

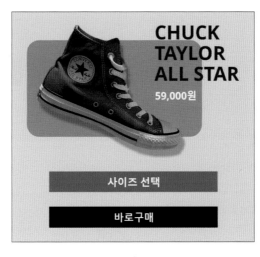

예제파일 : 운동화.png
완성파일 : 운동화_완성.xd

어도비 XD 기본

UI 아이콘 제작

애니메이션 제작

페이지 디자인

인터랙션 디자인

UI 디자인

실무 프로젝트

01 상단 상품 이미지 만들기
따라하기

01 시작 화면에서 'iPhone XR/XS Max/11 (414x896)'을 선택하여 새로운 아트보드를 만듭니다.

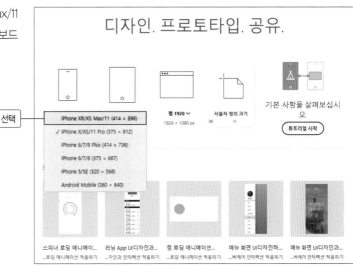

02 사각형 도구(□)를 선택하고 아트보드
에 드래그하여 W/H가 '370, 350' 크기
인 직사각형을 그립니다. 오른쪽 패널에서 채우
기의 Hex를 '#E5E5E5'로 설정합니다.

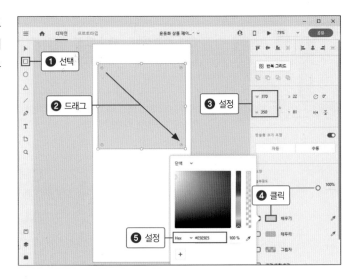

03 예제 폴더에서 '운동화.png' 파일을 아
트보드 여백에 드래그하여 삽입합니다.
이미지 테두리의 기준점을 드래그하여 크기를
조절하고 오른쪽 패널에서 회전을 '21' 각도로
설정합니다.

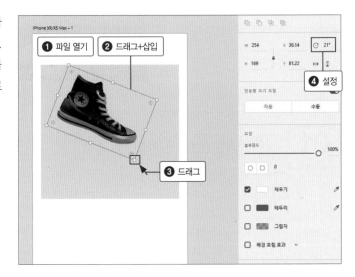

04 오른쪽 패널에서 '그림자'를 체크 표시
한 다음 Hex를 '검은색', 알파를 '30%',
X를 '5', Y를 '10', B를 '3'으로 설정합니다.

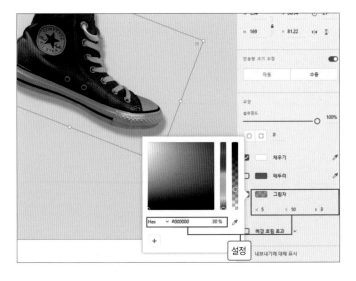

05 사각형 도구(□)를 선택하고 W/H가
'260, 140' 크기인 직사각형을 그립니다.
오른쪽 패널에서 채우기의 Hex를 '#DD8EDF'
로 설정합니다.

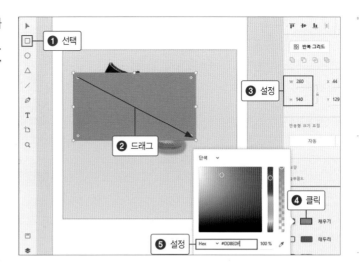

06 오른쪽 패널에서 '모든 모퉁이에 대해
동일한 반경' 아이콘(□)을 클릭한 다
음 '18'로 설정하여 둥근 사각형을 만듭니다. 운
동화 오브젝트를 선택하고 마우스 오른쪽 버튼
을 클릭하면 나타나는 메뉴에서 정렬 → 맨 앞
으로 가져오기(Shift+Ctrl+])를 실행합니다.

광고 타이포 구성하기

01 텍스트 도구(T)를 선택하고 'CHUCK
TAYLOR ALL STAR', '59,000원'을
입력합니다. 영문 오브젝트를 선택하고 오른쪽
패널에서 텍스트의 글꼴 크기를 '28', 글꼴 두께
를 'Bold', 채우기의 Hex를 '#430246'로 설정
합니다. 가격 오브젝트를 선택하고 오른쪽 패
널에서 텍스트의 글꼴 크기를 '15', 글꼴 두께를
'Bold', 채우기의 Hex를 '흰색'으로 설정합니다.

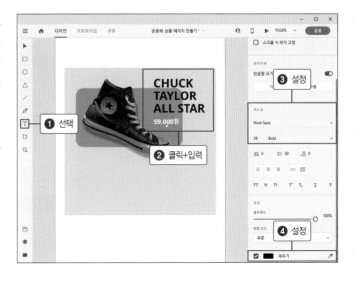

02 사각형 도구(□)를 선택하고 W/H가 '250, 30' 크기인 직사각형을 그립니다. 오른쪽 패널에서 채우기의 Hex를 '#707070'로 설정합니다.

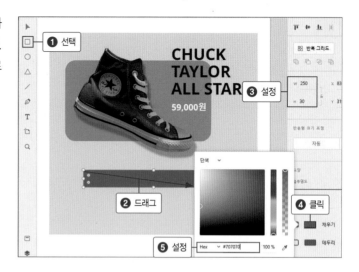

03 사각형 도구(□)를 선택하고 W/H가 '250, 30' 크기인 직사각형을 그립니다. 오른쪽 패널에서 채우기의 Hex를 '검은색'으로 설정합니다.

04 텍스트 도구(T)를 선택하고 '사이즈 선택'과 '바로 구매'를 입력합니다. 오른쪽 패널에서 텍스트의 글꼴 크기를 '15', 글꼴 두께를 'Bold', 채우기의 Hex를 '흰색'으로 설정하고 작업을 마무리합니다.

피자 주문 팝업창 만들기

CHAPTER

도형에 적용된 이미지를 변형하고 도형 도구를 활용하여 피자 주문 팝업창을 디자인합니다.

예제파일 : 피자.jpg
완성파일 : 피자_완성.xd

어도비 XD 기본

UI 아이콘 제작

애니메이션 제작

페이지 디자인

인터랙션 디자인

UI 디자인

실무 프로젝트

01 상품과 상품명 배치하기
따라하기

01 시작 화면에서 'iPhone XR/XS Max/11 (414x896)'을 선택하여 새로운 아트보드를 만듭니다.

02 사각형 도구(□)를 선택하고 아트보드
에 드래그하여 W/H가 '300' 크기인 정
사각형을 그립니다. 오른쪽 패널에서 채우기의
Hex를 '#ECD8A8'로 설정합니다.

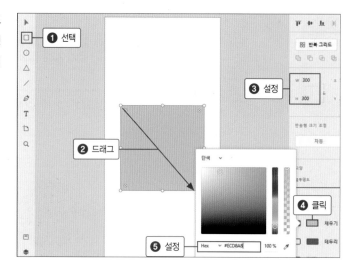

03 오른쪽 패널에서 '모든 모퉁이에 대해
동일한 반경' 아이콘(□)을 클릭한 다음
'35'로 설정하여 둥근 직사각형을 만듭니다.

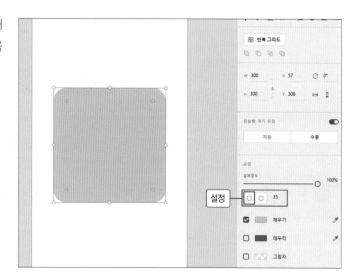

04 타원 도구(○)를 선택하고 W/H가 '160'
크기인 정원을 그린 다음 정사각형 오브
젝트 위쪽에 배치합니다.

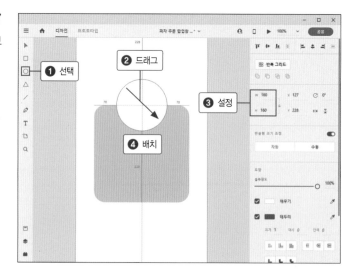

05 예제 폴더에서 '피자.jpg' 파일을 정원 오브젝트에 드래그하여 삽입합니다.

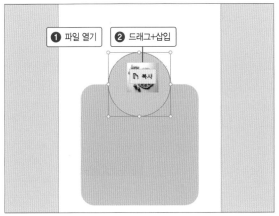
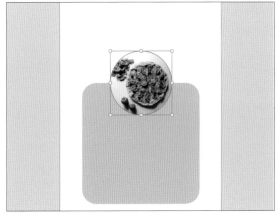

06 정원 오브젝트를 더블클릭하면 이미지를 확대 및 축소, 이동이 가능합니다.

07 오브젝트 크기에 맞춰서 이미지를 배치하고 오른쪽 패널에서 '테두리'를 체크해제합니다.

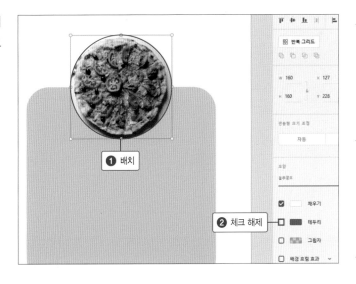

어도비 XD 기본

UI 아이콘 제작

애니메이션 제작

페이지 디자인

인터랙션 디자인

UI 디자인

실무 프로젝트

08 텍스트 도구(T)를 선택하고 아트보드
에 클릭하여 '시금치 리코타 피자'를 입
력합니다. 오른쪽 패널에서 채우기의 Hex를
'#2B380B'로 설정합니다.

09 선 도구(/)를 선택하고 아트보드에 드
래그하여 길이가 '260'인 가로 선을 그
립니다. 오른쪽 패널에서 테두리의 Hex를 '흰
색', 크기를 '1'로 설정한 다음 텍스트 오브젝트
아래쪽에 배치합니다.

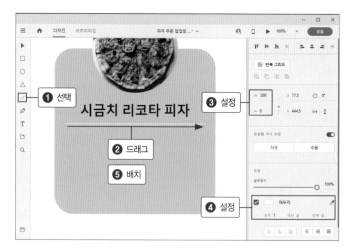

02 선택 옵션 디자인하기
따라하기

01 타원 도구(◯)를 선택하고 W/H가 '26'
크기인 정원을 그립니다. 오른쪽 패널에
서 '채우기'를 체크 해제하고 테두리의 Hex를
'#2B380B', 크기를 '1'로 설정합니다.

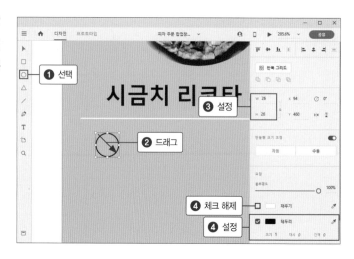

02 타원 도구(◯)를 선택하고 W/H가 '16' 크기인 정원을 그립니다. 오른쪽 패널에서 채우기의 Hex를 '#2B380B'로 설정한 다음 '26' 크기의 정원 오브젝트 가운데에 정렬합니다.

03 01번~02번을 반복하여 그림과 같이 오브젝트를 배치하고 텍스트를 입력합니다.

04 사각형 도구(▢)를 선택하고 W/H가 '28' 크기인 정사각형을 3 개를 그린 다음 일렬로 배치합니다.

어도비 XD 기본

UI 아이콘 제작

애니메이션 제작

페이지 디자인

인터랙션 디자인

UI 디자인

실무 프로젝트

05 가운데 사각형 오브젝트를 선택하고 오른쪽 패널에서 채우기의 Hex를 '#2B380B'로 설정합니다. 텍스트 도구(T)를 선택하고 정사각형 오브젝트의 가운데에 '1'을 입력합니다.

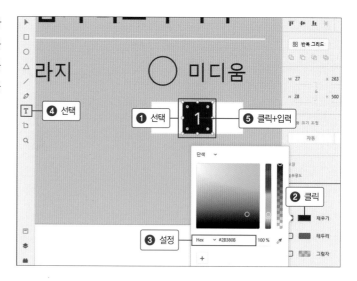

06 선 도구(∕)를 선택하고 오른쪽 패널에서 테두리의 Hex를 '#2B380B', 크기를 '1'로 설정합니다. 나머지 사각형 오브젝트에 '−'와 '+'모양을 그려서 그림과 같이 배치합니다.

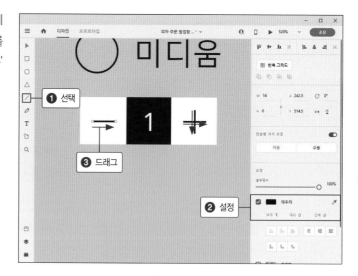

07 텍스트 도구(T)를 선택하고 '수량', '총금액', '20,000원'을 입력합니다.

08 W/H가 '300' 크기인 둥근 정사각형을 선택하고 복사(Ctrl+C), 붙여넣기(Ctrl+V)를 실행합니다. 오른쪽 패널에서 채우기의 Hex를 '#2B380B'로 설정하고 마우스 오른쪽 버튼을 클릭한 다음 나타나는 메뉴에서 정렬 → 맨 뒤로 보내기(Shift+Ctrl+[)를 실행합니다. 텍스트 도구(T)를 선택하고 '주문하기'를 입력합니다.

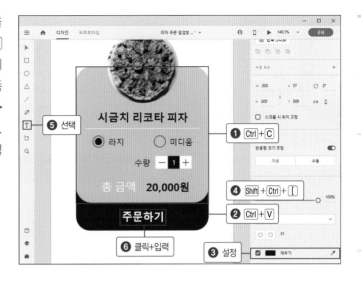

09 W/H가 '300' 크기인 둥근 정사각형을 선택하고 오른쪽 패널에서 채우기의 Hex를 '흰색', 알파를 '50%', '그림자'를 체크 표시한 다음 X를 '0', Y를 '4', B를 '5'로 설정합니다.

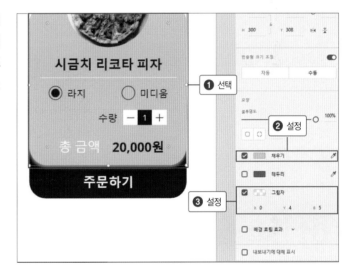

10 이미지가 삽입된 정원 오브젝트를 선택하고 오른쪽 패널에서 '그림자'를 체크 표시한 다음 X를 '3', Y를 '8', B를 '11'로 설정하여 입체감을 표현하고 작업을 마무리합니다.

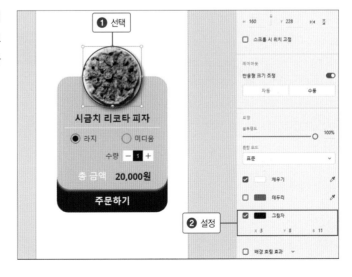

어도비 XD 기본

UI 아이콘 제작

애니메이션 제작

페이지 디자인!

인터랙션 디자인!

UI 디자인!

실무 프로젝트

04
CHAPTER

이커머스 화면 만들기

반복 그리드에 텍스트 파일을 적용하여 메뉴 리스트를 구성하고 이미지에 모양으로 마스크를 실행하여 이커머스 화면을 디자인합니다.

예제파일 : 꽃.jpg, 오렌지.jpg
완성파일 : 이커머스_완성.xd

01 메뉴 리스트 구성하기
따라하기

01 시작 화면에서 'iPhone XR/XS Max/11 (414x896)'을 선택하여 새로운 아트보드를 만듭니다.

사각형 도구(□)를 선택하고 아트보드에 드래그하여 W/H가 '414, 90' 크기인 직사각형을 그립니다. 오른쪽 패널에서 채우기의 Hex를 '#AD379C'로 설정합니다.

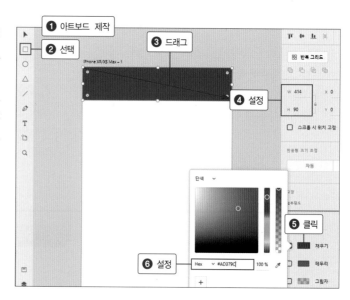

02 텍스트 도구(T)를 선택하고 아트보드에 클릭하여 '추천상품'을 입력합니다. 오른쪽 패널에서 텍스트의 '중앙 정렬' 아이콘(☰)을 클릭하여 정렬한 다음 오른쪽 패널에서 〈반복 그리드〉 버튼을 클릭합니다.

03 '반복 그리드'의 조절점을 오른쪽으로 드래그하고 그리드 간격을 '20' 크기로 설정합니다.

TIP

텍스트와 텍스트 사이 분홍색 부분에 마우스 포인터를 가져가면 텍스트 사이의 간격을 조절할 수 있습니다.

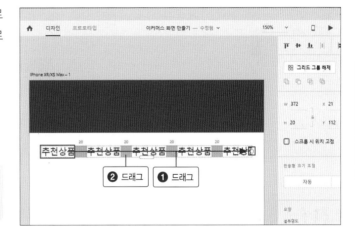

04 텍스트를 '신상품', '베스트', '이벤트', '할인상품'으로 수정한 다음 화면에 '가운데 정렬(가로)(╪)'을 합니다.

05 가져오기(Shift+Ctrl+I)를 실행하여 예제 폴더에서 '꽃.jpg' 파일을 삽입합니다.

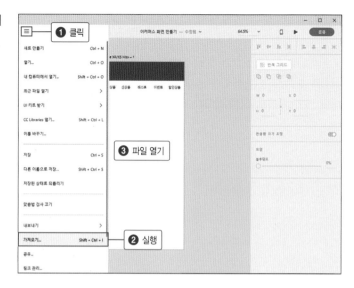

06 이미지 모서리의 기준점을 드래그하여 아트보드의 가로 길이에 맞게 크기를 조절합니다.

07 사각형 도구(□)를 선택하고 W/H가 '40, 302' 크기인 직사각형을 그립니다. 오른쪽 패널에서 채우기를 '선형 그레이디언트'로 지정합니다. 컬러 바에서 왼쪽 조절점의 Hex를 '흰색', 알파를 '0%', 오른쪽 조절점의 Hex를 '흰색', 알파를 '100%'로 설정합니다.

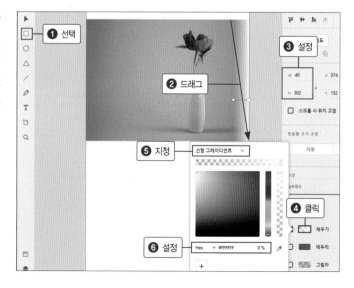

08 사각형 도구(□)를 선택하고 W/H가 '55, 3' 크기인 직사각형을 그립니다. 오른쪽 패널에서 채우기의 Hex를 '#AD379C'로 설정합니다.

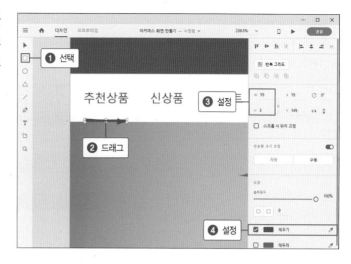

02 상품 이미지 배치하기
따라하기

01 가져오기(Shift + Ctrl + I)를 실행하여 예제 폴더에서 '오렌지.jpg' 파일을 삽입합니다.

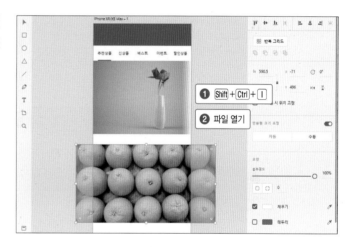

02 사각형 도구(□)를 선택하고 W/H가 '220' 크기인 정사각형을 그린 다음 오른쪽 패널에서 '채우기'를 체크 해제합니다.

TIP

오렌지 이미지를 확인하면서 마스크를 적용하기 위해 '채우기'를 체크 해제합니다.

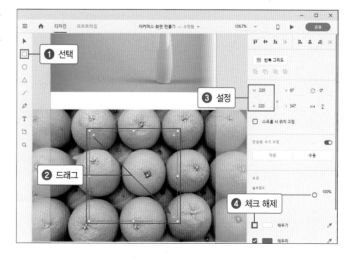

어도비 XD 기본

UI 아이콘 제작

애니메이션 제작

페이지 디자인

인터랙션 디자인

UI 디자인

실무 프로젝트

03 선택 도구(▶)를 선택해서 오렌지 이미지를 보기 좋게 축소 및 이동을 합니다. 정사각형 오브젝트와 오렌지 이미지를 같이 선택합니다.

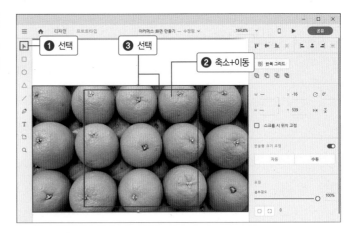

04 마우스 오른쪽 버튼을 클릭한 다음 나타나는 메뉴에서 모양으로 마스크 만들기(Shift+Ctrl+M)를 실행합니다.

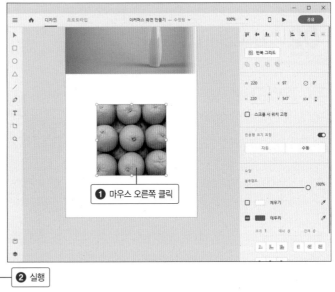

05 타원 도구(◯)를 선택하고 W/H가 '50' 크기인 정원을 그립니다. 오른쪽 패널에서 채우기의 Hex를 '#C81010'로 설정합니다.

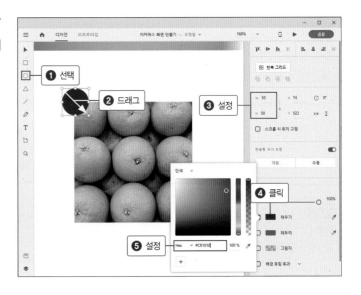

03 상품 정보 표시하기

따라하기

01 텍스트 도구(T)를 선택하고 'New'를 입력한 다음 오른쪽 패널에서 텍스트의 '중앙 정렬' 아이콘(≡)을 클릭합니다. 정원 오브젝트와 'New'를 선택하고 마우스 오른쪽 버튼을 클릭한 다음 나타나는 메뉴에서 그룹(Ctrl+G)을 실행합니다.

잘라내기	Ctrl + X
복사	Ctrl + C
붙여넣기	Ctrl + V
모양 붙여넣기	Ctrl + Alt + V
삭제	Del
잠그기	Ctrl + L
숨기기	Ctrl + ,
그룹	Ctrl + G

02 화면의 빈 공간을 더블클릭하여 아트보드를 선택합니다. 오른쪽 패널에서 채우기의 Hex를 '#ECECEC'로 설정하여 배경색을 설정합니다.

03 사각형 도구(□)를 선택하고 W/H를 '220, 50' 크기로 설정한 직사각형을 그립니다. 오른쪽 패널에서 채우기의 Hex를 '흰색'으로 설정합니다.

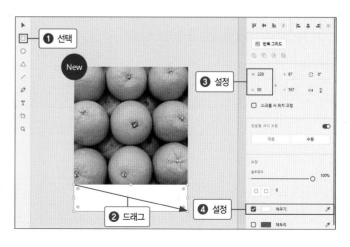

04 텍스트 도구(T)를 선택하고 '상콤(상큼 달콤) 오렌지', '4,000원 → 3,000원'을 입력합니다. 오른쪽 패널에서 텍스트의 '왼쪽 정렬' 아이콘(≣)을 클릭합니다.

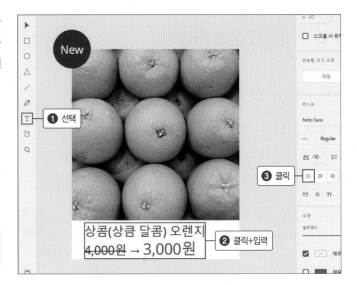

05 사각형 도구(□)를 선택하고 W/H가 '414, 70' 크기인 직사각형을 그립니다. 오른쪽 패널에서 채우기의 Hex를 '#4A4449'로 설정합니다.

06 텍스트 도구(T)를 선택하고 화면 위쪽에 'ABC market', 화면 메인 이미지에 '우리집에 행복을 더해 보세요.'를 입력하고 작업을 마무리합니다.

카드 팝업창 만들기

선 도구를 활용하여 선을 그리고 간격을 조절하여 점선으로 변경합니다. 오브젝트를 재구성하여 변형하고 그림자 효과를 적용하여 입체감 있는 카드 팝업창을 디자인합니다.

CHAPTER 05

어도비 XD 기본

UI 아이콘 제작

애니메이션 제작

페이지 디자인

인터랙션 디자인

UI 디자인

실무 프로젝트

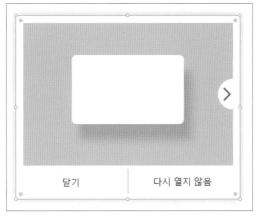

완성파일 : 카드_완성.xd

01 따라하기 팝업 버튼 구성하기

01 시작 화면에서 'iPhone XR/XS Max/11 (414x896)'을 선택하여 새로운 아트보드를 만듭니다. 사각형 도구(□)를 선택하고 아트보드에 드래그하여 W/H가 '300, 240' 크기인 직사각형을 그립니다.

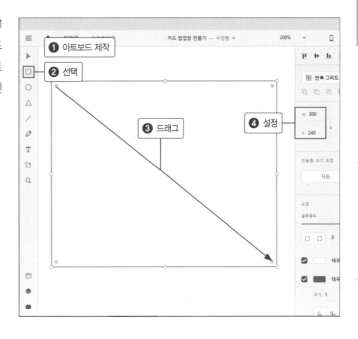

02 사각형 도구(□)를 선택하고 W/H가
'280, 186' 크기인 직사각형을 그립니다.
01번 과정의 사각형 오브젝트의 가운데에 배치
하고 위쪽 간격을 '10' 크기만큼 떨어뜨려 위치
합니다.

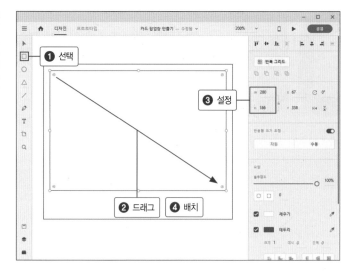

03 작은 직사각형 오브젝트를 선택하고 오
른쪽 패널에서 '테두리'를 체크 해제합니
다. 채우기의 Hex를 '#E5DE82'로 설정합니다.

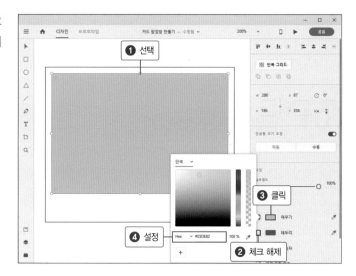

04 선 도구(╱)를 선택하고 아트보드에 드
래그하여 길이가 '32'인 세로 선을 그린
다음 오른쪽 패널에서 '테두리'를 체크 표시한
다음 크기를 '1'로 설정합니다.

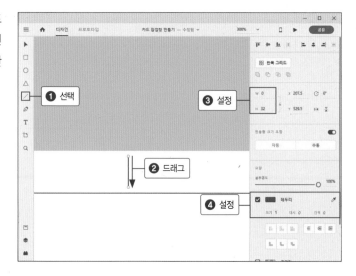

05 오른쪽 패널에서 '테두리'의 간격을 '2'
로 설정하고 '원형 단면' 아이콘(⬚)을
클릭하면 원 점선으로 변형됩니다.

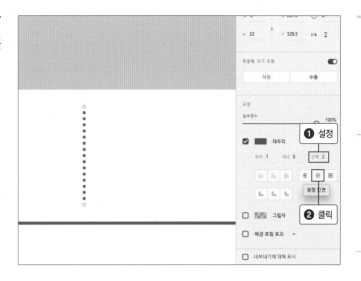

06 텍스트 도구(T)를 선택하고 아트보드
에 클릭하여 '닫기', '다시 열지 않음'을
입력합니다.

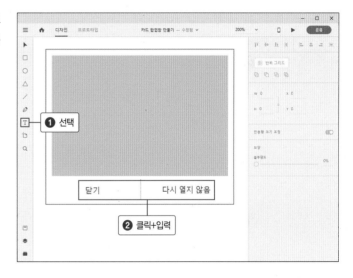

07 타원 도구(○)를 선택하고 W/H가 '40'
크기인 정원을 그립니다. 오른쪽 패널에
서 채우기의 Hex를 '#FFFFFF'로 설정합니다.

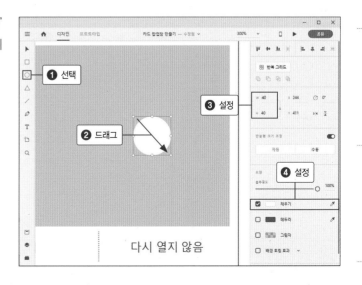

어도비 XD 기본

UI 아이콘 제작

애니메이션 제작

페이지 디자인

인터랙션 디자인

UI 디자인

실무 프로젝트

08 사각형 도구(□)를 선택하고 오브젝트의 가운데를 기준으로 직사각형을 그린 다음 2개의 오브젝트를 모두 선택합니다.

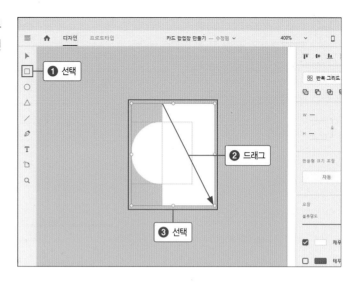

09 오른쪽 패널에서 '빼기(Ctrl+Alt+S)' 아이콘(□)을 클릭하여 실행하고 도형을 배치합니다.

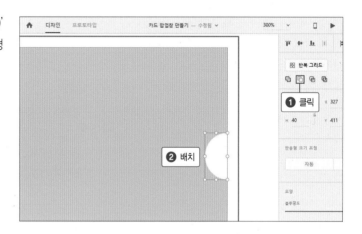

10 펜 도구(∅)를 선택하고 아트보드에 클릭하여 화살표를 그린 다음 오른쪽 패널에서 '테두리'를 체크 표시한 다음 크기를 '2'로 설정합니다. 반원 오브젝트와 화살표를 선택하고 중간 정렬(세로)(╫)을 실행하여 배치합니다.

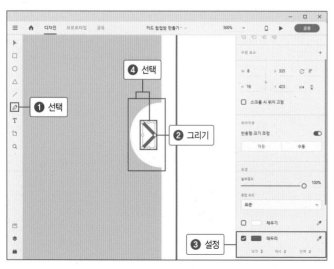

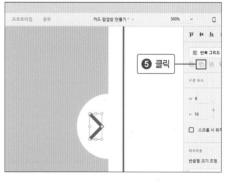

TIP

화살표를 그릴 때 Shift를 누른 채 클릭하면 '90' 각도로 그릴 수 있습니다.

어도비 XD 기본

UI 아이콘 제작

애니메이션 제작

페이지 디자인

인터랙션 디자인

UI 디자인

실무 프로젝트

02 그림자 효과 적용하기
따라하기

01 사각형 도구(□)를 선택하고 W/H가 '150, 90' 크기인 직사각형을 그립니다. 오른쪽 패널에서 채우기의 Hex를 '#FFFFFF', '모든 모퉁이에 대해 동일한 반경' 아이콘(□)을 클릭한 다음 '6'으로 설정합니다.

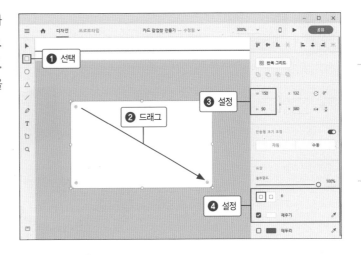

02 오른쪽 패널에서 '그림자' 체크 표시한 다음 X를 '10', Y를 '20', B를 '10'으로 설정합니다.

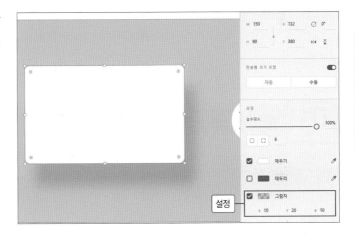

03 직사각형 오브젝트를 선택하고 오른쪽 패널에서 '테두리' 체크 해제합니다. '그림자'를 체크 선택하고 X를 '0', Y를 '0', B를 '10'으로 설정하고 작업을 마무리합니다.

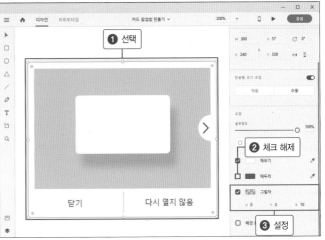

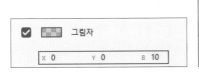

지출 내역 인포그래픽 만들기

정원 오브젝트를 다양하게 재구성하고 정렬하여 지출 내역 인포그래픽을 디자인합니다.

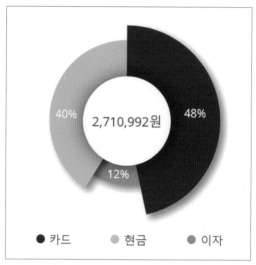

완성파일 : 지출_완성.xd

01 도넛 형태의 그래프 만들기
따라하기

01 시작 화면에서 'iPhone XR/XS Max/11 (414x896)'을 선택하여 새로운 아트보드 를 만듭니다.

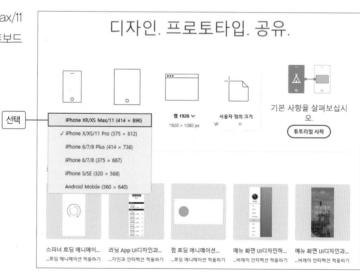

02 타원 도구(⬭)를 선택하고 아트보드에 드래그하여 W/H가 '300' 크기인 정원과 '140' 크기인 정원을 그린 다음 중간 정렬(세로)(⬌)과 가운데 정렬(가로)(⬍)을 합니다.

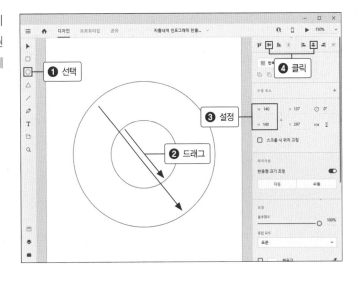

03 펜 도구(⬭)를 선택하고 아트보드에 클릭하여 정원의 가운데부터 시작해서 비뚤어진 사각형을 그린 다음 큰 정원과 펜 도구로 그린 도형을 같이 선택합니다.

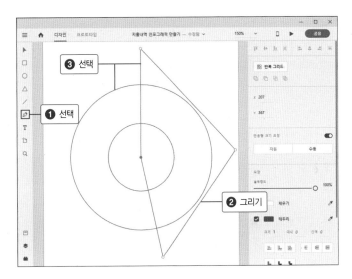

04 오른쪽 패널에서 '교차(Ctrl+Alt+I)' 아이콘(⬭)을 클릭하여 실행합니다.

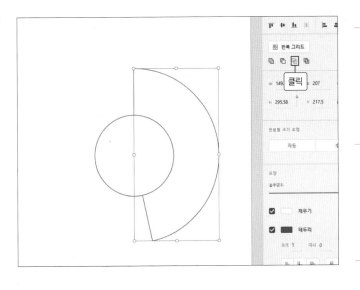

어도비 XD 기본

UI 아이콘 제작

애니메이션 제작

페이지 디자인

인터랙션 디자인

UI 디자인

실무 프로젝트

05 변형된 오브젝트를 선택하고 오른쪽 패
널에서 '테두리'를 체크 해제합니다. 채
우기의 Hex를 '#85189A'로 설정합니다.

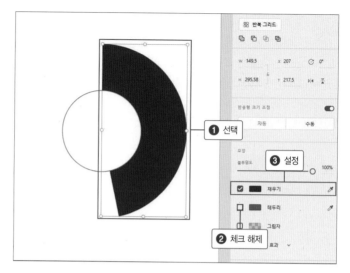

06 타원 도구(◯)를 선택하고 W/H가
'250' 크기인 정원을 그린 다음 기존 오
브젝트의 가운데에 배치합니다.

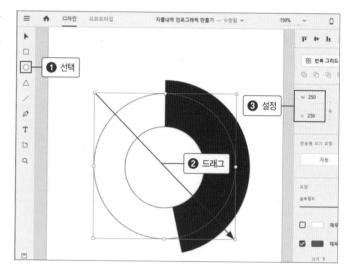

07 03번~04번과 같은 방법으로 왼쪽에도
부채꼴 모양의 도형을 만듭니다.

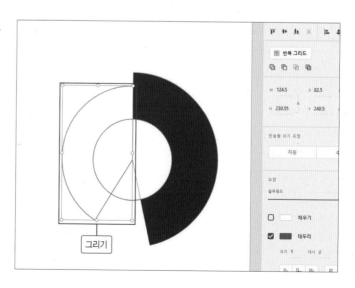

08 오른쪽 패널에서 채우기의 Hex를
'#CBD86E'로 설정하고 마우스 오른쪽
버튼을 클릭한 다음 나타나는 메뉴에서 정렬 →
맨 뒤로 보내기((Shift)+(Ctrl)+([))를 실행합니다.

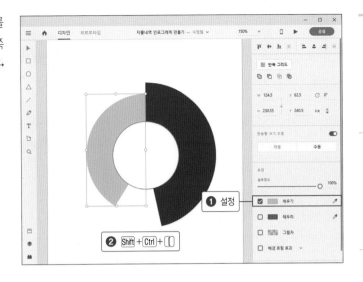

09 타원 도구((○))를 선택하고 W/H가
'200' 크기인 정원을 그립니다. 오른쪽
패널에서 채우기의 Hex를 '#38AFBC'로 설정
하고 마우스 오른쪽 버튼을 클릭한 다음 나타나
는 메뉴에서 정렬 → 맨 뒤로 보내기((Shift)+(Ctrl)
+([))를 실행합니다.

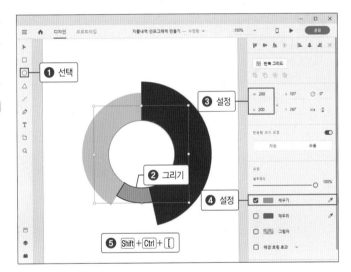

10 세 개의 부채꼴 오브젝트를 모두 선택
하고 오른쪽 패널에서 '그림자'를 체크
표시한 다음 X를 '6', Y를 '6', B를 '10', 알파를
'40%'로 설정합니다.

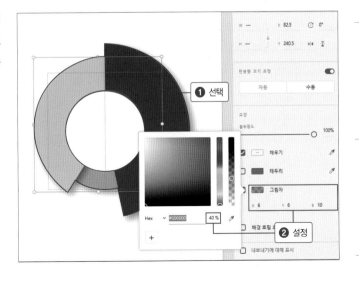

어도비 XD 기본

UI 아이콘 제작

애니메이션 제작

페이지 디자인

인터랙션 디자인

UI 디자인

실무 프로젝트

11 가운데에 위치한 흰색 정원을 선택하고
오른쪽 패널에서 '테두리'를 체크 해제합
니다. '그림자'를 체크 표시한 다음 X를 '0', Y를
'0', B를 '25', 알파를 '60%'로 설정합니다.

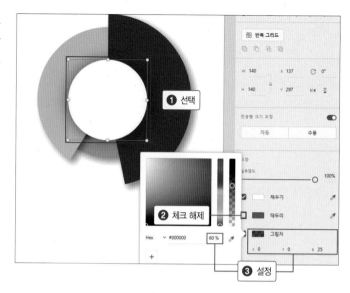

02 · 수치 데이터 입력하기
따라하기

01 텍스트 도구(T)를 선택하고 아트보드
에 클릭하여 그림과 같이 그래프에 맞게
수치를 입력하고 그래프 가운데에는 금액을 입
력합니다.

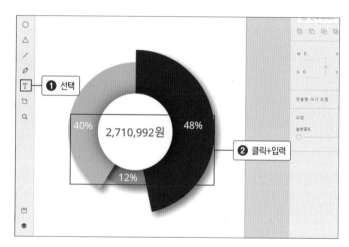

02 타원 도구(○)와 텍스트 도구(T)를 활
용하여 '카드', '현금', '이자'를 입력하고
작업을 마무리합니다.

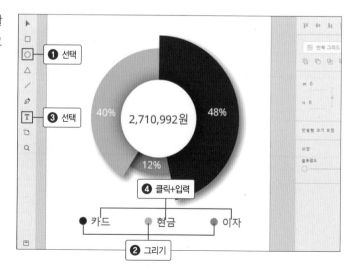

방사형 그래프 만들기

CHAPTER

정원 오브젝트를 정렬하고 선 오브젝트를 회전하여 기준선을 그립니다. 펜 도구를 활용하여 데이터 표시를 그리고 방사형 그래프 UI를 디자인합니다.

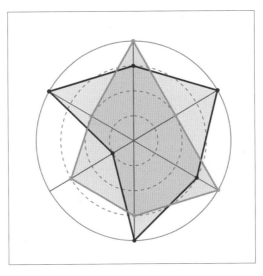

완성파일 : 방사형_완성.xd

어도비 XD 기본

UI 아이콘 제작

애니메이션 제작

페이지 디자인

인터랙션 디자인

UI 디자인

실무 프로젝트

01 방사형 오브젝트 만들기
따라하기

01 시작 화면에서 'iPhone XR/XS Max/11 (414x896)'을 선택하여 새로운 아트보드를 만듭니다.

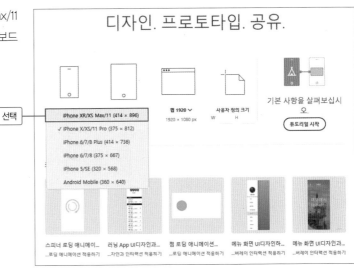

02 타원 도구(◯)를 선택하고 아트보드에 드래그하여 W/H가 '240' 크기인 정원을 그립니다. 오른쪽 패널에서 테두리의 Hex를 '#8D8D8D', 크기를 '1'로 설정합니다.

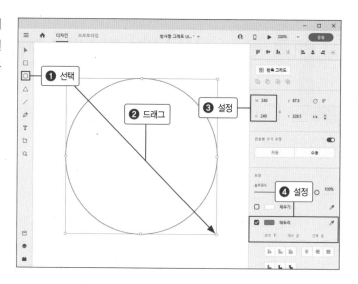

03 타원 도구(◯)를 선택하고 아트보드에 드래그하여 W/H가 '180' 크기인 정원을 그립니다. 오른쪽 패널에서 테두리의 Hex를 '#8D8D8D', 크기를 '1', 대시를 '4', 간격을 '4'로 설정합니다.

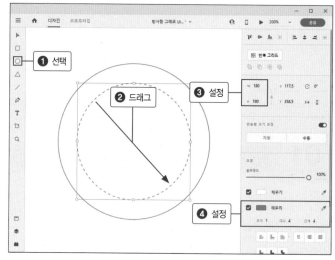

04 03번과 같은 방법으로 W/H가 '120' 크기인 정원과 '60' 크기인 정원 오브젝트를 만들어 그림과 같이 배치합니다.

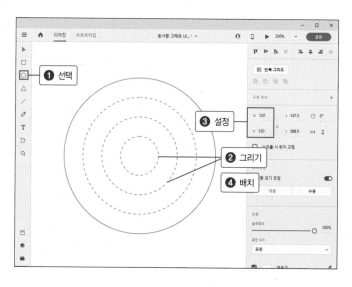

02 선형 그래프 추가하기

따라하기

01 선 도구(☑)를 선택하고 아트보드에 드래그하여 정원 오브젝트 위에 세로로 직선을 그립니다. 오른쪽 패널에서 테두리의 Hex를 '#8D8D8D', 크기를 '1'로 설정합니다.

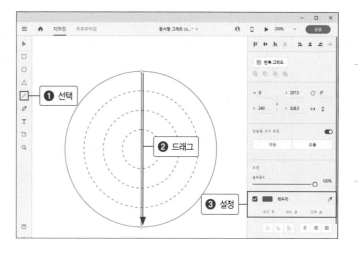

02 직선 오브젝트를 선택하고 복사(Ctrl +C), 붙여넣기(Ctrl+V)를 실행합니다. 오른쪽 패널에서 회전을 '60' 각도로 설정합니다.

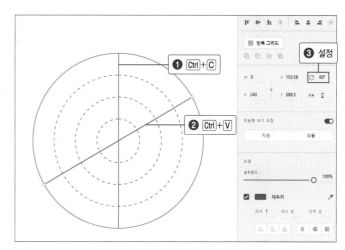

03 02번과 같은 방법으로 직선 오브젝트를 복제하고 오른쪽 패널에서 회전을 '120' 각도로 설정하여 방사형 정원 오브젝트를 완성합니다.

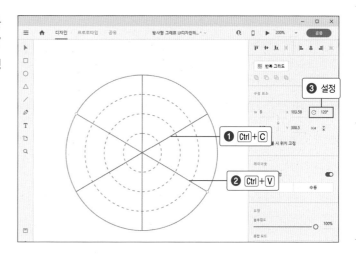

04 Tools 패널에서 펜 도구(✒)를 선택하고 아트보드에 클릭하여 방사형 그래프 위에 오브젝트를 그립니다. 오른쪽 패널에서 테두리의 Hex를 '#B70499', 크기를 '2'로 설정합니다.

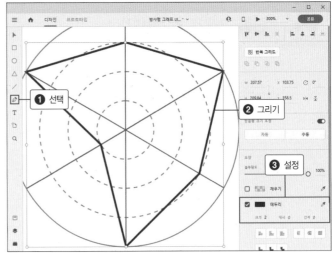

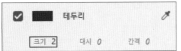

05 오른쪽 패널에서 채우기의 Hex를 '#535353', 알파를 '10%'로 설정합니다.

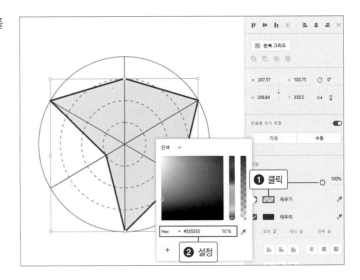

06 타원 도구(◯)를 선택하고 W/H가 '5' 크기인 정원을 그립니다. 오른쪽 패널에서 채우기의 Hex를 '#B70499'로 설정합니다. 정원 오브젝트를 복사(Ctrl+C), 붙여넣기(Ctrl+V)를 실행하여 방사형 그래프와 맞닿는 지점마다 정원 오브젝트를 배치합니다.

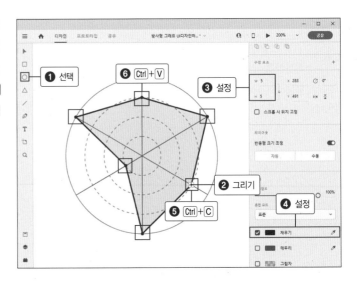

07 04번~06번과 같은 방법으로 데이터 오브젝트를 그립니다. 오른쪽 패널에서 테두리의 Hex를 '#11CC93', 크기를 '2'로 설정합니다.

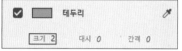

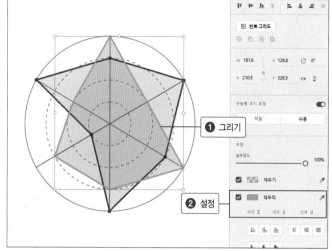

08 06번과 같은 방법으로 정원을 그립니다. 오른쪽 패널에서 채우기의 Hex를 '#11CC93'로 설정합니다. 방사형 그래프와 맞닿는 지점마다 정원 오브젝트를 배치하고 작업을 마무리합니다.

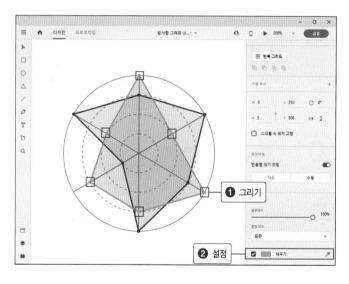

어도비 XD 기본

UI 아이콘 제작

애니메이션 제작

페이지 디자인

인터랙션 디자인

UI 디자인

실무 프로젝트

세일 팝업창 만들기

CHAPTER

텍스트 오브젝트를 패스로 변환합니다. 정원 오브젝트를 그리고 반복 그리드를 활용하여 도트 패턴을 만든 다음 마스크를 적용하여 세일 팝업창을 디자인합니다.

완성파일 : 세일_완성.xd

01 도트 패턴 만들기

따라하기

01 시작 화면에서 'iPhone XR/XS Max/11 (414x896)'을 선택하여 새로운 아트보드를 만듭니다. 사각형 도구(▢)를 선택하고 아트보드에 드래그하여 W/H가 '280, 450' 크기인 직사각형을 그립니다. 오른쪽 패널에서 채우기의 Hex를 '#DCDCDC'로 설정합니다.

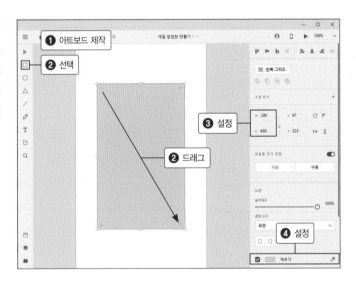

02 사각형 도구(□)를 선택하고 W/H가 '260, 430' 크기인 직사각형을 그립니다. 오른쪽 패널에서 채우기의 Hex를 '#C541E5' 그림자의 Hex를 '#000000', 알파를 '16%', X를 '5', Y를 '5', B를 '10'으로 설정합니다.

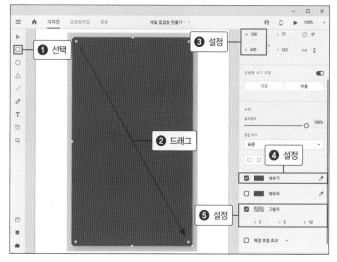

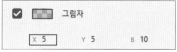

03 텍스트 도구(T)를 선택하고 아트보드에 클릭하여 '20'을 입력합니다. 마우스 오른쪽 버튼을 클릭한 다음 나타나는 메뉴에서 패스 → 패스로 변환(Ctrl+8)을 실행하여 텍스트를 패스로 변형합니다.

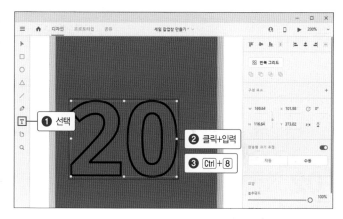

04 타원 도구(○)를 선택하고 W/H가 '6' 크기인 정원을 그립니다. 오른쪽 패널에서 채우기의 Hex를 '#000000'으로 설정합니다.

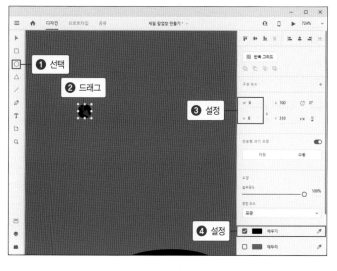

05 오른쪽 패널에서 〈반복 그리드〉 버튼을 클릭하고 가로, 세로 간격을 '7'로 설정한 다음 조절점을 드래그하여 도트 패턴을 만듭니다.

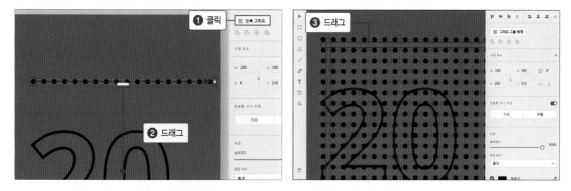

06 오른쪽 패널에서 〈그리드 그룹 해제〉 버튼을 클릭하고 도트 패턴을 그룹(Ctrl+G)으로 지정한 다음 패턴을 회전합니다.

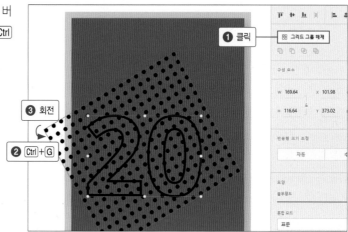

---

02 세일 문자 구성하기
따라하기

01 '20' 오브젝트를 선택하고 맨 앞으로 보내기(Shift+Ctrl+])를 실행한 다음 다시 선택하여 복사(Ctrl+C), 붙여넣기(Ctrl+V)를 합니다. '20' 오브젝트와 패턴 오브젝트를 같이 선택하고 마우스 오른쪽 버튼을 클릭해서 모양으로 마스크 만들기(Shift+Ctrl+M)를 실행합니다.

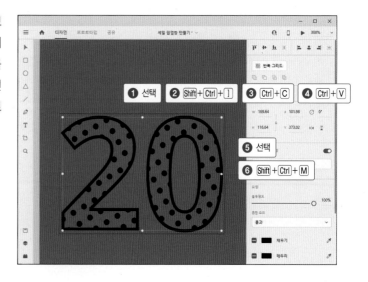

어도비 XD 기본

UI 아이콘 제작

애니메이션 제작

페이지 디자인!

인터랙션 디자인!

UI 디자인!

실무 프로젝트

02 '20'을 더블클릭한 다음 마스크 하지 않은 '20' 오브젝트를 복사(Ctrl+C), 붙여넣기(Ctrl+V)를 실행합니다. 채우기의 Hex를 '#FFFFFF'로 설정한 다음 뒤로 보내기(Ctrl+[)를 2번 실행합니다.

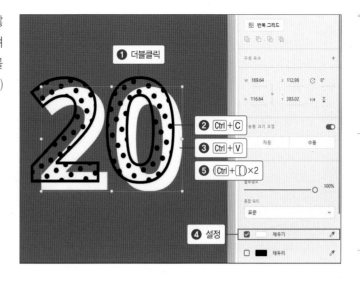

03 텍스트 도구(T)를 선택하고 '%', 'SALE'을 입력한 다음 그림과 같이 배치합니다.

04 사각형 도구(□)를 선택하고 W/H가 '200, 30' 크기인 직사각형을 그립니다. 오른쪽 패널에서 테두리의 Hex를 '#FFFFFF', 크기를 '1'로 적용하고 배치합니다. 텍스트 도구(T)를 선택하고 'SHOP NOW'를 입력하고 정렬합니다.

05 타원 도구(◯)를 선택하고 W/H가 '26' 크기인 정원을 그립니다. 오른쪽 패널에서 채우기의 Hex를 '#000000', 불투명도를 '60%'로 설정하고 보라색 직사각형 오브젝트의 오른쪽 위에 배치합니다.

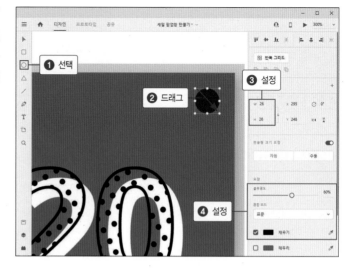

06 선 도구(／)를 선택하고 길이가 '16'인 선 오브젝트를 '×' 모양으로 그립니다. 오른쪽 패널에서 테두리의 Hex를 '#FFFFFF', 크기를 '1'로 설정합니다.

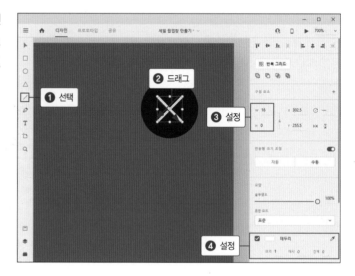

07 회색 직사각형 오브젝트를 선택하고 오른쪽 패널에서 그림자의 Hex를 '#000000', 알파를 '40%', X를 '5', Y를 '5', B를 '10'으로 설정하여 입체감을 표현하고 작업을 마무리합니다.

계산기 만들기

사각형 오브젝트를 변형 및 정렬하고 그림자 효과를 적용하여 입체감 있는 계산기를 디자인합니다.

● 완성파일 : 계산기_완성.xd

01 계산기 형태 디자인하기

따라하기

01 시작 화면에서 'iPhone XR/XS Max/11
(414x896)'을 선택하여 새로운 아트보드
를 만듭니다. Tools 패널에서 사각형 도구(□)를
선택하고 아트보드에 드래그하여 W/H를 '320,
160' 크기로 설정한 직사각형을 그립니다. 오른쪽
패널에서 채우기의 Hex를 '#BB026B'로 설정합
니다.

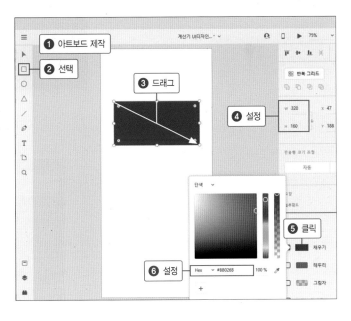

어도비 XD 기본

UI 아이콘 제작

애니메이션 제작

페이지 디자인

인터랙션 디자인

UI 디자인

실무 프로젝트

02 사각형 도구(□)를 선택하고 W/H가 각각 '320' 크기인 정사각형과 W/H가 '320, 60' 크기인 직사각형을 그립니다. 정사각형, 직사각형 오브젝트를 각각 선택하여 오른쪽 패널에서 채우기의 Hex를 '#444444'와 '#BB026B'로 설정하고 순서대로 배치합니다.

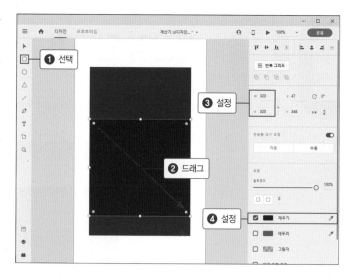

03 사각형 도구(□)를 선택하고 W/H가 '290, 60' 크기인 직사각형을 그립니다. 오른쪽 패널에서 채우기의 Hex를 '흰색'으로 설정하고 맨 위쪽 사각형 오브젝트 가운데에 배치합니다.

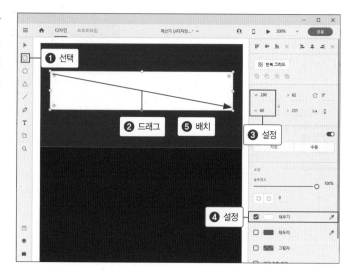

04 오른쪽 패널에서 '모든 모퉁이에 대해 동일한 반경' 아이콘(□)을 클릭하고 '22'로 설정하여 둥근 직사각형으로 만듭니다.

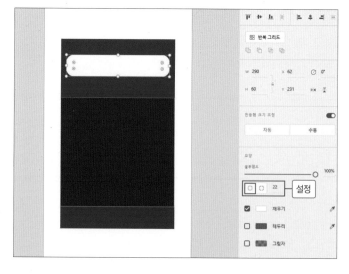

05 사각형 도구(□)를 선택하고 W/H가
'80, 300' 크기인 직사각형을 그립니다.
오른쪽 패널에서 채우기의 Hex를 '#6E6E6E'로
설정한 다음 가운데 사각형 오브젝트의 왼쪽에
배치합니다.

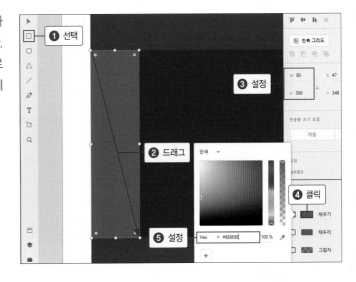

06 W/H가 '80, 300' 크기인 직사각형 오브
젝트를 선택하고 복사(Ctrl+C), 붙여
넣기(Ctrl+V)를 실행합니다. 복사한 직사각형
오브젝트를 '80' 크기의 간격을 두고 오른쪽에
배치합니다.

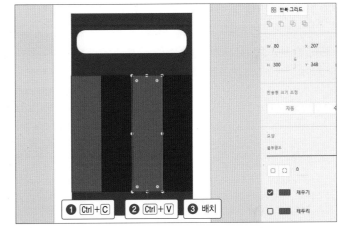

02 버튼 문자 작성하기
따라하기

01 텍스트 도구(T)를 선택하고 아트보드
에 클릭하여 그림과 같이 계산기의 숫자
와 기호를 입력합니다.

아트보드 3D 기본

UI 아이콘 제작

애니메이션 제작

페이지 디자인

인터랙션 디자인

UI 디자인

실무 프로젝트

02 W/H가 '80, 300' 크기인 직사각형 오브젝트를 모두 선택하고 오른쪽 패널에서 '그림자'를 체크 표시한 다음 X를 '4', Y를 '0', B를 '6'으로 설정하여 입체감을 표현합니다.

03 W/H가 '290, 60' 크기인 둥근 직사각형 오브젝트를 선택하고 오른쪽 패널에서 '그림자'를 체크 표시한 다음 X를 '3', Y를 '6', B를 '6'으로 설정하여 입체감을 표현합니다.

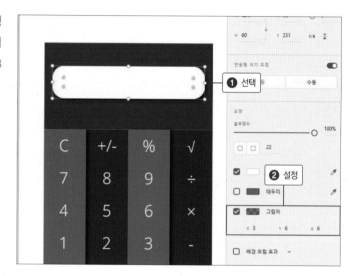

04 텍스트 도구(T)를 선택하고 둥근 직사각형 오브젝트 위치에 '212'를 입력한 다음 그 아래에는 '200+12'를 입력합니다. 오른쪽 패널에서 텍스트를 꾸며준 다음 작업을 마무리합니다.

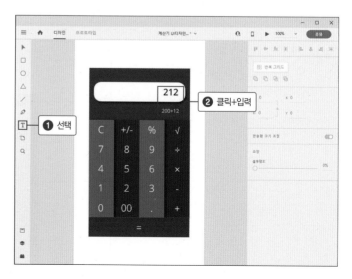

인테리어 앱 만들기

CHAPTER

오브젝트의 간격을 똑같이 배치하고 이미지를 마스크 적용하여 통일감 있는 인테리어 앱을 디자인합니다.

예제파일 : 인테리어1.jpg, 인테리어2.jpg
인테리어3.jpg, 인테리어4.jpg
완성파일 : 인테리어_완성.xd

어도비 XD 기본

UI 아이콘 제작

애니메이션 제작

페이지 디자인

인터랙션 디자인

UI 디자인

실무 프로젝트

01 따라하기 │ 레이아웃 구성하기

01 시작 화면에서 'iPhone XR/XSMax/11 (414x896)'을 선택하여 새로운 아트보드를 만듭니다.

02 사각형 도구(□)를 선택하고 아트보드에 드래그하여 W/H가 '360, 160' 크기인 직사각형을 그립니다.

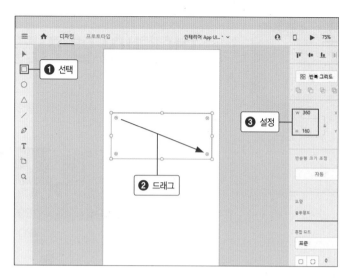

03 아트보드에 드래그하여 W/H가 '170, 400' 크기인 직사각형을 그립니다. 만들어진 사각형 오브젝트를 드래그하여 앞의 과정에서 그린 사각형 오브젝트의 아래쪽에 '20' 크기만큼 간격을 두고 배치합니다.

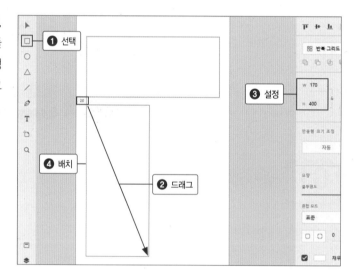

04 W/H가 '170, 220' 크기인 직사각형을 그린 다음 앞의 과정에서 그린 사각형 오브젝트의 오른쪽에 '20' 크기만큼 간격을 두고 배치합니다.

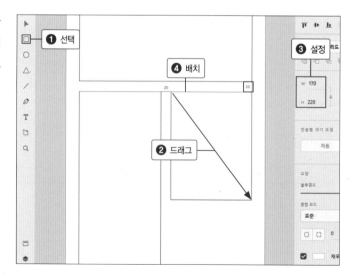

05 W/H가 '170, 160' 크기인 직사각형을 그린 다음 앞의 과정에서 그린 사각형 오브젝트의 아래쪽에 '20' 크기만큼 간격을 두고 배치합니다.

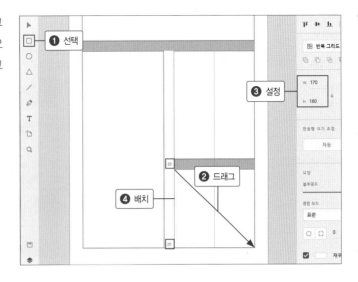

06 사각형 오브젝트를 모두 선택하고 오른쪽 패널에서 '모든 모퉁이에 대해 동일한 반경' 아이콘(□)을 클릭한 다음 '10'으로 설정하여 둥근 직사각형으로 변형합니다.

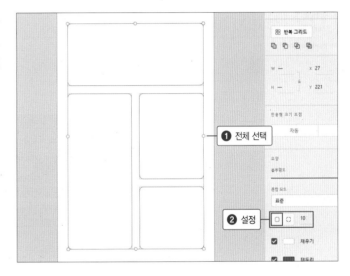

07 예제 폴더에서 '인테리어1.jpg', '인테리어2.jpg', '인테리어3.jpg', '인테리어4.jpg' 파일을 하나씩 사각형 오브젝트에 드래그하여 삽입합니다.

어도비 XD 기초

UI 아이콘 제작

애니메이션 제작

페이지 디자인

인터랙션 디자인

UI 디자인

실무 프로젝트

08 사각형 오브젝트를 모두 선택하고 오른 쪽 패널에서 '그림자'에 체크 표시한 다음 X를 '3', Y를 '3', B를 '6'으로 설정합니다.

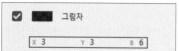

02 이미지 확대 아이콘 작성하기
따라하기

01 타원 도구(◯)를 선택하고 W/H를 '34' 크기인 정원을 그립니다. 오른쪽 패널에서 불투명도를 '80%'로 설정합니다.

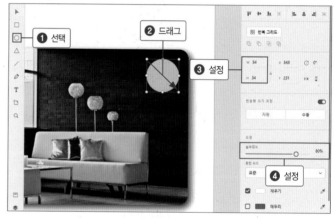

02 타원 도구(◯)를 선택하고 W/H를 '15' 크기인 정원을 그립니다. 오른쪽 패널에서 채우기의 Hex를 '흰색', 테두리의 Hex를 '#707070', 크기를 '2'로 설정합니다.

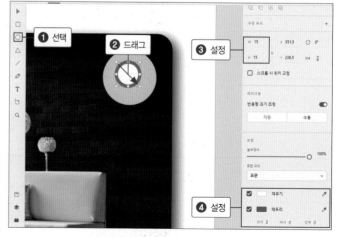

03 선 도구(✎)를 선택하고 아트보드에 드래그하여 대각선을 그립니다. 오른쪽 패널에서 테두리의 Hex를 '#707070', 크기를 '2'로 설정합니다.

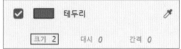

04 선 도구(✎)를 선택하고 길이가 '8'인 가로 선과 세로 선을 그립니다. 오른쪽 패널에서 테두리의 Hex를 '#707070', 크기를 '1'로 설정합니다.

05 01번~04번 과정에서 만든 오브젝트를 모두 선택하고 오른쪽 마우스 버튼을 눌러 나타나는 메뉴에서 그룹(Ctrl+G)으로 지정합니다. 그룹으로 지정한 돋보기 아이콘을 복사(Ctrl+C), 붙여넣기(Ctrl+V)를 실행하여 각 오브젝트에 하나씩 배치하고 작업을 마무리합니다.

어도비 XD 기본

UI 아이콘 제작

애니메이션 제작

페이지 디자인

인터랙션 디자인

UI 디자인

실무 프로젝트

Xd

CC
2020

앱 디자인에
인터랙션 적용하기

앱 디자인을 했다면 디스플레이 터치를 통하여 팝업창이 활성화되거나
키보드가 나타나는 인터랙션을 적용하는 기능이 있습니다.
여러 개의 아트보드에서 변화된 오브젝트를 인식하여 세밀한 인터랙션을 적용하는 방법을 알아봅니다.

A D O B E   X D

01

CHAPTER

좌우로 드래그하는 스파클링 와인 팝업창 만들기

오브젝트를 재구성하여 아이콘과 버튼을 만들어 스파클링 와인 팝업창을 디자인한 다음 좌우로 전환되는 스와이프 인터랙션을 적용합니다.

예제파일 : 스파클링와인.jpg
빵.jpg, 마카롱.jpg
완성파일 : 와인_완성.xd

---

01 원형 드래그 버튼 만들기
따라하기

01 시작 화면에서 'iPhone XR/XS Max/11 (414x896)'을 선택하여 새로운 아트보드를 만듭니다. 사각형 도구(▢)를 선택하고 아트보드에 드래그하여 W/H가 '340, 400' 크기인 직사각형을 그립니다.

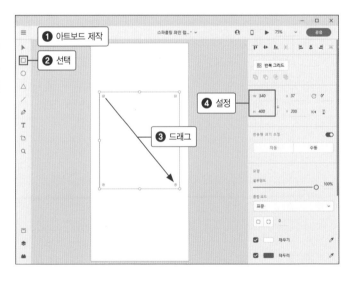

02 오른쪽 패널에서 '모든 모퉁이에 대해 동일한 반경' 아이콘(□)을 클릭한 다음 '10'으로 설정하여 오브젝트를 변형합니다.

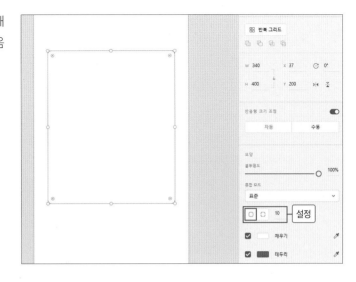

03 예제 폴더에서 '스파클링와인.jpg' 파일을 직사각형 오브젝트에 드래그하여 삽입합니다.

04 타원 도구(○)를 선택하고 W/H를 '34' 크기로 설정하여 정원을 그립니다. 오른쪽 패널에서 채우기의 Hex를 '흰색'으로 설정합니다.

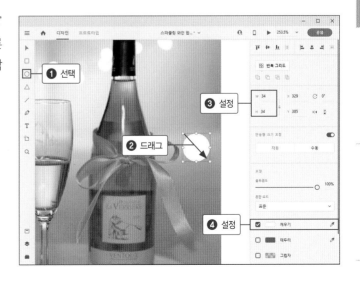

어도비 XD 기본

UI 아이콘 제작

애니메이션 제작

페이지 디자인

인터랙션 디자인

UI 디자인

실무 프로젝트

05 다각형 도구(△)를 선택하고 [Shift]를 누른 상태로 삼각형 오브젝트를 그린 다음 오른쪽 패널에서 회전을 '90' 각도로 변경하여 정원 오브젝트의 가운데에 배치합니다.

06 정원 오브젝트와 삼각형 오브젝트를 같이 선택합니다.

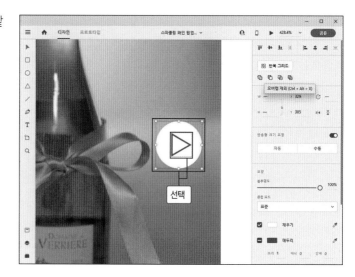

07 오른쪽 패널에서 '오버랩 제외([Ctrl]+[Alt]+[X])' 아이콘(◫)을 클릭한 다음 오브젝트를 변형합니다.

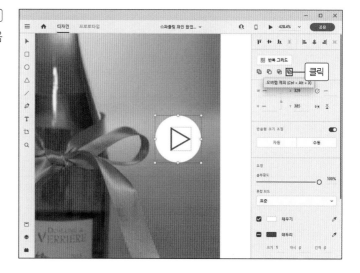

아도비 XD 기본

UI아이콘 제작

애니메이션 제작

페이지 디자인

인터랙션 디자인

UI 디자인

실무 프로젝트

02 하단 드래그 버튼 만들기
따라하기

01 텍스트 도구(T)를 선택하고 아트보드에 클릭하여 '기포가 자글자글 올라오는 스파클링 와인'을 입력합니다. 채우기의 Hex를 '#F73F5F'로 설정하고 그림과 같이 배치합니다.

02 사각형 도구(□)를 선택하고 W/H를 '200, 30' 크기로 설정하여 직사각형을 그립니다. 오른쪽 패널에서 채우기의 Hex를 '흰색', 불투명도를 '80%'로 설정합니다.

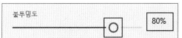

03 오른쪽 패널에서 '모든 모퉁이에 대해 동일한 반경' 아이콘(□)을 클릭한 다음 '5'로 설정하여 오브젝트를 변형합니다.

04 텍스트 도구(T)를 선택하고 '자세히 알아보기'를 입력한 다음 오른쪽 패널에서 채우기의 Hex를 '#F73F5F'로 설정합니다.

05 펜 도구(✐)를 선택하고 클릭하여 화살표를 그린 다음 오른쪽 패널에서 테두리의 Hex를 '#F73F5F' 크기를 '2'로 설정합니다.

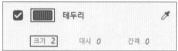

---

03 탭 버튼 만들기
따라하기

01 타원 도구(◯)를 선택하고 W/H를 '14'로 설정하여 정원을 두 개 그립니다. 정원 오브젝트를 하나씩 선택하여 오른쪽 패널에서 채우기의 Hex를 각각 '#000000', '#AEAEAE'로 설정합니다.

02 사각형 도구(□)를 선택하고 W/H를 '340, 50' 크기로 설정한 직사각형을 그립니다. 오른쪽 패널에서 '모든 모퉁이에 대해 동일한 반경' 아이콘(□)을 클릭한 다음 '10'으로 설정합니다.

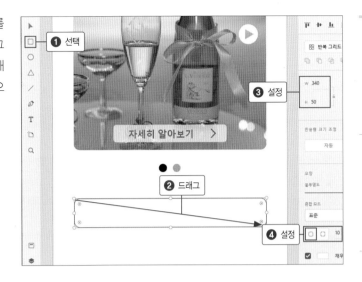

03 사각형 도구(□)를 선택하고 직사각형 오브젝트의 가운데에서부터 드래그하여 겹쳐지게 직사각형을 그립니다.

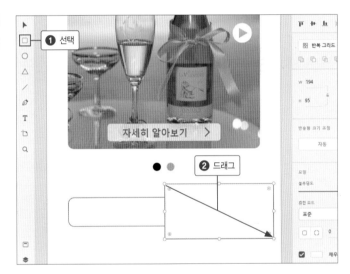

04 두 개의 직사각형 오브젝트를 모두 선택합니다. 오른쪽 패널에서 '빼기(Ctrl +Alt+S)' 아이콘(□)를 클릭하여 오브젝트를 변형합니다.

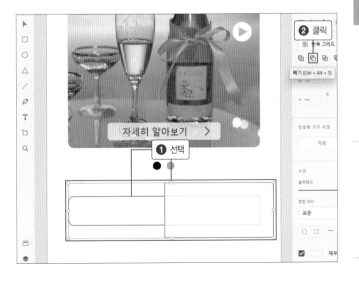

어도비 XD 기본

UI 아이콘 제작

애니메이션 제작

페이지 디자인

인터랙션 디자인

UI 디자인

실무 프로젝트

05 변형된 오브젝트를 선택하고 오른쪽 패널에서 채우기의 Hex를 '#F1F1F1'로 설정한 다음 '테두리'를 체크 해제합니다. 텍스트 도구(T)를 선택하고 '오늘 그만 보기'를 입력한 다음 오브젝트의 가운데에 배치합니다.

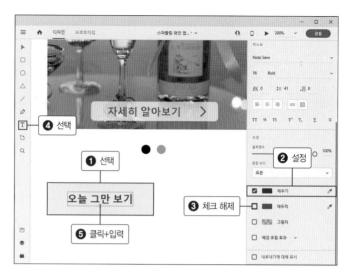

06 변형된 오브젝트를 선택하고 복사(Ctrl +C), 붙여넣기(Ctrl+V)를 실행한 다음 오른쪽에 배치합니다.

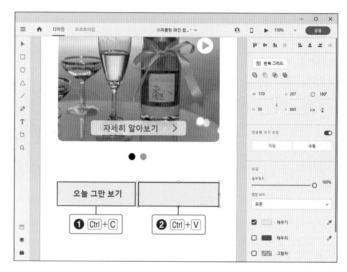

07 복사한 오브젝트를 선택하고 오른쪽 패널에서 채우기의 Hex를 '#BE0E44'로 설정합니다. 텍스트 도구(T)를 선택하여 '닫기'를 입력하고 오른쪽 패널에서 채우기의 Hex를 '흰색'으로 설정합니다.

08 아트보드의 이름을 더블클릭한 다음 '와
인'으로 변경합니다.

09 선택 도구(▶)를 선택하고 정원 화살표
아이콘을 삭제합니다.

10 정원(페이지) 아이콘을 복사하고 그림과
같이 배치합니다.

어도비 XD 기본

UI 아이콘 제작

애니메이션 제작

페이지 디자인

인터랙션 디자인

UI 디자인

실무 프로젝트

11 팝업창 오브젝트를 모두 선택하고 그룹
([Ctrl]+[G])으로 지정합니다. 오른쪽 패
널에서 반응형 크기 조정을 '비활성'으로 설정합
니다.

04 드래그하면 표시되는 화면 만들기

01 그룹한 팝업창을 복사하고 오른쪽 패널
에서 W/H '204, 240' 크기로 설정합니
다. '20' 크기의 간격을 두고 그림과 같이 배치합
니다.

02 예제 폴더에서 '빵.jpg' 파일을 왼쪽 사
각형 오브젝트에 드래그해서 마스크를
적용합니다. 텍스트 도구([T])를 선택하고 '고소
함과 달콤함을 담은 유기농 빵'을 입력합니다.

03 01번~02번과 같은 방법으로 예제 폴더에서 '마카롱.jpg' 파일을 열어 마스크를 적용합니다. 텍스트 도구(T)를 선택하고 '달콤하고 다채로운 맛의 핸드메이드 마카롱'을 입력합니다.

04 와인, 빵, 마카롱 팝업창을 모두 선택하고 그룹(Ctrl+G)으로 지정합니다.

05 Alt와 Shift를 같이 누른 채 아트보드 이름 부분을 오른쪽으로 드래그해서 복사합니다. 이름을 '마카롱'으로 변경하고 정원(페이지) 아이콘을 선택하고 오른쪽 패널에서 채우기의 색상을 선택하여 컬러를 변경합니다.

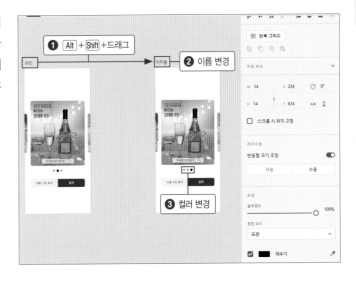

어도비 XD 기본

UI 아이콘 제작

애니메이션 제작

페이지 디자인

인터랙션 디자인

UI 디자인

실무 프로젝트

06 그룹한 팝업창을 왼쪽으로 이동시킵니다.

07 마카롱 팝업창은 W/H를 '340, 400', 와인 팝업창은 W/H를 '204, 240'으로 변경한 다음 '20' 크기의 간격으로 그림과 같이 배치합니다.

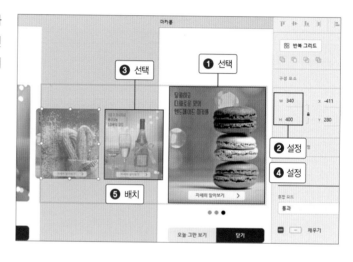

TIP

그룹한 오브젝트를 더블클릭하고 팝업창을 선택하면 부분적으로 이동 가능합니다.

05 따라하기 스와이프 인터랙션 적용하기

01 '프로토타입'을 선택하면 프로토타입 화면으로 됩니다. '와인' 아트보드를 선택하면 오른쪽에 인터랙션 연결 아이콘이 나타납니다.

02 '와인' 아트보드에서 인터랙션 연결 아이콘을 클릭하고 '마카롱' 아트보드로 연결합니다. 오른쪽 패널에서 트리거는 '드래그', 액션은 '자동 애니메이트', 이징 효과는 '스냅'으로 설정합니다.

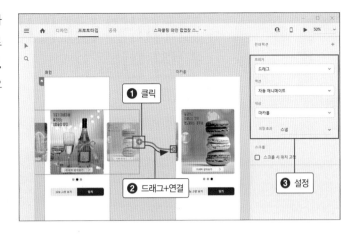

03 '마카롱' 아트보드에서 그룹한 팝업창을 선택하고 '와인' 아트보드로 연결합니다. '데스크탑 미리보기'(▶)를 클릭합니다.

04 좌우로 드래그하면 크기가 변화하면서 전환되는 스와이프 인터랙션을 확인할 수 있습니다.

02
CHAPTER

클릭하면 나타나는 로그인 화면 만들기

사각형 도구로 오브젝트를 그리고 오브젝트 흐림 효과를 적용하여 로그인 화면을 디자인한 다음 '로그인' 텍스트를 클릭하면 로그인 팝업 화면이 오버레이 되는 인터랙션을 적용합니다.

예제파일 : 열기구아이콘만들기.png
완성파일 : 로그인_완성.xd

01 로그인 화면 만들기
따라하기

01 시작 화면에서 'iPhone XR/XS Max/11 (414x896)'을 선택하여 새로운 아트보드를 만듭니다.

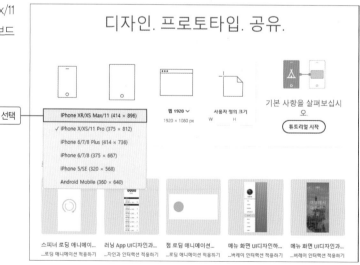

02 아트보드를 선택하고 오른쪽 패널에
서 채우기를 '선형 그레이디언트'로 지
정합니다. 컬러 바에서 Hex의 조절점을 각각
'#A1B6E2', '#53A9DB'로 설정하고 그러데이션
방향을 가로로 수정하여 적용합니다.

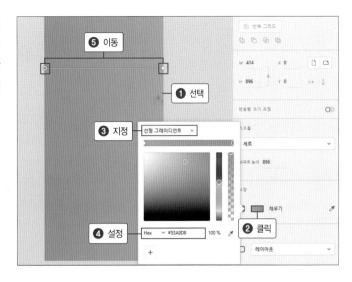

03 사각형 도구(□)를 선택하고 아트보드
에 드래그하여 W/H가 '300, 210' 크기
인 직사각형을 그립니다. 오른쪽 패널에서 채우
기의 Hex를 '#FFFFFF'로 설정합니다.

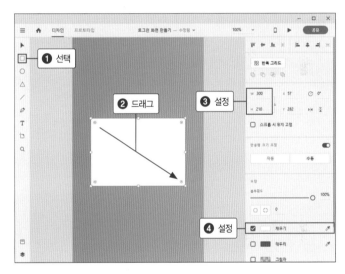

04 사각형 도구(□)를 선택하고 W/H가
'300, 50' 크기인 직사각형을 그립니다.
오른쪽 패널에서 채우기의 Hex를 '#1A7DC8'로
설정합니다.

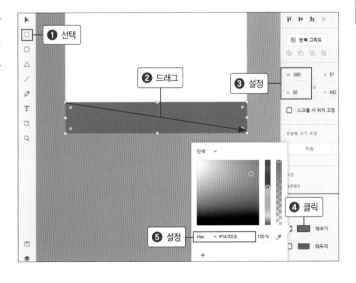

어도비 XD 기본

UI 아이콘 제작

애니메이션 제작

페이지 디자인

인터랙션 디자인

UI 디자인

실무 프로젝트

05 선 도구(✐)를 선택하고 아트보드에 드래그하여 길이가 '250'인 가로 선을 그립니다. 오른쪽 패널에서 테두리의 Hex를 '#1A7DC8', 크기를 '1'로 설정하고 흰색 오브젝트의 가운데에 배치합니다.

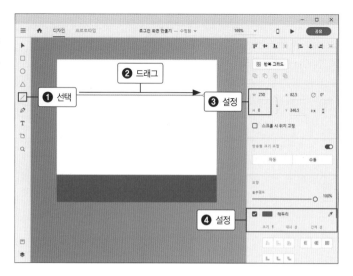

06 텍스트 도구(T)를 선택하고 아트보드에 클릭하여 '아이디'를 입력합니다. 오른쪽 패널에서 채우기의 Hex를 '#1A7DC8'로 설정하고 텍스트 '왼쪽 정렬' 아이콘(▤)을 클릭합니다.

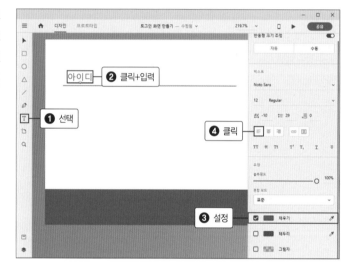

07 '아이디' 텍스트와 가로 선을 모두 선택하고 복사(Ctrl+C), 붙여넣기(Ctrl+V)를 실행합니다. 복사한 텍스트를 '비밀번호'로 수정합니다.

어도비 XD 기본

UI 아이콘 제작

애니메이션 제작

페이지 디자인

인터랙션 디자인

UI 디자인

실무 프로젝트

08 사각형 도구(□)를 선택하고 W/H가 '16' 크기인 정사각형을 그립니다. 채우기의 Hex를 '#808080'으로 설정합니다.

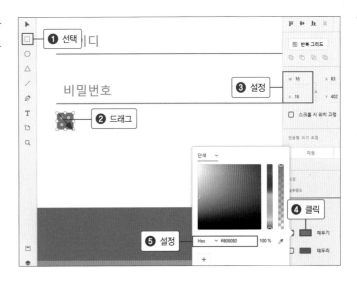

09 선 도구(⊘)를 선택하고 'ᐯ' 모양으로 그립니다. 오른쪽 패널에서 테두리의 크기를 '1'로 설정합니다.

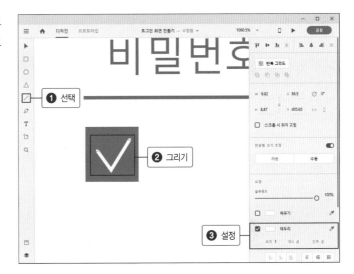

10 텍스트 도구(T)를 선택하고 '아이디 저장'을 입력합니다. 오른쪽 패널에서 채우기의 Hex를 '#808080'으로 설정하고 체크 박스 옆에 배치합니다.

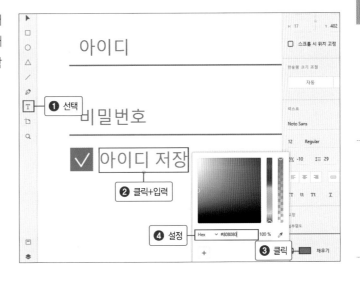

11 텍스트 도구(T)를 선택하고 '아이디/비
밀번호 찾기', '로그인'을 입력하고 배치
합니다.

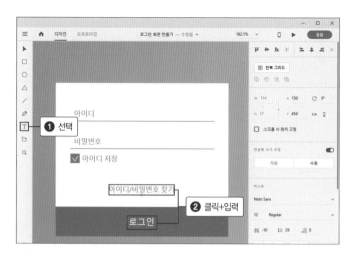

02 초기 배경 화면 만들기
따라하기

01 사각형 도구(□)를 선택하고 W/H가
'300, 50' 크기인 직사각형을 그립니다.
오른쪽 패널에서 채우기의 Hex를 '#343434'로
설정합니다. 텍스트 도구(T)를 선택하고 '회원
가입'을 입력한 다음 사각형 오브젝트 가운데에
배치합니다.

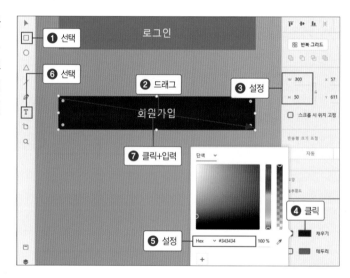

02 사각형 도구(□)를 선택하고 W/H가
'200, 370' 크기인 직사각형을 그립니다.
오른쪽 패널에서 채우기의 Hex를 '#FFFFFF',
알파를 '50%'로 설정합니다.

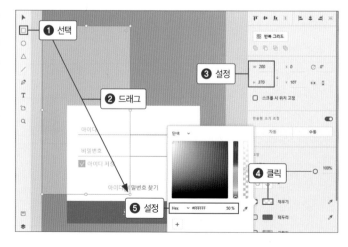

03 투명한 사각형 오브젝트를 선택합니다.

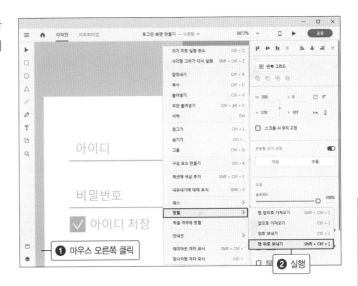

04 마우스 오른쪽 버튼을 클릭한 다음 나타
나는 메뉴에서 정렬 → 맨 뒤로 보내기
(Shift+Ctrl+[)를 실행합니다.

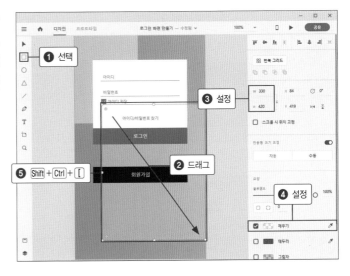

05 사각형 도구(□)를 선택하고 W/H가
'330, 420' 크기인 직사각형을 그립니다.
오른쪽 패널에서 채우기의 알파를 '30%'로 설정
하고 맨 뒤로 보내기(Shift+Ctrl+[)를 실행합
니다.

어도비 XD 기본

UI 아이콘 제작

애니메이션 제작

페이지 디자인

인터랙션 디자인

UI 디자인

실무 프로젝트

06 사각형 도구(□)를 선택하고 W/H가 '300, 150' 크기인 직사각형을 그립니다.

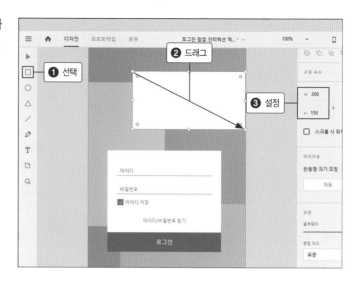

07 오른쪽 패널에서 채우기의 알파를 '30%'로 설정하고 배치합니다. '오브젝트 흐림 효과'를 체크 표시한 다음 '5'를 입력합니다.

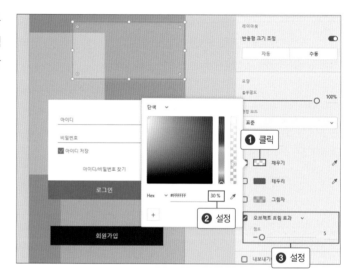

08 사각형 도구(□)를 선택하고 W/H가 '240, 150' 크기인 직사각형을 그립니다. 오른쪽 패널에서 채우기의 Hex를 '#FFFFFF', 알파를 '30%'로 설정합니다. 오른쪽 패널에서 '오브젝트 흐림 효과'를 체크 표시한 다음 '9'로 설정합니다.

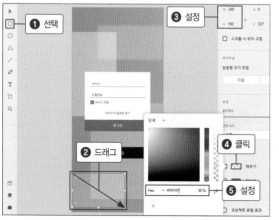

09 Alt와 Shift를 같이 누른 채 아트보드의 이름 부분을 오른쪽으로 드래그해서 복사합니다. 이름을 '로그인', '로그인 팝업'으로 변경합니다. '로그인' 아트보드에서 로그인 팝업을 삭제합니다.

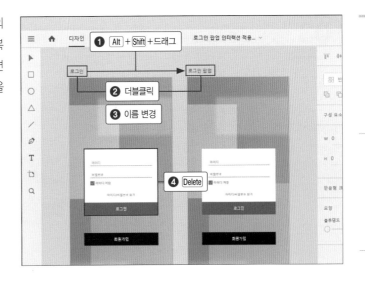

10 텍스트 도구(T)를 선택하고 '이미 회원이세요?', '로그인'을 그림과 같이 입력합니다.

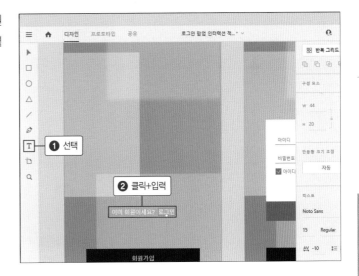

11 예제 파일에서 '열기구아이콘만들기.png' 파일을 드래그하여 삽입합니다.

어도비 XD 기초

UI 아이콘 제작

애니메이션 제작

페이지 디자인

인터랙션 디자인

UI 디자인

실무 프로젝트

03 오버레이 효과 적용하기

따라하기

01 배경 오브젝트를 선택하고 컬러 바에서 왼쪽 조절점의 Hex를 '#92EDE1', 오른쪽 조절점의 Hex를 '#236396'으로 설정을 변경합니다.

02 '로그인 팝업' 아트보드에서 선택 도구 (▶)를 선택하고 그림과 같이 오브젝트를 삭제합니다. 배경 오브젝트는 채우기의 Hex를 '#FFFFFF'로 설정합니다.

03 사각형 도구(□)를 선택하고 W/H가 '414, 896' 크기인 직사각형을 그립니다. 오른쪽 패널에서 채우기의 Hex를 '#000000', 불투명도를 '90%'로 설정합니다.

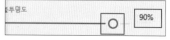

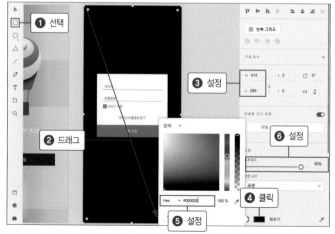

04 '프로토타입'을 선택하면 프로토타입 화면으로 됩니다. '로그인' 아트보드를 선택하면 오른쪽에 인터랙션 연결 아이콘이 나타납니다.

05 '로그인' 아트보드의 '로그인' 텍스트를 선택하고 '로그인 팝업' 아트보드로 연결합니다. 오른쪽 패널에서 트리거는 '탭', 액션은 '오버레이', 애니메이션은 '디졸브', 이징 효과는 '서서히 끝내기', 재생 시간은 '1초'로 설정합니다. '데스크탑 미리보기'(▶)를 클릭합니다.

06 '로그인'을 클릭하면 '로그인 팝업'이 오버레이되어 나타납니다.

어도비 XD 기본

내 아이콘 제작

애니메이션 제작

페이지 디자인

인터랙션 디자인

내 디자인

실무 프로젝트

터치하면 키보드가 위로 올라오는 여행 앱 만들기

CHAPTER

사각형 도구를 활용하여 검색창을 만들고 여행 앱 메인 페이지를 디자인한 다음 검색창을 터치하면 아래에서 위로 올라오는 키보드 인터랙션을 적용합니다.

예제파일 : 여행사진.jpg, 키보드.xd
완성파일 : 여행_완성.xd

01 입력 검색창 만들기
따라하기

01 시작 화면에서 'iPhone XR/XS Max/11 (414x896)'을 선택하여 새로운 아트보드를 만듭니다. 예제 폴더에서 '여행사진.jpg' 파일을 아트보드에 드래그하여 삽입합니다.

02 텍스트 도구(T)를 선택하고 아트보드
에 클릭하여 '여행 떠나고 싶나요?'를
입력한 다음 오른쪽 패널에서 채우기의 Hex를
'흰색'으로 설정합니다.

03 사각형 도구(□)를 선택하고 아트보드
에 드래그하여 W/H가 '340, 60' 크기인
직사각형을 그립니다. 오른쪽 패널에서 채우기의
Hex를 '흰색', 알파를 '80%'로 설정합니다.

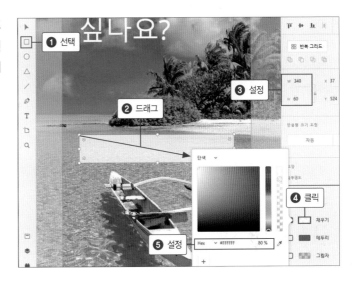

04 텍스트 도구(T)를 선택하고 아트보
드에 클릭한 다음 '어디로 떠날까요?'
를 입력하고 오른쪽 패널에서 채우기의 Hex를
'#4A4A4A'로 설정합니다.

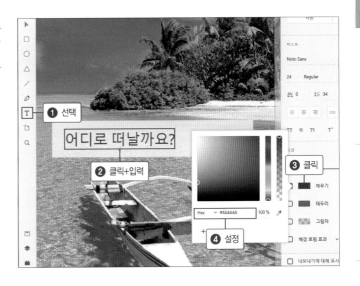

05 선 도구(⬚)를 선택하고 아트보드에
드래그하여 길이가 '34'인 세로 선을
그립니다. 오른쪽 패널에서 테두리의 Hex를
'#4A4A4A', 크기를 '2', '원형 단면(⬚)'으로 설
정합니다.

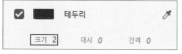

06 타원 도구(◯)를 선택하고 W/H가 '24'
크기인 정원을 그립니다. 오른쪽 패널에
서 테두리의 Hex를 '#4A4A4A', 크기를 '3'으로
설정합니다.

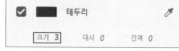

07 선 도구(⬚)를 선택하고 정원 오브젝트
부터 드래그하여 대각선을 그립니다.

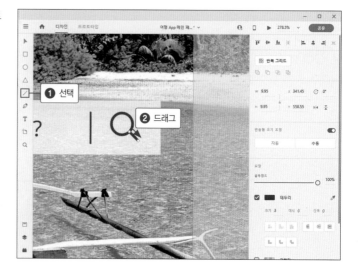

08 오른쪽 패널에서 테두리의 Hex를
'#4A4A4A', 크기를 '3'으로 설정하여 검
색 아이콘 모양을 만듭니다.

09 아트보드의 이름을 더블클릭한 다음 이
름을 '여행'으로 변경합니다

10 사각형 도구(□)를 아트보드와 같은 크
기로 직사각형 오브젝트를 그린 다음 직
사각형과 이미지를 같이 선택합니다. 마우스 오
른쪽 버튼을 클릭해서 모양으로 마스크 만들기
(Shift)+(Ctrl)+(M)를 실행합니다.

어도비 XD 기본

UI 아이콘 제작

애니메이션 제작

페이지 디자인

인터랙션 디자인

UI 디자인

실무 프로젝트

11 마스크를 적용한 오브젝트를 선택하고
마우스 오른쪽 버튼을 클릭해서 맨 뒤
로 보내기(Shift+Ctrl+[[])를 실행합니다. 검색
창 오브젝트를 모두 선택하고 그림과 같이 위쪽
으로 이동시킵니다.

02 따라하기 슬라이드 되어 올라오는 키보드 인터랙션 적용하기

01 아트보드 도구(□)를 선택하고 W/H가
'414, 370' 크기인 아트보드를 만들고 이
름을 '키보드'로 변경합니다.

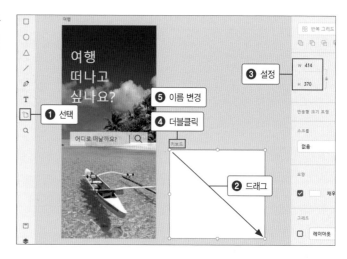

02 예제 폴더에서 '키보드.xd' 파일을 열고
키보드 이미지를 복사한 다음 '키보드'
아트보드에 붙여 넣습니다.

03 Alt 와 Shift 를 같이 누른 채 아트보드의
'여행' 이름 부분을 왼쪽으로 드래그해서
아트보드를 복사합니다. 키보드 이미지를 복사
해서 '여행-1' 아트보드에 붙여 넣습니다.

04 '여행-1' 아트보드에서 '어디로 떠날까
요?' 텍스트를 선택하고 오른쪽 패널에
서 불투명도를 '20%'로 변경합니다.

05 '프로토타입'을 선택하면 프로토타입 화
면으로 됩니다. '여행' 아트보드를 선택
하면 오른쪽에 인터랙션 연결 아이콘이 나타납
니다.

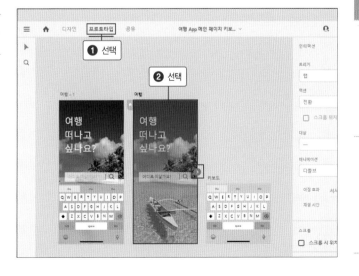

어도비 XD 기본

UI 아이콘 제작

애니메이션 제작

페이지 디자인

인터랙션 디자인

UI 디자인

실무 프로젝트

06 '여행' 아트보드에서 '어디로 떠날까요?' 텍스트를 선택하고 '키보드' 아트보드로 연결합니다. 오른쪽 패널에서 트리거는 '탭', 액션은 '오버레이', 애니메이션은 '위로 슬라이드', 재생 시간은 '0.4초'로 설정합니다.

07 '키보드' 아트보드에서 '여행-1' 아트보드로 연결합니다. 오른쪽 패널에서 트리거는 '탭', 액션은 '자동 애니메이트', 이징 효과는 '없음', 재생 시간은 '0초'로 설정합니다. '데스크탑 미리보기'(▶)를 클릭합니다.

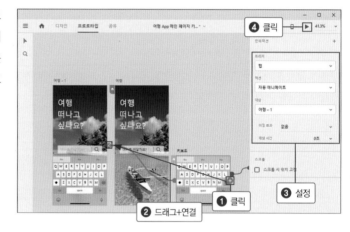

08 '어디로 떠날까요?'를 클릭하면 키보드가 아래에서 위로 올라오고 키보드를 클릭하면 '어디로 떠날까요?'의 불투명도가 조절되면서 검색창이 활성화되는 인터랙션을 확인할 수 있습니다.

어도비 XD 기본

UI 아이콘 제작

애니메이션 제작

페이지 디자인

인터랙션 디자인

UI 디자인

실무 프로젝트

04 CHAPTER

버튼을 터치하면 절단되는
팝업 영수증 만들기

정원 오브젝트에 반복 그리드를 적용해서 영수증 절취선을 만들고 재구성하여 디자인한 다음 '확인' 버튼을
클릭하면 영수증의 절취선에서 절단되는 인터랙션을 적용합니다.

완성파일 : 영수증_완성.xd

01 팝업 영수증 형태 구성하기
따라하기

01 시작 화면에서 'iPhone XR/XS Max/11
(414x896)'을 선택하여 새로운 아트보드
를 만듭니다. 아트보드를 클릭해서 선택하고 오
른쪽 패널에서 채우기의 Hex를 '#E4E4E4'로
설정합니다.

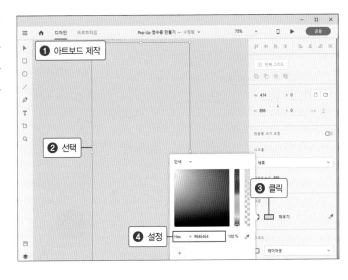

02 사각형 도구(□)를 선택하고 아트보드에 드래그하여 W/H가 '280, 140' 크기인 직사각형을 그립니다. 오른쪽 패널에서 채우기의 Hex를 '#FFFFFF'로 설정합니다.

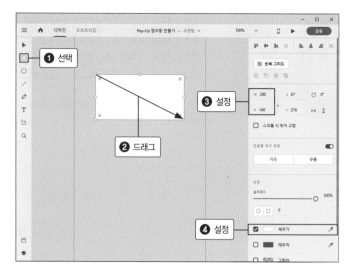

03 오른쪽 패널에서 '각 모퉁이에 대해 다른 반경' 아이콘(▣)을 클릭하고 '20', '20', '0', '0'으로 수정합니다.

04 타원 도구(○)를 선택하고 W/H가 '40' 크기인 정원을 그립니다. 직사각형 왼쪽, 오른쪽 아래 조절점에 위치합니다. 직사각형과 2개의 정원을 모두 선택합니다.

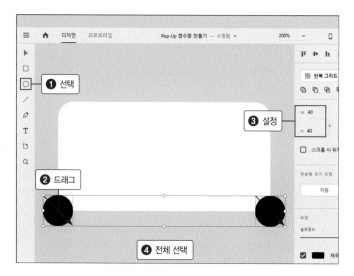

05 오른쪽 패널에서 '빼기([Ctrl]+[Alt]+[S])' 아이콘(□)을 클릭하여 실행합니다.

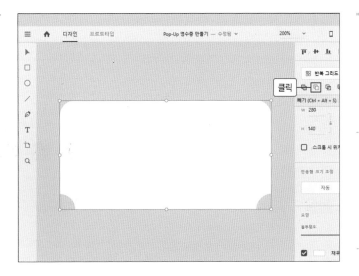

06 타원 도구(○)를 선택하고 W/H가 '8' 크기인 정원을 그립니다.

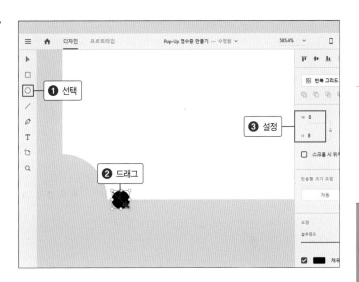

07 오른쪽 패널에서 〈반복 그리드〉 버튼을 클릭하고 조절점을 드래그합니다.

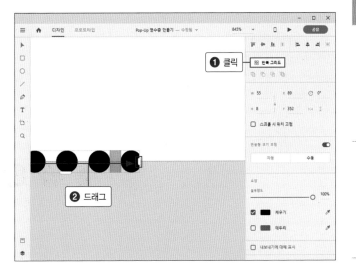

어도비 XD 기본

UI 아이콘 제작

애니메이션 제작

페이지 디자인

인터랙션 디자인

UI 디자인

실무 프로젝트

08 정원 사이의 간격을 '4' 크기로 드래그
합니다.

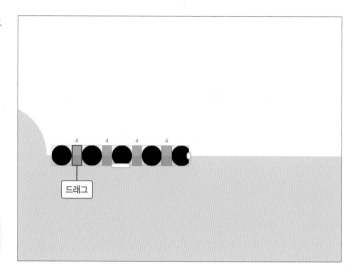

드래그

09 반복 그리드한 정원을 오른쪽으로 드래
그합니다.

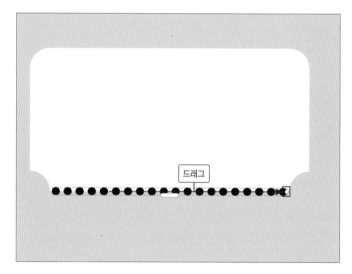

드래그

10 오른쪽 패널에서 가로 '236' 길이까지
설정합니다.

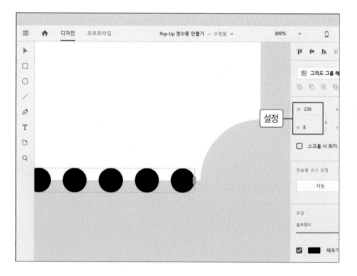

설정

11 반복 그리드한 정원과 직사각형을 모두 선택하고 오른쪽 패널에서 '빼기(Ctrl + Alt + S)' 아이콘(□)을 클릭하여 실행합니다.

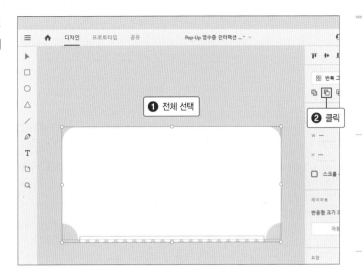

12 11번의 변형된 오브젝트를 선택하고 복사(Ctrl + C), 붙여넣기(Ctrl + V)를 실행합니다. 오른쪽 패널에서 세로로 뒤집기(▤)를 클릭하고 배치합니다.

TIP

붙여넣기를 실행한 다음 오른쪽 패널에서 세로로 뒤집기(▤)를 실행하거나 오브젝트의 꼭짓점에 마우스 포인터를 가져가면 회전 아이콘으로 변경되어 회전이 가능합니다.

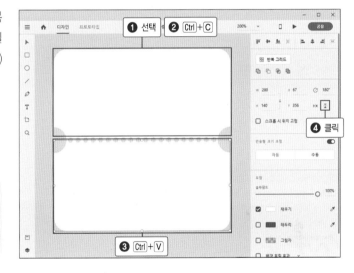

13 오브젝트를 세 번 더블클릭합니다. 한 번 더블클릭하면 ⓐ, 다시 더블클릭하면 ⓑ, 다시 더블클릭하면 ⓒ처럼 오브젝트가 수정 가능하게 변경됩니다.

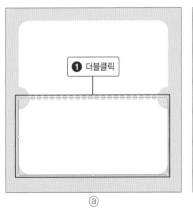
ⓐ

ⓑ

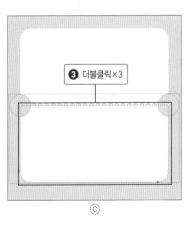
ⓒ

14 오브젝트 하단의 왼쪽, 오른쪽 총 4개의
패스 포인트를 선택합니다.

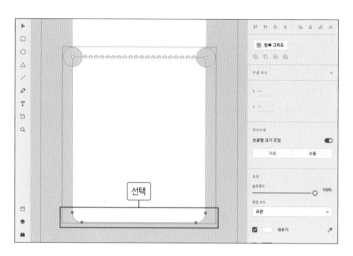

15 Shift를 누른 상태에서 ↓ 방향 키를 눌
러 오브젝트를 늘립니다.

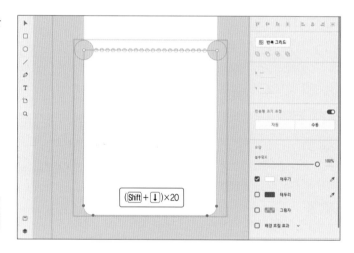

TIP
Shift를 누른 상태로 ↓ 방향 키를 20번 누르면 오브
젝트의 높이가 '340'으로 수정됩니다.

02 영수증 문자 입력하기
따라하기

01 텍스트 도구(T)를 선택하고 아트보드
에 클릭하여 '길벗출판사', '어도비XD
무작정 따라하기' 텍스트를 입력합니다. 텍스트
오브젝트를 선택하고 텍스트 중앙 정렬(≡)을
합니다.

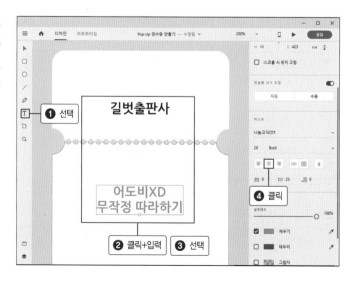

02 선 도구(✏️)를 선택하고 아트보드에 드
래그하여 길이가 '215'인 가로 선을 그립
니다. 오른쪽 패널에서 테두리의 크기를 '1', 대
시를 '2', 간격을 '2', Hex를 '#000000'으로 설
정하고 텍스트 아래에 그림과 같이 여유를 두고
배치합니다.

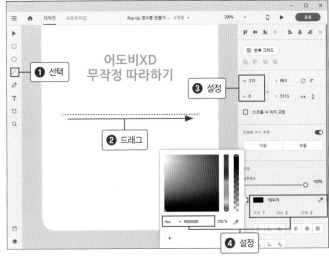

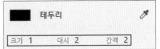

03 텍스트 도구(T)를 선택하고 '결제금액'
은 텍스트 왼쪽 정렬(≡), '10,000원'은
텍스트 오른쪽 정렬(≡)을 합니다.

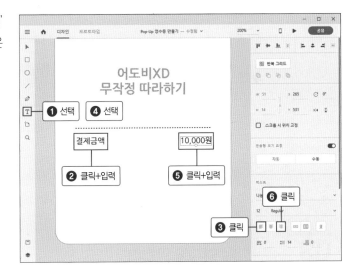

04 사각형 도구(□)를 선택하고 W/H가
'150, 45' 크기인 직사각형을 그립니다.
오른쪽 패널에서 채우기의 Hex를 '#788CDC'
로 설정합니다.

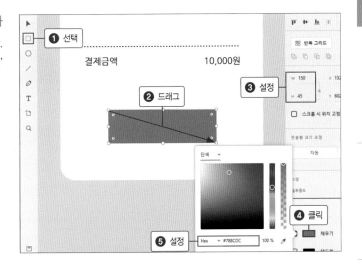

어도비 XD 기본

UI 아이콘 제작

애니메이션 제작

페이지 디자인

인터랙션 디자인

UI 디자인

실무 프로젝트

05 직사각형 꼭짓점 안에 있는 조절점을 안쪽으로 드래그하여 둥근 사각형으로 변형합니다.

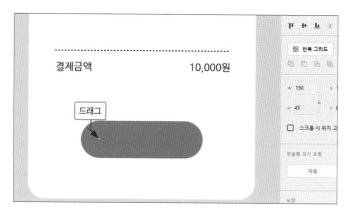

06 펜 도구(✐)를 선택하고 'v' 모양을 그립니다. 오른쪽 패널에서 테두리의 Hex를 '#FFFFFF', 크기를 '2'로 설정합니다. 텍스트 도구(T)를 선택하고 '확인' 텍스트를 입력합니다.

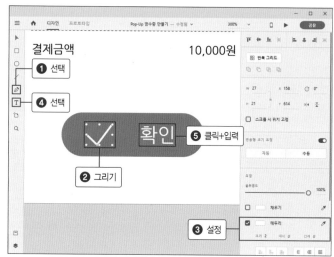

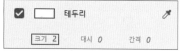

03 절단되는 영수증 만들기
따라하기

01 사각형 도구(▢)를 선택하고 W/H가 '280, 50' 크기인 직사각형을 그립니다. 오른쪽 패널에서 '각 모퉁이에 대해 다른 반경' 아이콘(⬚)을 클릭하고 '20', '20', '0', '0'으로 설정합니다. 채우기를 '선형 그레이디언트'로 지정한 다음 컬러 바에서 왼쪽 조절점의 Hex를 '#788CDC', 오른쪽 조절점의 Hex를 '#37467E'로 설정하고 그러데이션을 적용합니다.

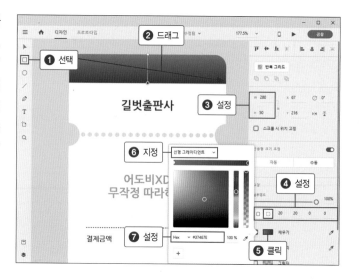

어도비 XD 기본

UI 아이콘 제작

애니메이션 제작

페이지 디자인

인터랙션 디자인

UI 디자인

실무 프로젝트

02 영수증 오브젝트를 선택하고 오른쪽 패널에서 '그림자'를 체크 표시한 다음 X를 '15', Y를 '17', B를 '15'로 설정합니다.

03 아트보드의 이름을 더블클릭한 다음 '영수증'으로 변경합니다. 영수증 오브젝트 아래쪽 부분을 모두 선택하고 그룹(Ctrl+G)으로 지정합니다.

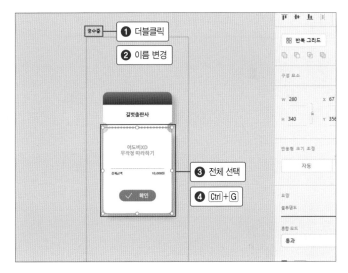

04 Alt와 Shift를 같이 누른 채 아트보드의 이름 부분을 오른쪽으로 드래그해서 아트보드를 복사합니다.

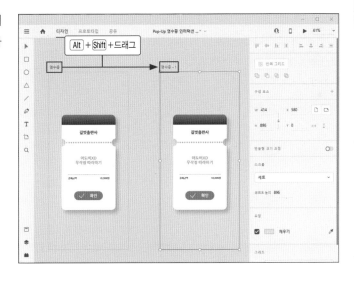

05 '영수증_1' 아트보드에서 확인 아이콘을 더블클릭하고 오른쪽 패널에서 채우기의 Hex를 '#000000'로 변경합니다.

06 '영수증_1' 아트보드에서 그룹한 오브젝트를 선택한 다음 오른쪽 패널에서 회전을 '8' 각도로 설정하고 그림과 같이 이동시킵니다.

07 '프로토타입'을 선택하면 프로토타입 화면으로 됩니다. '영수증' 아트보드를 선택하면 오른쪽에 인터랙션 연결 아이콘이 나타납니다.

어도비 XD 기본

UI 아이콘 제작

애니메이션 제작

페이지 디자인

인터랙션 디자인

UI 디자인

실무 프로젝트

08 '영수증' 아트보드에서 '확인' 아이콘을 선택하고 '영수증-1' 아트보드로 연결합니다. 오른쪽 패널에서 트리거는 '탭', 액션은 '자동 애니메이트', 이징 효과는 '서서히 끝내기', 재생 시간은 '0.8초'로 설정합니다. '데스크탑 미리보기'(▶)를 클릭합니다.

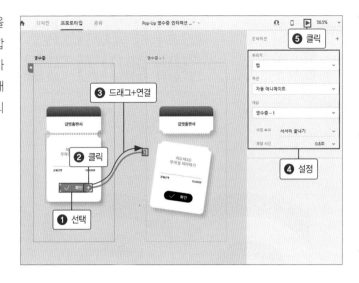

09 '확인' 아이콘을 클릭하면 그룹한 아래쪽의 오브젝트가 잘라지는 인터랙션을 확인할 수 있습니다.

문자가 표시되는 헤드폰
구매 페이지 만들기

CHAPTER

방사형 그레이디언트가 돋보이는 헤드폰 구매 페이지를 만든 다음 시간 간격을 두고 문자가 표시되는 인터 랙션을 적용해 페이지 제작을 완성합니다.

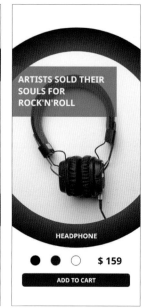

예제파일 : 헤드폰.jpg
완성파일 : 헤드폰_완성.xd

01
따라하기
방사형 구매 상품 레이아웃 구성하기

01 시작 화면에서 'iPhone XR/XS Max/11 (414x896)'을 선택하여 새로운 아트보드를 만듭니다. 타원 도구(◯)를 선택하고 아트보드에 드래그하여 W/H가 '656' 크기인 정원을 그립니다.

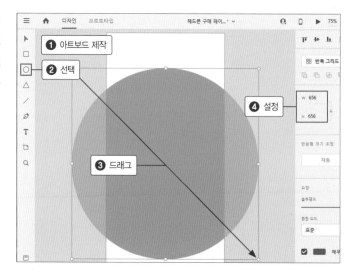

02 W/H가 '514' 크기인 정원을 그립니다.
두 개의 정원 오브젝트를 모두 선택하고
오른쪽 패널에서 '중간 정렬(세로)' 아이콘(▥),
'가운데 정렬(가로)' 아이콘(♣)을 클릭하여 정
렬합니다.

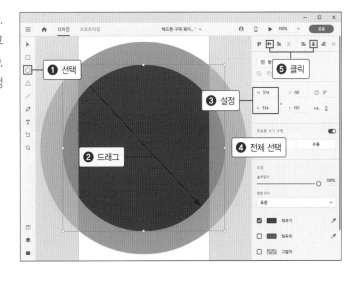

03 두 개의 정원 오브젝트가 선택된 상태로
오른쪽 패널에서 '빼기([Ctrl]+[Alt]+[S])'
아이콘(▣)을 클릭하여 오브젝트를 변형합니다.

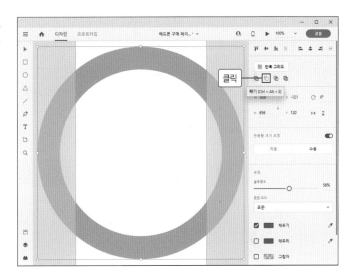

04 예제 폴더에서 '헤드폰.jpg' 파일을 아트
보드에 드래그하여 삽입합니다.

어도비 XD 기본

UI 아이콘 제작

애니메이션 제작

페이지 디자인

인터랙션 디자인

UI 디자인

실무 프로젝트

05 타원 도구(◎)를 선택하고 아트보드에 드래그하여 W/H가 '514' 크기인 정원을 그린 다음 헤드폰 이미지와 정원 오브젝트를 선택합니다.

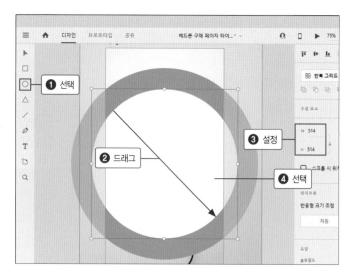

06 마우스 오른쪽 버튼을 누르면 나타나는 메뉴에서 모양으로 마스크 만들기((Shift)+(Ctrl)+(M))를 실행합니다.

07 링 오브젝트를 선택한 다음 오른쪽 패널에서 채우기를 '방사형 그레이디언트'로 지정합니다. 그레이디언트 컬러 바를 클릭하여 그림과 같이 조절점을 만듭니다. 각각의 조절점을 선택한 다음 왼쪽의 조절점에서부터 Hex를 '#707070', '#855535', '#391C0B'로 설정하여 그러데이션을 적용합니다.

어도비 XD 기본

UI 아이콘 제작

애니메이션 제작

페이지 디자인

인터랙션 디자인

UI 디자인

실무 프로젝트

시간 간격을 두고 표시되는 문자 구성하기

01 사각형 도구(□)를 선택하고 아트보드에 드래그하여 W/H가 '330, 150' 크기인 직사각형을 그립니다. 오른쪽 패널에서 채우기의 Hex를 '#855535', 불투명도를 '70%'로 설정합니다.

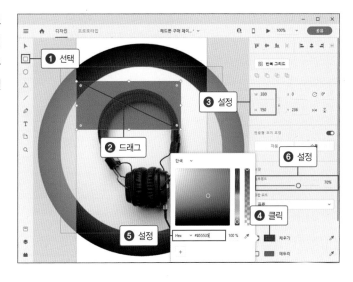

02 텍스트 도구(T)를 선택하고 아트보드에 클릭하여 'ARTISTS SOLD THEIR SOULS FOR ROCK'N'ROLL', 'HEADPHONE'을 입력합니다. 오른쪽 패널에서 채우기의 Hex를 '흰색'으로 설정합니다.

03 타원 도구(○)를 선택하고 아트보드에 드래그하여 W/H가 '30' 크기인 정원을 그립니다. 오른쪽 패널에서 채우기의 Hex를 '검은색'으로 설정합니다.

04 정원 오브젝트 옆에 같은 크기의 정원을 두 개 더 그립니다. 두 번째 정원 오브젝트는 채우기의 Hex를 '#462612'로 설정하고 남은 하나의 오브젝트는 테두리의 Hex를 '검은색', 크기를 '1'로 설정합니다. 텍스트 도구([T])를 선택하고 아트보드에 클릭하여 '$ 159'를 입력합니다.

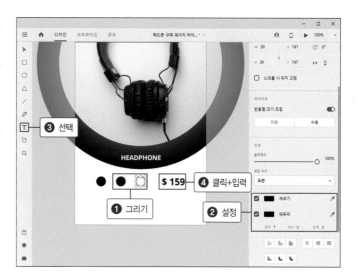

05 사각형 도구([□])를 선택하고 아트보드에 드래그하여 W/H가 '330, 40' 크기인 직사각형을 그립니다. 오른쪽 패널에서 채우기의 Hex를 '#F73F5F', '모든 모퉁이에 대해 동일한 반경' 아이콘([□])을 클릭한 다음 '8'로 설정합니다.

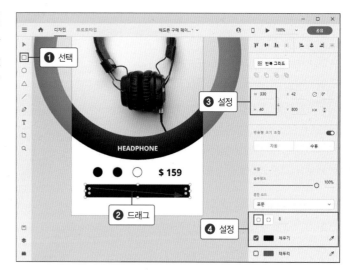

06 텍스트 도구([T])를 선택하고 'ADD TO CART'를 입력합니다. 오른쪽 패널에서 채우기의 Hex를 '흰색'으로 설정합니다.

07 아트보드의 이름을 더블클릭한 다음 '헤드폰'으로 변경합니다. 정원/직사각형 오브젝트, 텍스트를 같이 선택하고 그룹(Ctrl +G)으로 지정합니다.

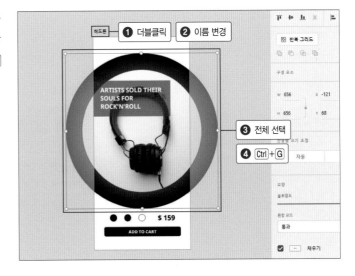

08 Alt와 Shift를 같이 누른 채 아트보드의 이름 누분을 오른쪽으로 드래그해서 아트보드를 복사합니다.

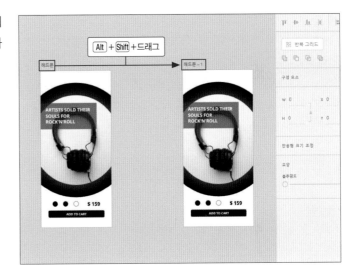

09 '헤드폰–1' 아트보드에서 직사각형 오브젝트를 더블클릭해서 선택하고 오른쪽으로 이동합니다. 오른쪽 패널에서 불투명도를 '20%'로 설정합니다. 텍스트를 더블클릭해서 선택하고 오른쪽으로 이동시킵니다.

TIP

직사각형의 오브젝트와 텍스트를 다른 간격으로 이동합니다.

10 Alt 와 Shift 를 같이 누른 채 '헤드폰-1' 이름 부분을 오른쪽으로 드래그해서 아트보드를 복사합니다.

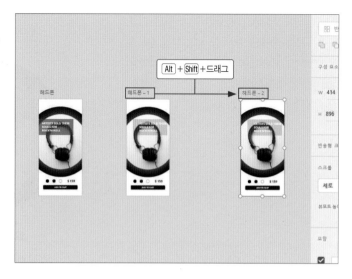

11 '헤드폰-2' 아트보드에서 직사각형 오브젝트를 더블클릭해서 선택하고 왼쪽으로 이동합니다. 오른쪽 패널에서 불투명도를 '0%'로 적용합니다. 텍스트를 더블클릭해서 선택하고 왼쪽으로 이동한 다음 오른쪽 패널에서 불투명도 '0%'를 적용합니다.

TIP
직사각형 오브젝트와 텍스트를 다른 간격으로 이동시킵니다.

12 '프로토타입'을 선택하면 프로토타입 화면으로 됩니다. '헤드폰-2' 아트보드를 선택하면 오른쪽에 인터랙션 연결 아이콘이 나타납니다.

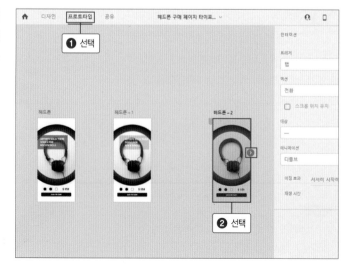

13 '헤드폰-2' 아트보드에서 '헤드폰-1' 아트보드로 연결합니다. 오른쪽 패널에서 트리거는 '시간', 액션은 '자동 애니메이트', 이징 효과는 '서서히 시작-끝내기', 재생 시간은 '1초'로 설정합니다.

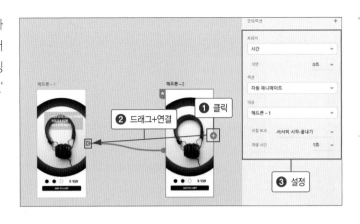

14 '헤드폰-1' 아트보드에서 '헤드폰' 아트보드로 연결합니다. '데스크탑 미리보기'(▶)를 클릭합니다.

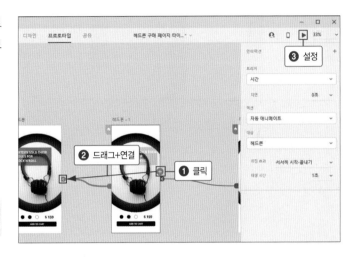

> **TIP**
> '헤드폰-2' 아트보드에서 '헤드폰-1' 아트보드 인터랙션과 같이 적용됩니다.

15 직사각형 오브젝트와 텍스트가 시간 간격을 두고 표시되는 인터랙션이 적용된 것을 확인할 수 있습니다.

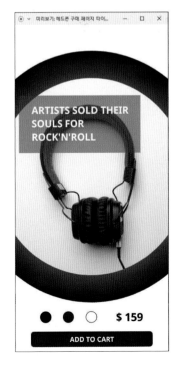

어도비 XD 기본

UI 아이콘 제작

애니메이션 제작

페이지 디자인

인터랙션 디자인

UI 디자인

실무 프로젝트

Xd

CC
2020

사용자 편의를 위한 앱
UI 디자인하기

다양한 화면의 앱 UI 디자인을 통하여 전체적인 디자인 흐름과 일관된 UI를 구성할 수 있습니다.
각 화면의 컬러, 아이콘, 레이아웃 등 전체적인 UI 디자인 구성 요소의 시각적인 연관성을 높이는 방법을 알아봅니다.

A D O B E   X D

메시지 앱 화면 UI 디자인하기

CHAPTER

사각형 도구, 타원 도구를 활용하고 도형에 마스크를 적용하여 메시지 화면 UI를 디자인합니다.

○
예제파일 : 여자1.jpg, 여자2.jpg
완성파일 : 메시지_완성.xd

01 메시지 앱 상단 메뉴 화면 UI 디자인하기
따라하기

01 시작 화면에서 'iPhone XR/XS Max/11 (414x896)'을 선택하여 새로운 아트보드를 만듭니다.

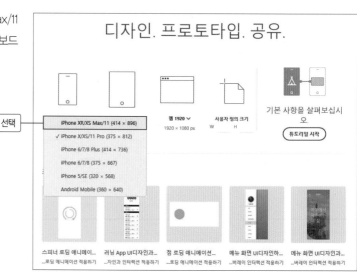

02 아트보드를 클릭해서 선택한 다음 오른쪽 패널에서 채우기의 Hex를 '#E9E9E9'로 설정합니다.

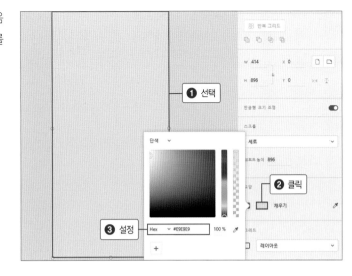

03 사각형 도구(□)를 선택하고 아트보드에 드래그하여 W/H가 '414, 100' 크기인 직사각형을 그립니다. 오른쪽 패널에서 채우기의 Hex를 '#768EEC'로 설정합니다.

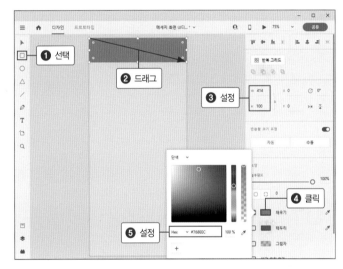

04 텍스트 도구(T)를 선택하고 아트보드에 클릭하여 'Cindy'를 입력합니다. 펜 도구(✐)를 선택하고 아트보드에 클릭하여 화살표 모양을 그린 다음 오른쪽 패널에서 테두리의 Hex를 'FFFFFF', 크기를 '2'로 설정합니다. 텍스트와 화살표 오브젝트를 그림과 같이 배치합니다.

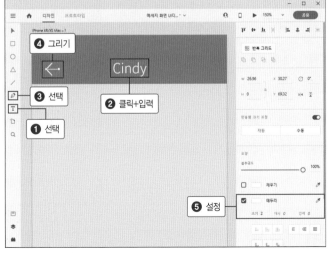

05 타원 도구(◎)를 선택하고 아트보드에 드래그하여 W/H가 '44' 크기인 정원을 그립니다.

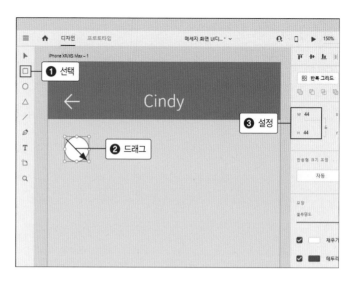

06 사각형 도구(▢)를 선택하고 아트보드에 드래그하여 W/H가 '290, 88' 크기인 직사각형을 그립니다. 오른쪽 패널에서 채우기의 Hex를 '#B2B2B2'로 설정하고 정원 오브젝트의 오른쪽에 배치합니다.

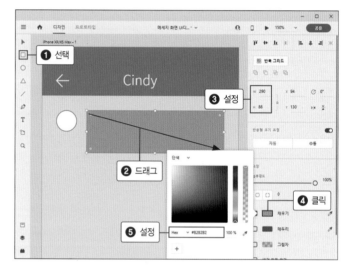

07 오른쪽 패널에서 '모든 모퉁이에 대해 동일한 반경' 아이콘(▢)을 클릭한 다음 '14'로 설정하여 둥근 직사각형으로 만듭니다.

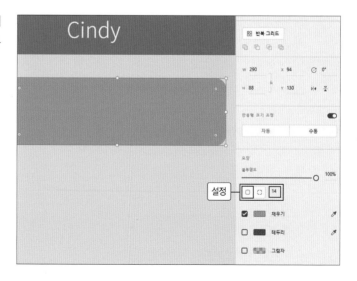

08 다각형 도구(△)를 선택하고 삼각형을 그린 다음 둥근 직사각형 오브젝트의 왼쪽에 배치합니다. 오른쪽 패널에서 채우기의 Hex를 '#B2B2B2'로 설정합니다.

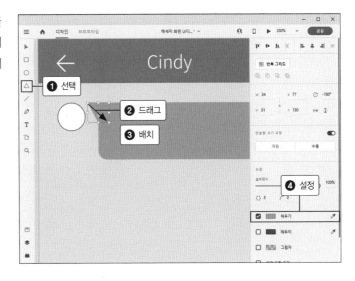

09 말풍선 오브젝트를 선택하고 복사(Ctrl + C), 붙여넣기(Ctrl + V)를 실행한 다음 오른쪽 패널에서 '가로로 뒤집기(▷◁)'를 클릭합니다. 복사한 말풍선 오브젝트를 아래쪽에 배치한 다음 오른쪽 패널에서 채우기의 Hex를 '#768EEC'로 설정합니다.

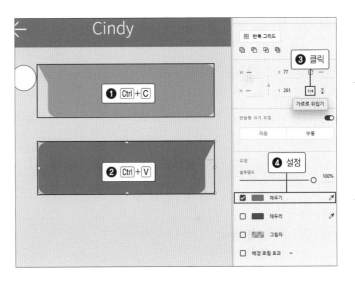

10 타원 도구(○)를 선택하고 아트보드에 드래그하여 W/H가 '44' 크기인 정원을 그린 다음 아래의 말풍선 오브젝트 옆에 배치합니다.

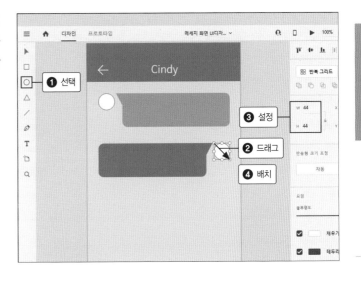

11 예제 폴더에서 '여자1.jpg', '여자2.jpg' 파일을 정원 오브젝트에 하나씩 드래그하여 삽입하고 오른쪽 패널에서 '테두리'를 체크 해제합니다.

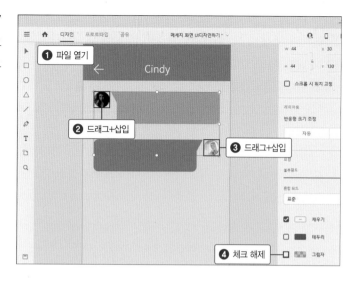

12 선 도구(⬚)를 선택하고 아트보드에 드래그하여 길이가 '126'인 가로 선을 두 개 그립니다. 오른쪽 패널에서 테두리의 Hex를 '#363636', 크기를 '2'로 설정합니다. 텍스트 도구(T)를 선택하고 'Today'를 입력한 다음 가로 선 가운데에 배치합니다.

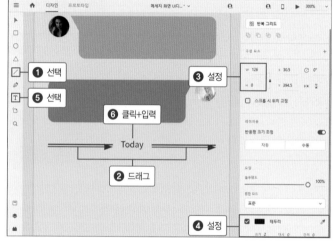

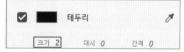

13 05번~08번 과정을 참고하여 그림과 같이 오브젝트를 만듭니다.

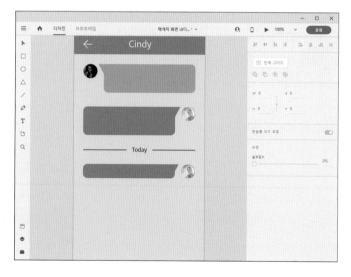

01 사각형 도구(□)를 선택하고 W/H가 '414, 90' 크기인 직사각형을 그립니다. 오른쪽 패널에서 채우기의 Hex를 '흰색'으로 설정하고 화면 아래쪽에 배치합니다.

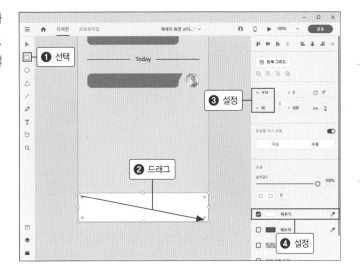

02 사각형 도구(□)를 선택하고 W/H가 '280, 40' 크기인 직사각형을 그립니다. 오른쪽 패널에서 '채우기'를 체크 해제한 다음 테두리의 Hex를 '#768EEC', 크기를 '2'로 설정합니다.

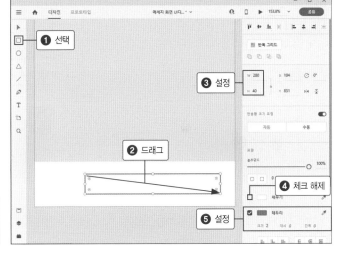

03 오른쪽 패널에서 '모든 모퉁이에 대해 동일한 반경' 아이콘(□)을 클릭한 다음 '10'으로 설정하여 둥근 직사각형을 만듭니다.

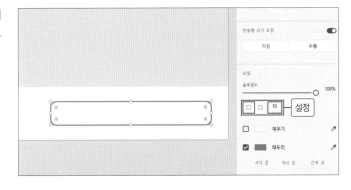

04 사각형 도구(▢)를 선택하고 W/H가 '40' 크기인 직사각형을 그립니다. 오른쪽 패널에서 채우기의 Hex를 '#768EEC', 테두리의 Hex를 '#768EEC', 크기를 '2'로 설정합니다.

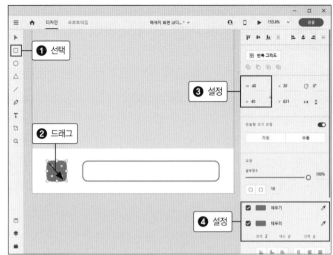

05 선 도구(╱)를 선택하고 길이가 '20'인 가로 선, 세로 선을 그려 '+'모양을 만듭니다. 오른쪽 패널에서 테두리의 Hex를 '흰색', 크기를 '2'로 설정한 다음 '+'모양을 둥근 사각형 위에 배치합니다.

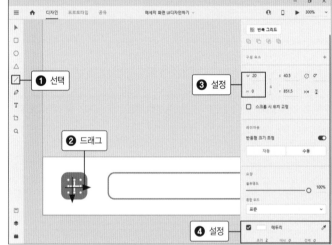

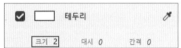

06 메시지 앱 화면 디자인이 완성되었습니다.

카메라 앱 화면 UI 디자인하기

어도비 XD 기본

UI 아이콘 제작

애니메이션 제작

페이지 디자인

인터랙션 디자인

UI 디자인

실무 프로젝트

다양한 도형 도구를 활용 및 모양으로 마스크 적용하기를 하여 오브젝트를 편집하고 카메라 앱 촬영 모드 UI를 디자인합니다. 그리고 투명도 조절 및 오브젝트 회전 툴을 활용하여 카메라 앱 편집 모드 UI를 디자인합니다.

● 예제파일 : 사진.jpg
완성파일 : 카메라촬영_완성.xd
　　　　　 카메라편집_완성.xd

---

01 따라하기 | 카메라 앱 촬영 화면 UI 디자인하기

01 시작 화면에서 'iPhone XR/XS Max/11 (414x896)'을 선택하여 새로운 아트보드를 만듭니다.

02 예제 폴더에서 '사진.jpg' 파일을 아트보
드에 드래그하여 배치합니다.

03 사각형 도구(□)를 선택하고 아트보드
에 드래그하여 W/H가 '414, 170' 크기인
직사각형을 그립니다. 오른쪽 패널에서 채우기
의 Hex를 '#000000', 불투명도를 '50%'로 설정
하고 아트보드 아래쪽에 배치합니다.

04 사각형 도구(□)를 선택하고 W/H가
'414, 110' 크기인 직사각형을 그립니다.
오른쪽 패널에서 채우기의 Hex를 '#000000',
불투명도를 '50%'로 설정하고 아트보드 위쪽에
배치합니다.

05 타원 도구(⊙)를 선택하고 W/H가 '52'
크기인 정원을 그립니다. 오른쪽 패널에
서 채우기의 Hex를 '#FFFFFF'로 설정하고 아
트보드에서 아래쪽 사각형 오브젝트의 가운데
에 배치합니다.

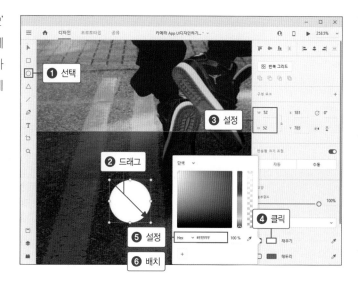

06 타원 도구(⊙)를 선택하고 W/H가 '68'
크기인 징원을 그립니다. 오른쪽 패널에
서 테두리의 Hex를 '#FFFFFF', 크기를 '3'으로
설정하고 아래쪽 사각형 오브젝트의 가운데에
배치합니다.

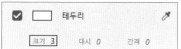

07 사각형 도구(□)를 선택하고 W/H가
'54' 크기인 정사각형을 그립니다. 테두
리의 Hex를 '#FFFFFF', 크기를 '2'로 설정하고
아래쪽 정원 오브젝트의 왼쪽에 배치합니다.

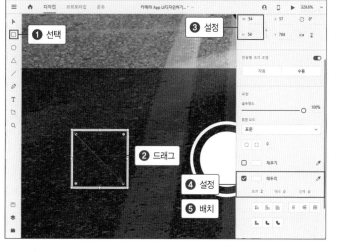

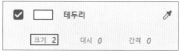

어도비 XD 기본

UI 아이콘 제작

애니메이션 제작

페이지 디자인

인터랙션 디자인

UI 디자인

실무 프로젝트

08 사각형 도구(□)를 선택하고 W/H가 '54, 18' 크기인 직사각형을 그립니다. 오른쪽 패널에서 테두리의 Hex를 '#FFFFFF', 크기를 '2'로 설정하고 정사각형 오브젝트의 가운데에 배치합니다.

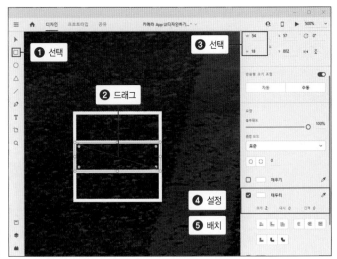

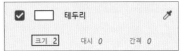

09 사각형 도구(□)를 선택하고 W/H가 '18, 54' 크기인 직사각형을 그립니다. 오른쪽 패널에서 테두리의 Hex를 '#FFFFFF', 크기를 '2'로 설정하고 배치한 다음 그룹((Ctrl)+(G))으로 지정합니다.

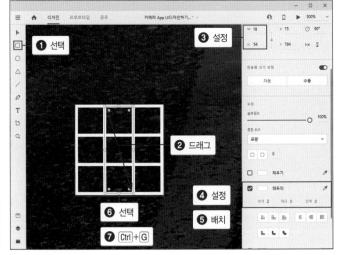

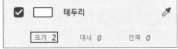

10 타원 도구(○)를 선택하고 W/H가 '52' 크기인 정원을 그린 다음 오른쪽 패널에서 테두리의 Hex를 '#FFFFFF', 크기를 '2'로 설정합니다.

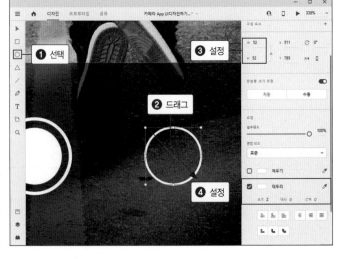

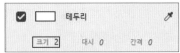

11 타원 도구(◯)를 선택하고 W/H가 '52' 크기인 정원을 그립니다. 오른쪽 패널에서 채우기의 Hex를 '#FFFFFF', 알파를 '50%', 테두리의 Hex를 '#FFFFFF', 크기를 '2'로 설정합니다.

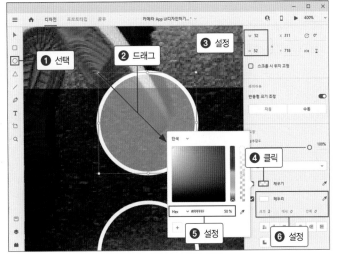

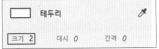

12 사각형 도구(▢)를 선택하고 정원 오브젝트의 가운데에서부터 드래그하여 직사각형을 그립니다. 직사각형과 정원 오브젝트를 같이 선택합니다.

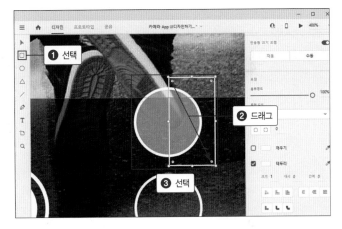

13 모양으로 마스크 만들기(Shift+Ctrl+M)를 실행하여 마스크를 적용합니다.

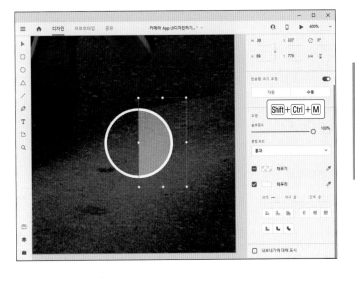

어도비 XD 기본

UI 아이콘 제작

애니메이션 제작

페이지 디자인

인터랙션 디자인

UI 디자인

실무 프로젝트

14 선 도구(⬚)를 선택하고 아트보드에 드래그하여 길이가 '66'인 세로 선을 그립니다. 오른쪽 패널에서 테두리의 Hex를 '#FFFFFF', 크기를 '2'로 설정하고 가운데에 배치합니다.

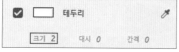

15 펜 도구(⬚)를 선택하고 아트보드에 클릭하여 그림과 같이 번개 모양 아이콘을 그립니다. 오른쪽 패널에서 테두리의 Hex를 '#FFFFFF', 크기를 '2'로 설정한 다음 아트보드 위쪽의 사각형 오브젝트 가운데에 배치합니다.

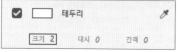

16 타원 도구(⬚)를 선택하고 W/H가 '40' 크기인 정원을 그립니다. 오른쪽 패널에서 테두리의 Hex를 '#FFFFFF', 크기를 '2'로 설정하고 번개 아이콘의 왼쪽에 배치합니다.

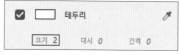

어도비 XD 기본

UI 아이콘 제작

애니메이션 제작

페이지 디자인

인터랙션 디자인

UI 디자인

실무 프로젝트

17 펜 도구(✐)를 선택하고 아트보드에 클릭하여 정원의 가운데에서부터 시작해서 그림과 같은 오브젝트를 그린 다음 16번~17번 오브젝트를 같이 선택합니다.

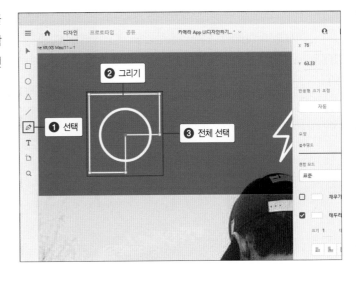

18 모양으로 마스크 만들기(Shift+Ctrl+M)를 실행하여 마스크를 적용합니다.

19 펜 도구(✐)를 선택하고 'V' 모양을 그린 다음 오른쪽 패널에서 테두리의 Hex를 '#FFFFFF', 크기를 '2'로 설정하여 18번에서 마스크를 적용한 오브젝트와 그룹(Ctrl+G)으로 지정합니다.

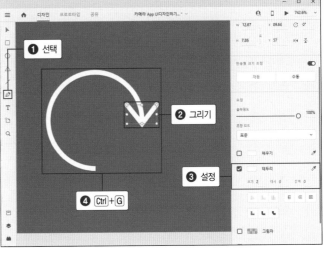

20 선 도구(✏️)를 선택하고 길이가 '30'인 직선을 'X' 모양으로 그립니다. 번개 아이콘의 오른쪽에 배치한 다음 작업을 마무리합니다.

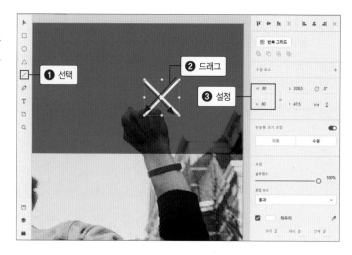

02 따라하기 카메라 앱 편집 화면 UI 디자인하기

01 시작 화면에서 'iPhone XR/XS Max/11 (414x896)'을 선택하여 새로운 아트보드를 만듭니다. 예제 폴더에서 '사진.jpg' 파일을 아트보드에 드래그합니다.

02 사각형 도구(⬜)를 선택하고 아트보드에 드래그하여 W/H가 '414, 170' 크기인 직사각형을 그립니다. 오른쪽 패널에서 채우기의 Hex를 '#FFFFFF'로 설정하고 아트보드의 아래쪽에 배치합니다.

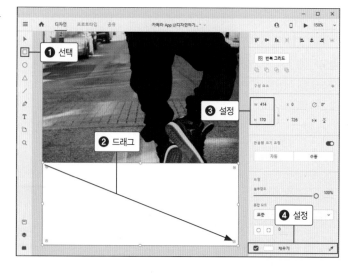

03 타원 도구(◯)를 선택하고 W/H가 '68' 크기인 정원을 그립니다. 오른쪽 패널에서 채우기의 Hex를 '#000000'로 설정하고 사각형 오브젝트의 가운데에 배치합니다.

04 타원 도구(◯)를 선택하고 W/H가 '36' 크기인 정원을 그립니다. 오른쪽 패널에서 테두리의 Hex를 '#FFFFFF', 크기를 '3'으로 설정하고 검은색 정원 오브젝트의 가운데에 배치합니다.

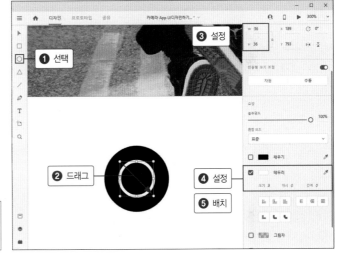

05 타원 도구(◯)를 선택하고 W/H가 '24' 크기인 정원을 3개 그린 다음 오른쪽 패널에서 채우기의 Hex를 '#000000'로 설정합니다.

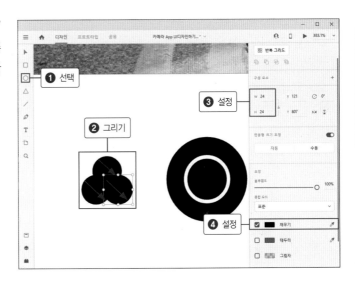

어도비 XD 기본

UI 아이콘 제작

애니메이션 제작

페이지 디자인

인터랙션 디자인

UI 디자인

실무 프로젝트

06 제일 위쪽의 정원 오브젝트부터 시계방 향으로 순서대로 선택하고 오른쪽 패널 에서 불투명도를 '20%', '40%', '60%'로 설정한 다음 그룹((Ctrl)+(G))으로 지정합니다.

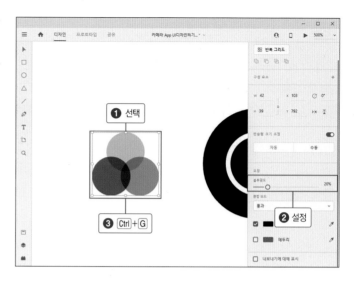

07 타원 도구((○))를 선택하고 W/H가 '25' 크기인 정원을 그립니다. 오른쪽 패널에 서 테두리의 Hex를 '#000000', 크기를 '2'로 설 정하고 그룹으로 지정한 3개의 정원 왼쪽에 배 치합니다.

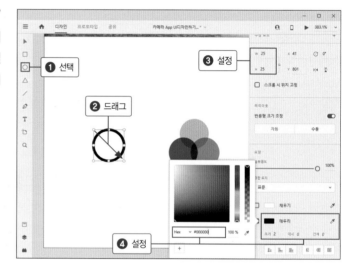

08 선 도구((／))를 선택하고 오른쪽 패널에 서 테두리의 Hex를 '#000000', 크기를 '2'로 설정한 다음 아트보드에 드래그하여 세로 선 오브젝트를 그립니다. 세로 선을 정원 오브젝 트의 가운데 정렬(가로)((♣))하고 그룹((Ctrl)+(G)) 으로 지정합니다.

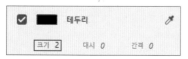

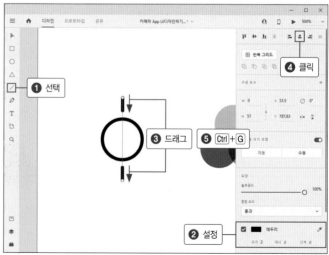

09 세로 선 오브젝트를 복사(Ctrl+C), 붙여넣기(Ctrl+V)를 하고 오른쪽 패널에서 회전을 '45' 각도로 적용하고 같은 방법으로 '90' 각도, '145' 각도를 실행하여 오브젝트를 복사하고 그룹(Ctrl+G)으로 지정합니다.

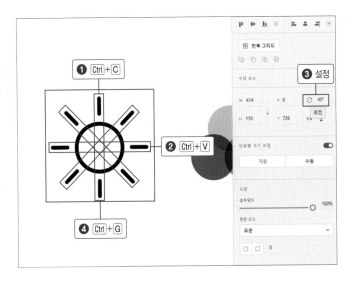

10 펜 도구(✏️)를 선택하고 아트보드에 클릭하여 'ㄴ' 모양을 그립니다. 오른쪽 패널에서 테두리의 Hex를 '#000000', 크기를 '2'로 설정합니다.

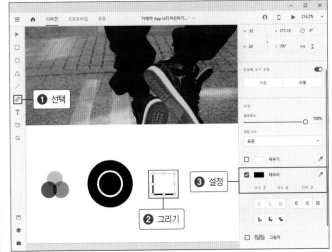

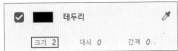

11 10번과 같은 방법으로 'ㄱ' 모양을 겹치게 그린 다음 선 오브젝트를 모두 선택하고 그룹(Ctrl+G)으로 지정합니다.

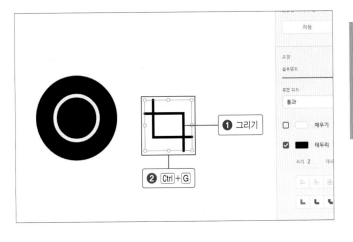

어도비 XD 기본

UI 아이콘 제작

애니메이션 제작

페이지 디자인

인터랙션 디자인

UI 디자인

실무 프로젝트

12 타원 도구(⬭)를 선택하고 W/H가 '10' 크기인 정원을 가로로 3개를 그립니다. 오른쪽 패널에서 채우기의 Hex를 '#000000'로 설정한 다음 그룹((Ctrl)+(G))으로 지정하고 흰색 사각형 오브젝트의 오른쪽에 배치합니다.

13 선 도구(⬋)를 선택하고 길이가 '285'인 가로 선을 그립니다. 오른쪽 패널에서 테두리의 Hex를 '#FFFFFF', 크기를 '2', 불투명도를 '80%'로 설정한 다음 사각형 오브젝트 위쪽에 배치합니다.

14 타원 도구(⬭)를 선택하고 W/H가 '18' 크기인 정원을 그립니다. 오른쪽 패널에서 채우기의 Hex를 '#FFFFFF'로 설정합니다.

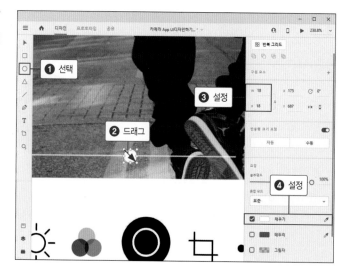

15 타원 도구(◯)를 선택하고 W/H가 '32' 크기인 정원을 그립니다. 오른쪽 패널에서 채우기의 Hex를 '#FFFFFF', 불투명도를 '60%'로 설정합니다.

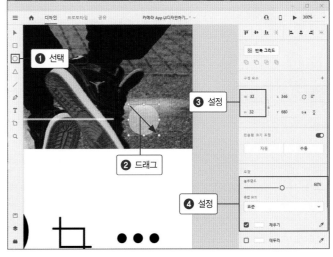

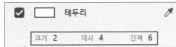

16 타원 도구(◯)를 선택하고 W/H가 '32' 크기인 정원을 그립니다. 오른쪽 패널에서 테두리의 Hex를 '#FFFFFF', 크기를 '2', 대시를 '4', 간격을 '6'으로 설정합니다.

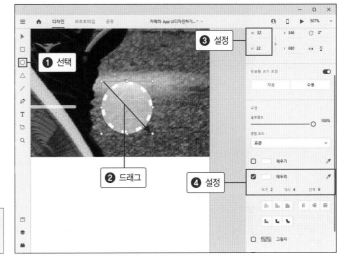

17 선 오브젝트의 오른쪽에 배치하여 작업을 마무리합니다.

어도비 XD 기본

UI 아이콘 제작

애니메이션 제작

페이지 디자인

인터랙션 디자인

UI 디자인

실무 프로젝트

커피 앱 주문 화면 UI 디자인하기

도형에 이미지를 적용하고 사각형 도구와 모퉁이 반경 기능을 활용하여 커피 앱 주문 화면의 상세 메뉴 UI를 디자인합니다. 그리고 도형에 이미지를 적용 및 편집하고 반복 그리드를 활용하여 커피 앱 주문 화면의 전체 메뉴 UI를 디자인합니다.

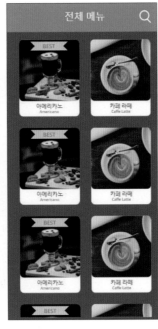

예제파일 : 아메리카노.jpg
카페라떼.jpg
완성파일 : 커피상세_완성.xd
커피전체_완성.xd

01 커피 앱 주문 화면 상세 메뉴 UI 디자인하기
따라하기

01 시작 화면에서 'iPhone XR/XS Max/11 (414x896)'을 선택하여 새로운 아트보드를 만듭니다.

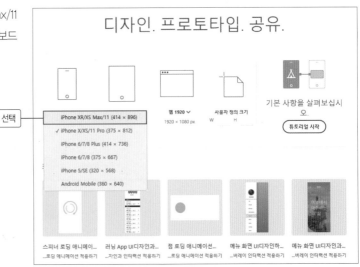

02 아트보드의 배경을 클릭하여 선택한 다음 오른쪽 패널에서 채우기의 Hex를 '#8F8F8F'로 설정합니다.

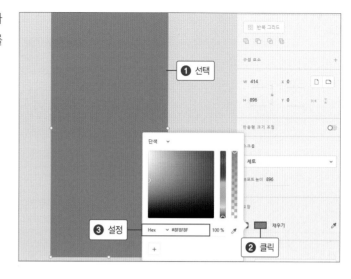

03 사각형 도구(□)를 선택하고 아트보드에 드래그하여 W/H가 '414, 434' 크기인 사각형을 그립니다.

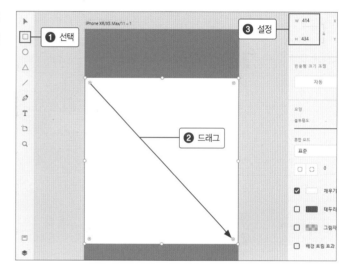

04 예제 폴더에서 '아메리카노.jpg' 파일을 사각형 오브젝트에 드래그하여 삽입합니다.
텍스트 도구(T)를 선택하고 아트보드에 클릭하여 '아메리카노', 'Americano'를 입력하고 채우기의 Hex를 '흰색'으로 설정한 다음 '가운데(가로) 정렬' 아이콘(◈)을 클릭하여 정렬합니다.

05 사각형 도구(□)를 선택하고 W/H가 '70, 48' 크기인 사각형을 그립니다. 오른쪽 패널에서 채우기의 Hex를 '흰색', '모든 모퉁이에 대해 동일한 반경 아이콘'(□)을 클릭한 다음 '10'으로 설정합니다.

06 오른쪽 패널에서 불투명도를 '50%'로 설정합니다.
텍스트 도구(T)를 선택하고 'S'를 입력하여 채우기의 Hex를 '흰색'으로 설정합니다.

07 06번과 같은 방법으로 둥근 사각형 오브젝트를 만듭니다. 오른쪽 패널에서 채우기의 Hex를 '#625C49', 테두리의 Hex를 '흰색', 크기를 '2', 불투명도를 '50%'로 설정합니다.
텍스트 도구(T)를 선택하고 'M'을 입력합니다.

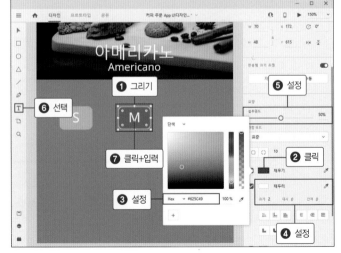

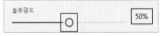

08 06번과 같은 방법으로 둥근 사각형 오
브젝트를 만들고 'L'을 입력합니다.

09 사각형 도구(□)를 선택하고 아트보드
에 드래그하여 W/H가 '164, 55' 크기인
직사각형을 그립니다. 오른쪽 패널에서 채우기
의 Hex를 '#78000C', 모든 모퉁이에 대해 동일
한 반경(□)을 '10'으로 설정합니다.

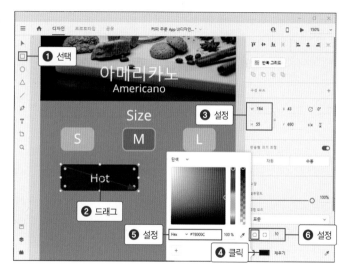

10 텍스트 도구(T)를 선택하고 'Hot'을 입
력한 다음 채우기의 Hex를 '흰색'으로
설정합니다.

11 09번과 같은 방법으로 둥근 사각형 오
브젝트를 만들고 오른쪽 패널에서 채우
기의 Hex를 '흰색', 불투명도를 '50%', 모든 모
퉁이에 대해 동일한 반경(□)을 '10'으로 설정합
니다.

12 텍스트 도구(T)를 선택하고 'Ice'를 입
력한 다음 채우기의 Hex를 '흰색'으로
설정합니다.

13 사각형 도구(□)를 선택하고 W/H가
'164, 55' 크기인 직사각형을 그립니다.
오른쪽 패널에서 테두리의 Hex를 '#1657B9', 크
기를 '2'로 설정합니다.

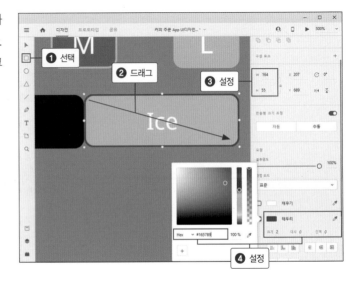

14 사각형 도구(□)를 선택하고 W/H가 '328, 55' 크기인 직사각형을 그립니다. 오른쪽 패널에서 채우기의 Hex를 '#625C49', 모든 모퉁이에 대해 동일한 반경(□)을 '10'으로 설정합니다.

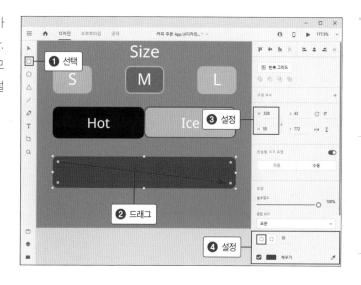

15 사각형 도구(□)를 선택하고 W/H가 '204, 55' 크기인 직사각형을 그립니다. 오른쪽 패널에서 채우기의 Hex를 '흰색', 불투명도를 '50%', 모든 모퉁이에 대해 동일한 반경(□)을 '10'으로 설정합니다. 텍스트 도구(T)를 선택하고 '주문', '4,200원'을 입력합니다.

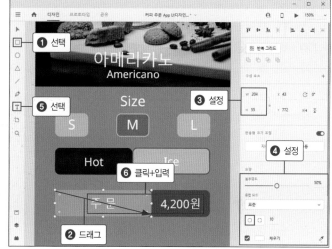

16 펜 도구(⌖)를 선택하고 '〈' 모양을 그립니다. 오른쪽 패널에서 테두리의 Hex를 '흰색', 크기를 '3'으로 설정합니다.

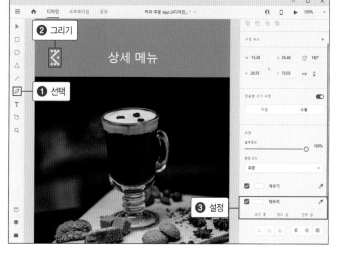

17 텍스트 도구(T)를 선택하고 '상세 메뉴'를 입력한 다음 오른쪽 패널에서 채우기의 Hex를 '흰색'으로 설정합니다.

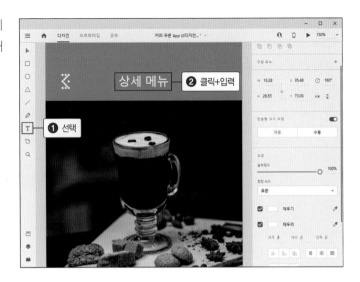

18 다각형 도구(△)를 선택하고 삼각형 2개를 그린 다음 채우기의 Hex를 '흰색'으로 설정합니다. 삼각형 1개를 선택하고 세로로 뒤집기(⯐)를 합니다.

19 두 개의 삼각형 오브젝트를 그림과 같이 배치하고 작업을 마무리합니다.

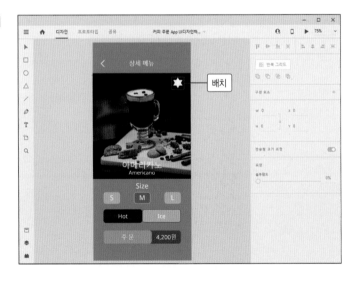

02 커피 앱 주문 화면 전체 메뉴 UI 디자인하기
따라하기

01 시작 화면에서 'iPhone XR/XS Max/11 (414x896)'을 선택하여 새로운 아트보드 를 만듭니다.

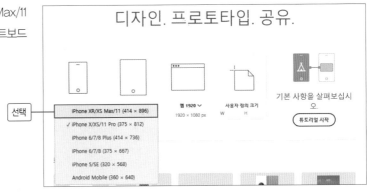

02 아트보드의 배경을 클릭하여 선택한 다 음 오른쪽 패널에서 채우기의 Hex를 '#8F8F8F'로 설정합니다.

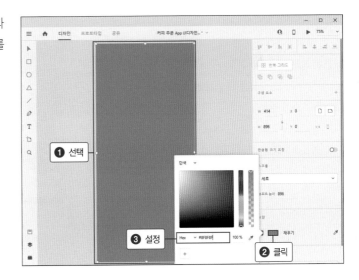

03 사각형 도구(□)를 선택하고 W/H가 '414, 770', 크기인 직사각형을 그립니다. 오른쪽 패널에서 채우기의 Hex를 '#625C49'로 설정합니다. 텍스트 도구(T)를 선택하고 아트 보드에 클릭하여 '전체 메뉴'를 입력한 다음 채 우기의 Hex를 '흰색'으로 지정하고 위쪽에 배치 합니다.

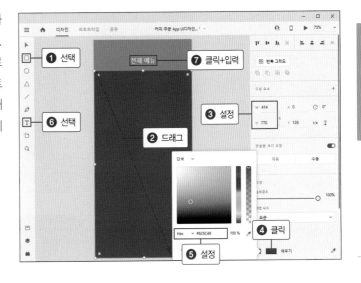

04 사각형 도구(□)를 선택하고 W/H가 '160' 크기인 정사각형을 그립니다. 오른쪽 패널에서 '모든 모퉁이에 대해 동일한 반경' 아이콘(□)을 클릭한 다음 '10'으로 설정하고 예제 폴더에서 '아메리카노.jpg' 파일을 정사각형 오브젝트에 드래그하여 삽입합니다.

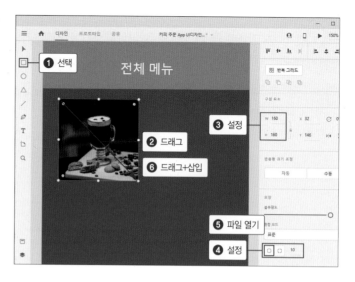

05 사각형 도구(□)를 선택하고 W/H가 '160, 200' 크기인 직사각형을 그립니다. 오른쪽 패널에서 채우기의 Hex를 '#FFFFFF' 로 설정하고 '모든 모퉁이에 대해 동일한 반경' 아이콘(□)을 클릭한 다음 '10'으로 설정합니다. 텍스트 도구(T)를 선택하고 '아메리카노', 'Americano'를 입력한 다음 채우기의 Hex를 '#625C49'로 설정하고 이미지 오브젝트의 아래쪽에 배치합니다.

06 04번~05번 과정을 반복하여 오브젝트를 만든 다음 예제 폴더에서 '카페 라떼.jpg' 파일을 드래그하여 삽입합니다. 텍스트 도구(T)를 선택하고 '카페 라떼', 'Caffe Latte' 를 입력한 다음 오브젝트 사이의 간격을 '30' 크기로 설정합니다.

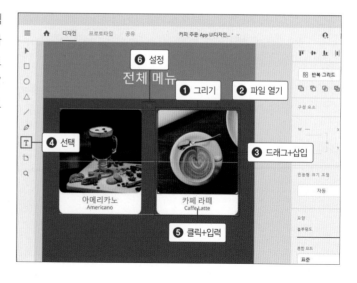

어도비 XD 기본

UI 아이콘 제작

애니메이션 제작

페이지 디자인

인터랙션 디자인

UI 디자인

실무 프로젝트

07 사각형 도구(□)를 선택하고 W/H가 '100, 23', 크기인 직사각형을 그립니다. 오른쪽 패널에서 채우기의 Hex를 '흰색'으로 지정합니다. 다각형 도구(△)를 선택하고 삼각형을 두 개 만들어서 흰색 사각형 오브젝트의 양 끝에 배치합니다.

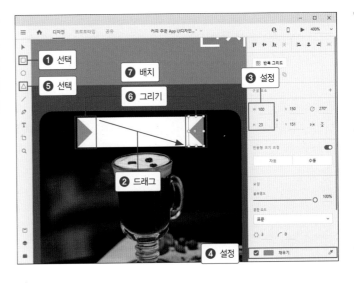

08 삼각형 오브젝트 두 개와 직사각형 오브젝트를 모두 선택하고 오른쪽 패널에서 '오버랩 제외(Ctrl+Alt+X)' 아이콘(□)을 클릭합니다.

09 08번 오브젝트의 오른쪽 패널에서 불투명도를 '80%'로 설정한 다음 텍스트 도구(T)를 선택하고 'BEST'를 입력합니다.

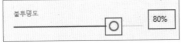

10 아메리카노, 카페 라떼 오브젝트를 모두 선택하고 오른쪽 패널에서 〈반복 그리드〉 버튼을 클릭합니다. 조절점을 아래로 드래그하고 그리드 간격을 '30' 크기로 설정합니다.

11 타원 도구(◯)를 선택하고 W/H가 '27' 크기인 원을 그립니다. 선 도구(／)를 선택하고 대각선을 그린 다음 두 오브젝트를 모두 선택하고 테두리의 Hex를 '흰색', 크기를 '3'으로 설정하여 찾기 아이콘을 만듭니다.

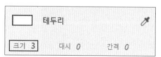

12 찾기 아이콘을 전체 메뉴 텍스트의 오른쪽에 배치하고 작업을 마무리합니다.

04
CHAPTER

조명 앱 화면 UI 디자인하기

오브젝트에 그레이디언트를 적용하고 도형 도구를 활용 및 편집하여 조명 아이콘을 그립니다. 오브젝트 패스의 설정을 변경하여 오브젝트를 변형하고 선 도구를 활용하여 설정 아이콘을 그려 조명 앱 UI를 디자인합니다.

예제파일 : 조명.png
완성파일 : 조명메인_완성.xd
조명설정_완성.xd

01 조명 앱 메인 화면 UI 디자인하기
따라하기

01 시작 화면에서 'iPhone XR/XS Max/11 (414x896)'을 선택하여 새로운 아트보드를 만듭니다.

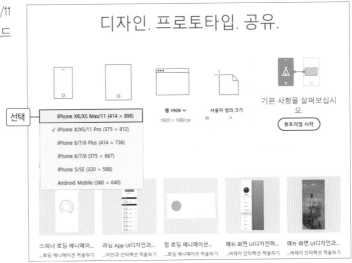

02 아트보드를 선택하고 오른쪽 패널에 서 채우기를 '방사형 그레이디언트'로 지정합니다. 컬러 바의 왼쪽 조절점의 Hex를 '#75FFDE', 오른쪽 조절점의 Hex를 '#3005BF' 로 설정한 다음 아트보드 왼쪽 가운데에서부터 대각선으로 그러데이션을 적용합니다.

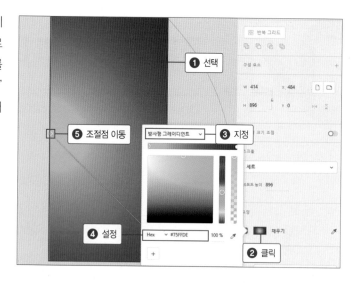

03 타원 도구(⬭)를 선택하고 아트보드에 드래그하여 W/H가 '290' 크기인 정원을 그립니다. 오른쪽 패널에서 채우기를 '선형 그레 이디언트'로 지정합니다. 컬러 바의 왼쪽 조절점 의 Hex를 '#75FFDE', 오른쪽 조절점의 Hex를 '#3005BF'로 설정합니다. 정원 오브젝트의 가운 데에서 아래로 드래그하여 그러데이션을 적용 합니다.

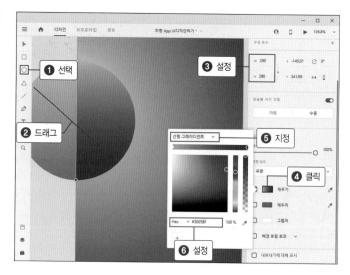

04 W/H가 '308' 크기인 정원을 그립니 다. 오른쪽 패널에서 테두리의 Hex를 '#75FFDE', 크기를 '2'로 설정하고 03번 정원 오브젝트의 가운데에 오도록 정렬합니다.

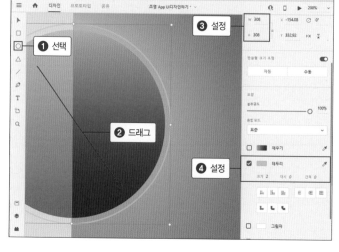

오토데스크 XD 기본

UI 아이콘 제작

애니메이션 제작

페이지 디자인

인터랙션 디자인

UI 디자인

실무 프로젝트

05 W/H가 '334' 크기인 정원을 그립니다. 오른쪽 패널에서 테두리의 Hex를 '#4969C4', 크기를 '3'으로 설정합니다. 같은 방법으로 W/H가 '376' 크기인 정원을 그린 다음 테두리의 Hex를 '#3005BF', 크기를 '3'으로 설정합니다. 03번 ~04번 정원 오브젝트의 가운데에 오도록 정렬합니다.

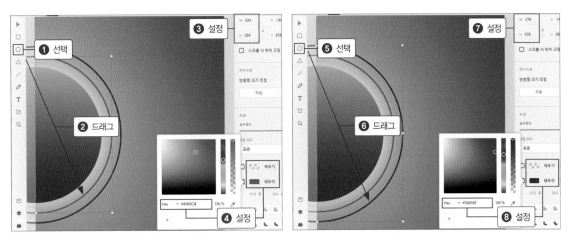

06 W/H가 '68' 크기인 정원을 그립니다. 오른쪽 패널에서 테두리의 Hex를 '흰색', 크기를 '3'으로 설정합니다.

07 사각형 도구(□)를 선택하고 W/H가 '36, 60' 크기인 직사각형을 그립니다. 오른쪽 패널에서 테두리의 Hex를 '흰색', 크기를 '3', 모든 모퉁이에 대해 동일한 반경(□)을 '3'으로 설정한 다음 그림과 같이 배치합니다. 정원과 직사각형 오브젝트를 선택합니다.

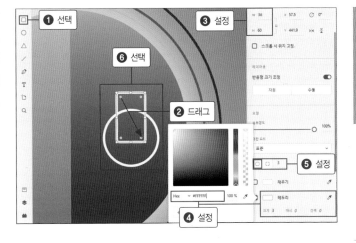

08 오른쪽 패널에서 '추가([Ctrl]+[Alt]+[U])' 아이콘(🗐)을 클릭하여 오브젝트를 합칩니다.

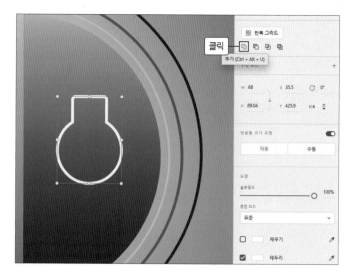

09 다각형 도구(△)를 선택하고 삼각형 오브젝트를 그립니다.

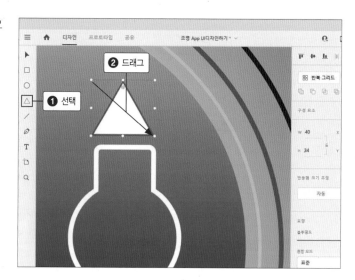

10 오른쪽 패널에서 코너 카운트를 '5'로 설정하여 오각형으로 변경합니다. 테두리의 Hex를 '흰색', 크기를 '3'으로 설정합니다.

11 선택 도구(▶)를 선택하고 오각형 오브
젝트를 더블클릭하면 기준점 수정이 가
능합니다. 오각형 위쪽의 기준점을 선택하고 삭
제하여 사다리꼴 모양으로 변형합니다.

12 사다리꼴 오브젝트를 '세로로 뒤집기'
아이콘(⊠)을 클릭하고 그림과 같이 축
소 및 배치합니다.

13 선 도구(/)를 선택하고 테두리의 Hex
를 '흰색', 크기를 '3'으로 설정한 다음
아트보드에 드래그하여 대각선 2개를 그려 전구
의 나선 모양을 표현합니다.

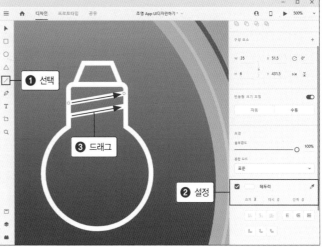

14 펜 도구(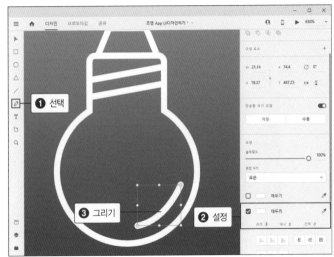)를 선택하고 테두리의 Hex
를 '흰색', 크기를 '3'으로 설정한 다음
아트보드에 클릭 및 드래그하여 전구가 반짝이
는 효과를 표현합니다.

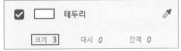

15 W/H가 '290' 크기인 정원 오브젝트를
선택하고 오른쪽 패널에서 그림자의
Hex를 '흰색', X를 '0', Y를 '0', B를 '50'으로 설
정하여 입체감을 표현합니다.

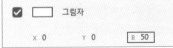

16 타원 도구(◯)를 선택하고 W/H가 '54'
크기인 정원 오브젝트를 그립니다. 오른
쪽 패널에서 채우기의 Hex를 '#75FFDE'로 설
정한 다음 가장 큰 정원 오브젝트의 위쪽에 배
치합니다. 텍스트 도구(T)를 선택하고 '거실 천
정 조명'을 입력합니다.

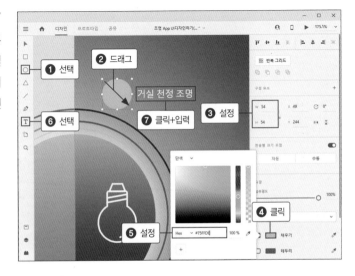

17 16번과 같은 방법으로 정원 오브젝트를 그리고 텍스트 도구(T)를 선택한 다음 '부엌 천정 조명', '방1 천정 조명', '방2 천정 조명', '방3 천정 조명'을 입력합니다.

> **TIP**
>
> 정원 오브젝트의 컬러는 스포이드 도구(✐)를 선택해 그레이디언트 정원 오브젝트에서 추출하여 적용합니다.

18 전구 아이콘을 5개 복사하고 오른쪽 패널에서 테두리의 크기를 '1'로 변경한 다음 축소하여 작은 정원 오브젝트에 그림과 같이 배치합니다.

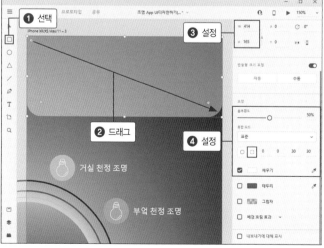

19 사각형 도구(□)를 선택하고 W/H가 '414, 165' 크기인 직사각형을 그립니다. 오른쪽 패널에서 채우기의 Hex를 '흰색', 불투명도를 '50%', 각 모퉁이에 대해 다른 반경(◻)을 '0', '0', '30', '30'으로 설정한 다음 아트보드의 가장 위쪽에 배치합니다.

어도비 XD 기본

UI 아이콘 제작

애니메이션 제작

페이지 디자인

인터랙션 디자인

UI 디자인

실무 프로젝트

20 사각형 도구를 선택하고 W/H가 '110, 42' 크기인 직사각형으로 그리고 채우기의 Hex를 '#000000', 알파를 '50%', 모든 모퉁이에 대해 동일한 반경(□)을 '26'으로 변경하여 오브젝트를 변형합니다. 텍스트 도구(T)를 선택하고 '모든 조명'을 입력한 다음 그림과 같이 배치합니다.

21 타원 도구(○)를 선택하고 W/H가 '36' 크기인 정원을 그리고 채우기의 Hex를 '#FFFFFF', 그림자의 Hex를 '#000000', 알파를 '45%', X를 '-5', Y를 '0', B를 '5'로 설정합니다.

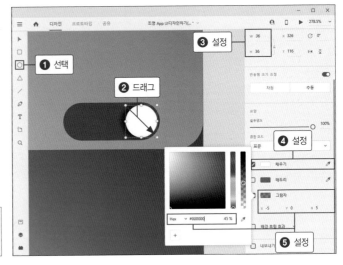

22 그림과 같이 둥근 직사각형을 위에 배치하고 작업을 마무리합니다.

어도비 XD 기본

UI 아이콘 제작

애니메이션 제작

페이지 디자인

인터랙션 디자인

UI 디자인!

실무 프로젝트

02 조명 앱 설정 화면 UI 디자인하기

따라하기

01 시작 화면에서 'iPhone XR/XS Max/11 (414x896)'을 선택하여 새로운 아트보드를 만듭니다.

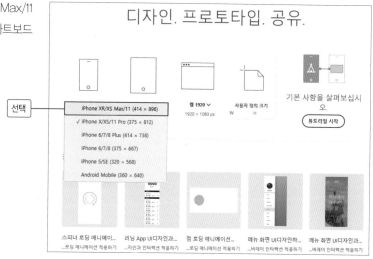

02 아트보드를 선택하고 오른쪽 패널에서 채우기의 Hex를 '#707070'로 설정합니다.

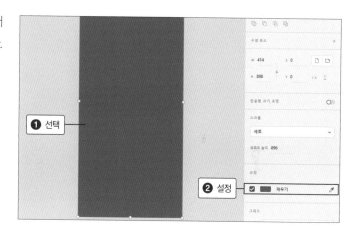

03 사각형 도구(□)를 선택하고 아트보드에 드래그하여 W/H가 '414, 278' 크기인 직사각형을 그립니다. 오른쪽 패널에서 채우기의 Hex를 '#3005BF', 각 모퉁이에 대해 다른 반경(□)을 '0', '0', '30', '30'으로 변경하여 오브젝트를 변형하고 아트보드 위쪽에 배치합니다.

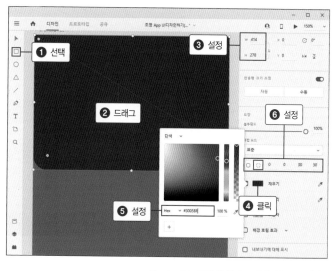

04 완성 폴더에서 '조명메인_완성.xd' 파일 위쪽의 '보라색 오브젝트', '모든 조명 텍스트', '버튼 오브젝트'를 복사하여 배치합니다.

05 사각형 도구(□)를 선택하고 W/H가 '316, 42' 크기인 직사각형을 그립니다. 오른쪽 패널에서 채우기를 '선형 그레이디언트'로 지정하고 왼쪽 조절점의 Hex를 '#62C8C9', 오른쪽 조절점의 Hex를 '#FFFFFF'로 설정하여 그러데이션을 적용합니다.

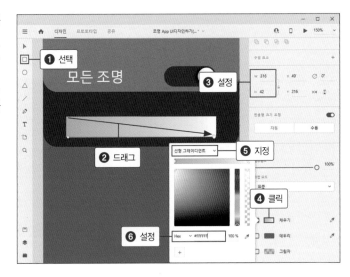

06 오른쪽 패널에서 '모든 모퉁이에 대해 동일한 반경' 아이콘(□)을 클릭한 다음 '21'로 설정합니다. 텍스트 도구(T)를 선택하고 '방3 천정 조명'을 입력하여 그러데이션 오브젝트의 위쪽에 배치합니다.

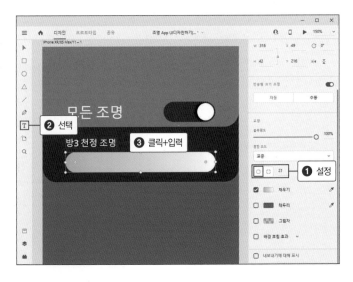

07 타원 도구(◯)를 선택하고 W/H가 '36' 크기인 정원을 그립니다. 오른쪽 패널에서 채우기의 Hex를 '#FFFFFF', 그림자의 Hex를 '#000000', 알파를 '45%', X를 '-2', Y를 '0', B를 '5'로 설정합니다.

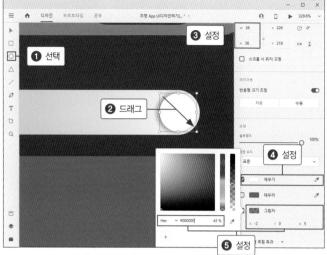

08 예제 폴더에서 '조명.png' 파일을 불러옵니다. 오른쪽 패널에서 그림자의 Hex를 '#000000', X를 '5', Y를 '5', B를 '25'로 설정합니다.

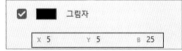

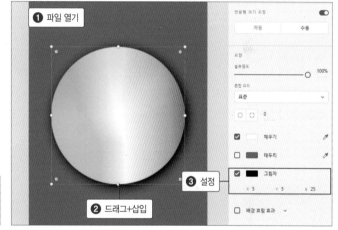

09 타원 도구(◯)를 선택하고 W/H가 '48' 크기인 정원을 그립니다. 오른쪽 패널에서 채우기의 Hex를 '#3005BF'로 설정합니다.

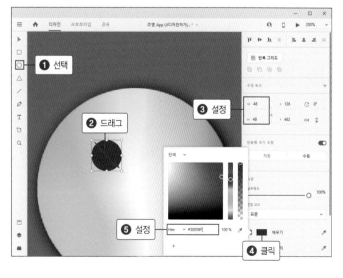

에어비 XD 기본

UI 아이콘 제작

애니메이션 제작

페이지 디자인

인터랙션 디자인

UI 디자인

실무 프로젝트

10 09번의 정원 오브젝트를 더블클릭하고 아래쪽 기준점을 더블클릭하면 모양이 각지게 변형됩니다. 아래쪽 기준점을 드래그하여 마커 모양으로 변형합니다.

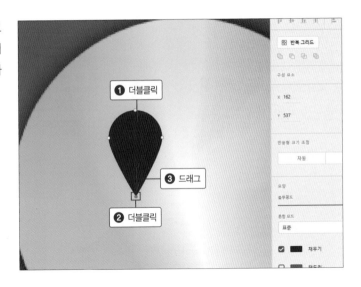

11 타원 도구(◯)를 선택하고 W/H가 '38' 크기인 정원을 그립니다. 오른쪽 패널에서 채우기의 Hex를 '#FFFFFF'로 설정합니다. 완성 폴더에서 '조명메인_완성.xd' 파일의 전구 아이콘을 복사하여 붙여 넣은 다음 테두리의 Hex를 '#3005BF'로 설정하고 배치합니다.

12 조명 아이콘을 선택하고 오른쪽 패널에서 그림자의 Hex를 '#000000', X를 '5', Y를 '5', B를 '25'로 설정하여 입체감을 표현합니다.

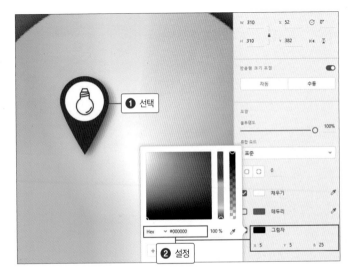

13 타원 도구(◯)를 선택하고 W/H가 '50' 크기인 정원을 그립니다. 오른쪽 패널에서 채우기의 Hex를 '#303030'로 설정합니다.

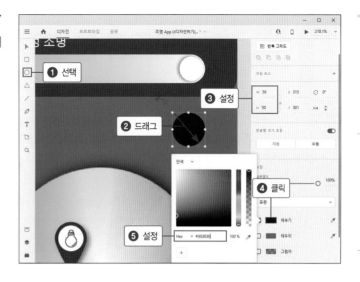

14 선 도구(／)를 선택하고 화살표 아이콘을 그립니다. 오른쪽 패널에서 테두리의 Hex를 '#FFFFFF', 크기를 '3'으로 설정한 다음 배치합니다.

15 13번~14번과 같은 방법으로 정원을 그립니다. 선 도구(／)를 선택하고 목록 아이콘을 그립니다. 오른쪽 패널에서 테두리의 Hex를 '#FFFFFF', 크기를 '3'으로 설정합니다. 화살표 아이콘의 왼쪽에 배치하고 작업을 마무리합니다.

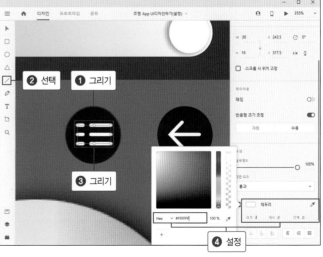

어도비 XD 기본

UI 아이콘 제작

애니메이션 제작

페이지 디자인

인터랙션 디자인

UI 디자인

실무 프로젝트

스마트홈 앱 조절 화면 UI 디자인하기

CHAPTER

오브젝트에 그레이디언트 및 마스크를 적용하고 회전 툴을 활용하여 설정 온도 눈금을 그려서 난방 제어 UI를 디자인합니다. 그리고 오브젝트 편집 및 그림자 효과를 적용하여 입체감 있는 가스 밸브를 그려 가스 제어 UI를 디자인합니다. 정원 오브젝트를 활용하여 삼각형 형태의 아이콘을 그리고 엘리베이터 호출을 나타내는 스마트홈 UI까지 디자인합니다.

● 완성파일
난방_완성.xd
가스_완성.xd
엘리베이터_완성.xd

01 따라하기 | 스마트홈 앱 난방 제어 조절 화면 UI 디자인하기

01 시작 화면에서 'iPhone XR/XS Max/11 (414x896)'을 선택하여 새로운 아트보드를 만듭니다.

02 사각형 도구(□)를 선택하고 아트보드에 드래그하여 W/H가 '414, 790' 크기인 직사각형을 그립니다. 오른쪽 패널에서 채우기의 Hex를 '#BFBFBF'로 설정한 다음 텍스트 도구(T)를 선택하고 아트보드에 클릭하여 '난방 제어'를 입력합니다.

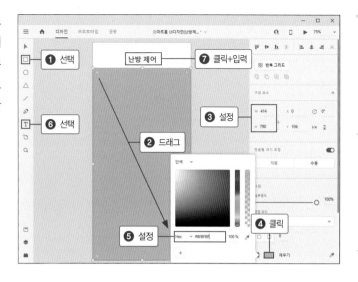

03 타원 도구(○)를 선택하고 W/H가 '232' 크기인 정원을 그립니다. 오른쪽 패널에서 채우기의 Hex를 '#F2F2F2'로 설정합니다.

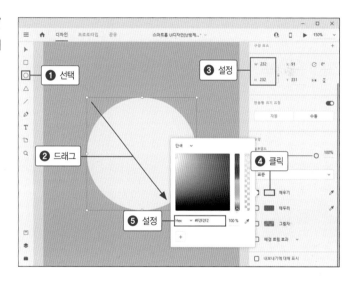

04 타원 도구(○)를 선택하고 W/H가 '210' 크기인 정원을 그립니다. 오른쪽 패널에서 채우기를 '선형 그레이디언트'로 지정합니다. 컬러 바의 왼쪽 조절점의 Hex를 '#C0C9E8', 오른쪽 조절점의 Hex를 '#B82D10'로 설정합니다.

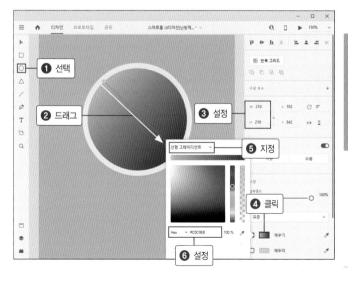

어도비 XD 기본

UI 아이콘 제작

애니메이션 제작

페이지 디자인

인터랙션 디자인

UI 디자인

실무 프로젝트

05 펜 도구(✐)를 선택하고 아트보드에 클릭하여 그림과 같이 정원의 가운데부터 오브젝트를 그린 다음 정원과 오브젝트를 같이 선택합니다.

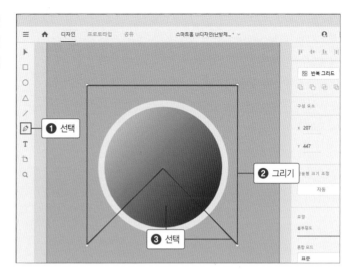

06 마우스 오른쪽 버튼을 클릭한 다음 나타나는 메뉴에서 모양으로 마스크 만들기(Shift+Ctrl+M)를 실행하여 마스크를 적용합니다.

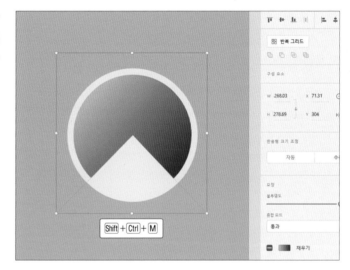

07 타원 도구(◯)를 선택하고 W/H가 '180' 크기인 정원을 그린 다음 채우기의 Hex를 '#FFFFFF'로 설정합니다.

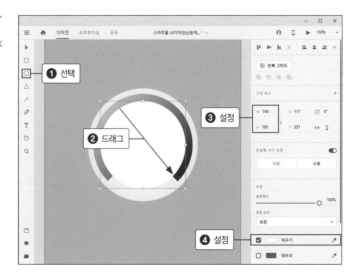

08 타원 도구(◎)를 선택하고 W/H가 '126'
크기인 정원을 그린 다음 오른쪽 패널
에서 채우기의 Hex를 '#F2F2F2'로 설정합니다.
텍스트 도구(T)를 선택하고 아트보드에 클릭
하여 '26°', '설정온도'를 입력하고 배치합니다.

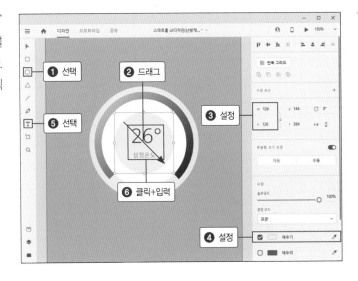

09 선 도구(⟋)를 선택하고 아트보드에 드
래그하여 길이가 '12'인 세로 선을 2개
그립니다. 오른쪽 패널에서 테두리의 Hex를
'#B82F12', 크기를 '1'로 설정하고 그룹(Ctrl+G)
으로 지정합니다.

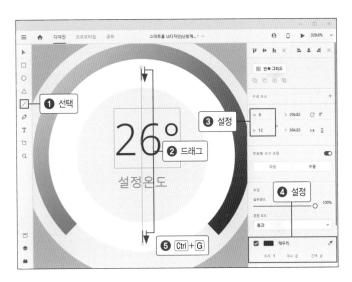

10 오브젝트를 선택하고 복사(Ctrl+C),
붙여넣기(Ctrl+V)를 실행한 다음 오른
쪽 패널에서 회전을 '15' 각도로 설정합니다. 같
은 방법으로 '15' 각도 간격으로 눈금을 그리고
그룹(Ctrl+G)으로 지정합니다.

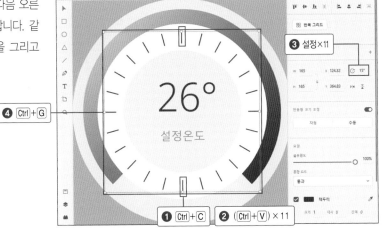

어도비 XD 기본

UI 이야기 제작

애니메이션 제작

페이지 디자인

인터랙션 디자인

UI 디자인

실무 프로젝트

11 선 도구(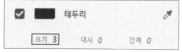)를 선택하고 길이가 '18'인
세로 선을 1개 그린 다음 오른쪽 패널에
서 테두리의 Hex를 '#B82F12', 크기를 '3'으로
설정합니다. 텍스트 도구(T)를 선택하고 'MIN',
'MAX'를 입력합니다.

12 사각형 도구(□)를 선택하고 W/H가
'140, 40' 크기인 직사각형을 그린 다음
오른쪽 패널에서 채우기의 Hex를 '#C60C0C'
로 설정합니다. 텍스트 도구(T)를 선택하고
'ON'을 입력하여 사각형 오브젝트 가운데에 배
치합니다.

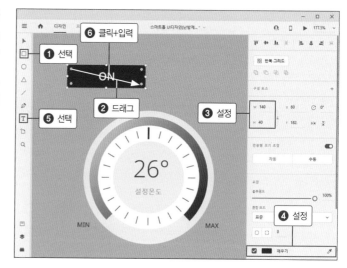

13 사각형 도구(□)를 선택하고 W/H가
'140, 40' 크기인 직사각형을 그린 다음
오른쪽 패널에서 채우기의 Hex를 '#FFFFFF'
로 설정합니다. 텍스트 도구(T)를 선택하고
'OFF'를 입력하여 배치합니다.

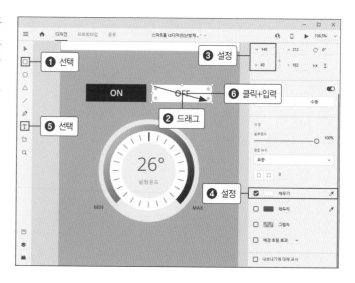

14 사각형 도구(□)를 선택하고 W/H가 '108, 24' 크기인 직사각형을 그린 다음 오른쪽 패널에서 채우기의 Hex를 '#FFFFFF'로 설정하고 배치합니다.

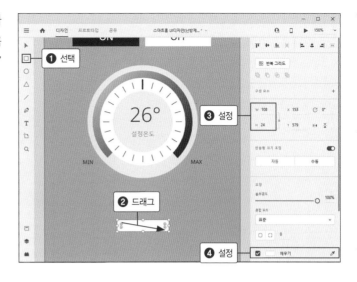

15 오른쪽 패널에서 모든 모퉁이에 대해 동일한 반경(□)을 '12'로 설정한 다음 텍스트 도구(T)를 선택하고 '현재온도', '21'를 입력합니다.

16 타원 도구(○)를 선택하고 W/H가 '62' 크기인 정원을 그린 다음 오른쪽 패널에서 채우기의 Hex를 '#FFFFFF'로 설정합니다.

어도비 XD 기본

UI 아이콘 제작

애니메이션 제작

페이지 디자인

인터랙션 디자인

UI 디자인!

실무 프로젝트

17 타원 도구(◯)를 선택하고 W/H가 '68' 크기인 정원을 그린 다음 오른쪽 패널에서 채우기의 Hex를 '#9D9B9B'로 설정합니다. 마우스 오른쪽 버튼을 클릭한 다음 나타나는 메뉴에서 뒤로 보내기(Ctrl+[)를 실행합니다.

18 사각형 도구(▢)를 선택하고 W/H가 '40, 4' 크기인 직사각형을 그린 다음 오른쪽 패널에서 채우기의 Hex를 '#515151'로 설정하고 배치합니다.

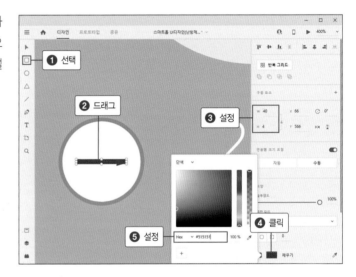

19 16번~18번과 같은 방법으로 '+' 아이콘을 그리고 배치합니다.

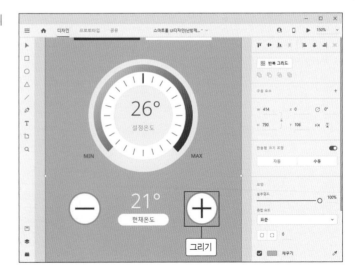

20 사각형 도구(□)를 선택하고 W/H가 '138, 84' 크기인 직사각형 오브젝트를 6개 그립니다. 오른쪽 패널에서 채우기의 Hex를 '#9C9C9C', '#FFFFFF'로 설정하고 배치합니다.

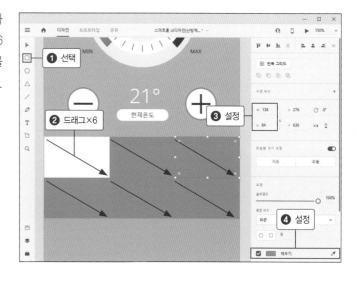

21 선 도구(✎)를 선택하고 길이가 '168'인 세로 선을 두 개 그린 다음 테두리의 Hex를 '#FFFFFF', 크기를 '1'로 설정하고 배치합니다.

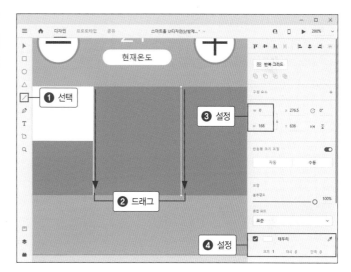

22 선 도구(✎)를 선택하고 길이가 '414'인 가로 선을 그린 다음 오른쪽 패널에서 테두리의 Hex를 '#FFFFFF', 크기를 '1'로 설정합니다. 텍스트 도구(T)를 선택하고 그림과 같이 텍스트를 입력합니다.

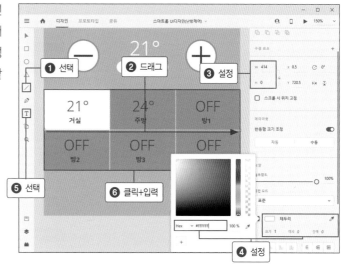

어도비 XD 기본

UI 아이콘 제작

애니메이션 제작

페이지 디자인

인터랙션 디자인

UI 디자인

실무 프로젝트

23 사각형 도구(▢)를 선택하고 W/H가 '290, 48' 크기인 직사각형을 그린 다음 오른쪽 패널에서 채우기의 Hex를 '#515151'로 설정합니다. 텍스트 도구(T)를 선택하고 '외출 모드'를 입력하고 사각형 오브젝트의 가운데에 배치합니다.

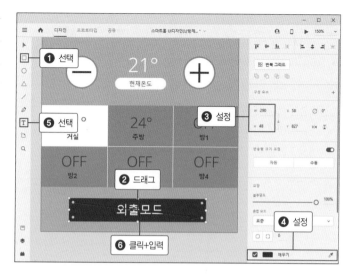

24 사각형 도구(▢)를 선택하고 W/H가 '8' 크기인 정사각형 오브젝트를 9개 그립니다. 오른쪽 패널에서 채우기의 Hex를 '#9C9C9C'로 설정하고 정렬, 배치합니다.

25 아트보드 가운데에 있는 W/H가 '232' 크기인 정원 오브젝트를 선택하고 오른쪽 패널에서 그림자의 Hex를 '#000000', 불투명도를 '80%'로 설정하여 입체감을 표현하고 작업을 마무리합니다.

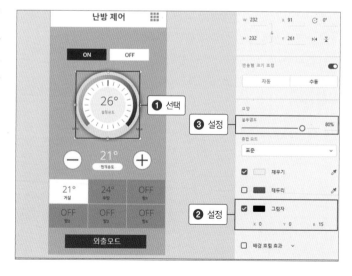

01 완성 폴더에서 '난방_완성.xd' 파일을 불러온 다음 오브젝트를 수정합니다.

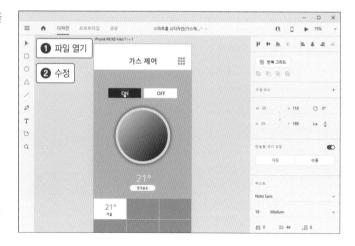

> **TIP**
> '난방_완성.xd' 파일을 참고합니다.

02 사각형 도구(□)를 선택하고 아트보드에 드래그하여 그림과 같이 정원의 가운데부터 오브젝트를 그린 다음 정원과 사각형 오브젝트를 같이 선택합니다.

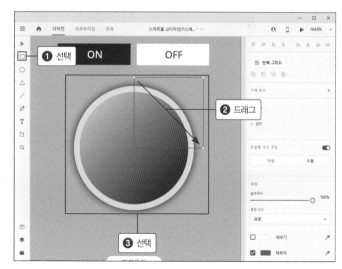

03 마우스 오른쪽 버튼을 클릭한 다음 나타나는 메뉴에서 모양으로 마스크 만들기(Shift+Ctrl+M)를 실행하여 마스크를 적용합니다.

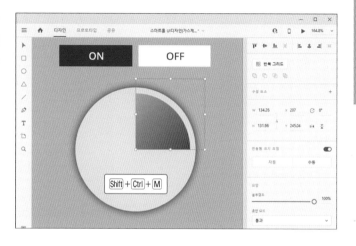

04 타원 도구(◯)를 선택하고 W/H가 '180' 크기인 정원을 그린 다음 오른쪽 패널에서 채우기의 Hex를 '#FFFFFF'로 설정합니다.

05 W/H 크기가 '180' 크기인 정원 오브젝트를 복사하고 사각형 도구(▢)를 선택한 다음 정원의 가운데에서부터 직사각형 오브젝트를 그립니다. 정원 오브젝트와 직사각형 오브젝트를 선택합니다.

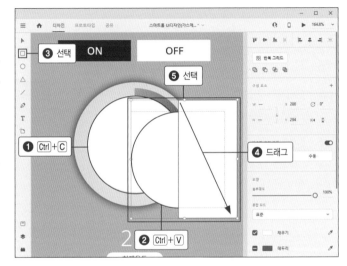

06 오른쪽 패널에서 '교차(Ctrl+Alt+I)' 아이콘(▣)을 클릭합니다.

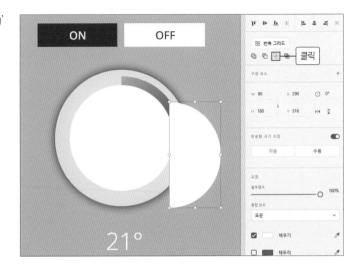

07 교차된 오브젝트를 가운데의 정원에 정
렬시키고 오른쪽 패널에서 채우기를 '선
형 그레이디언트'로 지정합니다. 컬러 바의 왼쪽
조절점의 Hex를 '#F2F2F2', 오른쪽 조절점의
Hex를 '#E6E6E6'로 설정합니다. W/H가 '180'
크기인 정원 오브젝트를 복사합니다.

08 복사한 정원 오브젝트를 붙여 넣습니다.
사각형 도구(□)를 선택하고 직사각형
오브젝트를 그린 다음 복사한 정원의 가운데에
배치합니다. 정원과 직사각형 오브젝트를 선택
합니다.

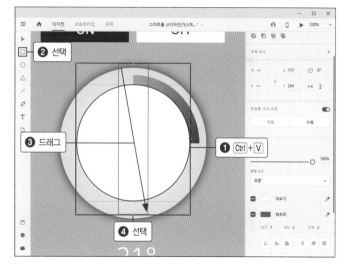

09 오른쪽 패널에서 '교차(Ctrl+Alt+I)'
아이콘(▣)을 클릭하고 오른쪽 패널에
서 채우기의 Hex를 '#C8C8C8'로 설정합니다.

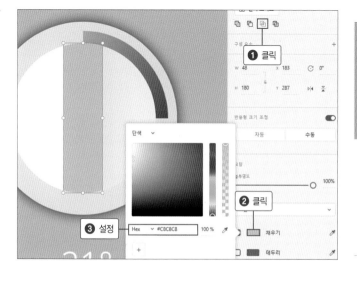

어도비 XD 기본
UI 아이콘 제작
애니메이션 제작
페이지 디자인
인터랙션 디자인
UI 디자인
실무 프로젝트

10 오른쪽 패널에서 그림자의 Hex를 '#000000', 알파도를 '40%'로 설정하여 입체감을 표현합니다.

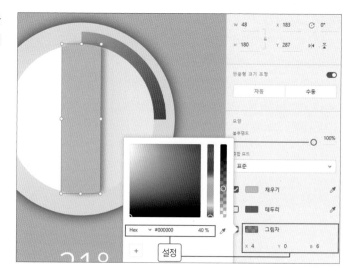

11 사각형 도구(□)를 선택하고 W/H가 '6, 32' 크기인 직사각형을 그린 다음 오른쪽 패널에서 채우기의 Hex를 '#C60C0C'로 설정합니다. '모든 모퉁이에 대해 동일한 반경(□)'을 '6'으로 설정해서 둥근 오브젝트로 변형합니다.

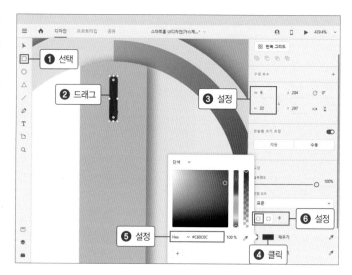

12 '21°' 텍스트를 클릭해서 지운 다음 텍스트 도구(T)를 선택해 그림과 같이 '사용중'으로 수정하고 작업을 마무리합니다.

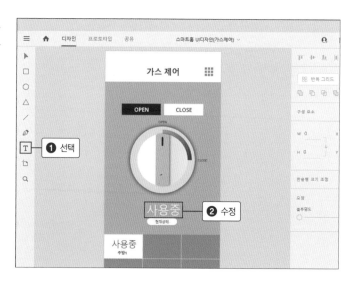

03 스마트홈 앱 엘리베이터 호출 화면 UI 디자인하기

따라하기

01 완성 폴더에서 '난방_완성.xd' 파일을 불러온 다음 오브젝트를 수정합니다.

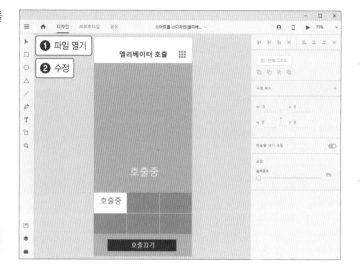

TIP

'난방_완성.xd' 파일을 참고합니다.

02 타원 도구(◯)를 선택하고 아트보드에 드래그하여 W/H가 '14' 크기인 정원을 그린 다음 오른쪽 패널에서 채우기의 Hex를 '#FFFFFF'로 설정합니다.

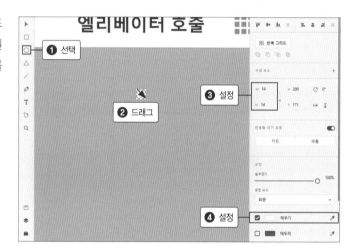

03 정원 오브젝트를 '10' 크기 간격으로 그린 다음 '▲' 모양이 되도록 배치합니다.

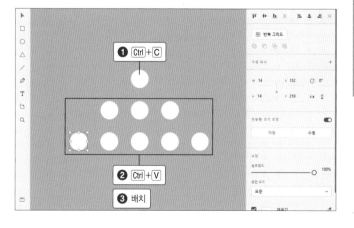

04 사각형 도구(□)를 선택하고 W/H가 '160, 170' 크기인 직사각형을 그린 다음 오른쪽 패널에서 채우기의 Hex를 '#FFFFFF' 로 설정합니다.

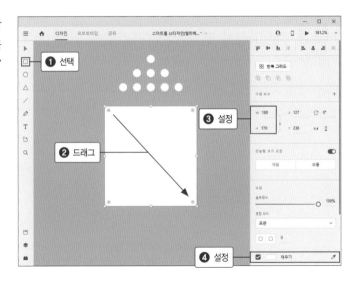

05 오른쪽 패널에서 왼쪽과 오른쪽 위의 각 모퉁이에 대해 다른 반경(□)을 '10'으 로 설정해서 오브젝트를 둥글게 변형합니다.

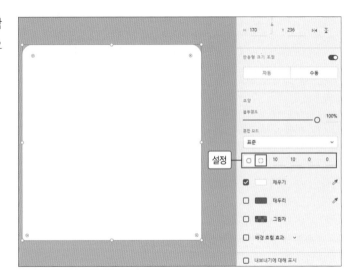

06 04번~05번과 같은 방법으로 W/H가 '148, 158' 크기인 직사각형을 그린 다음 오른쪽 패널에서 채우기의 Hex를 '#BFBFBF', 왼쪽과 오른쪽 위의 각 모퉁이에 대해 다른 반경 (□)을 '6'으로 설정해서 오브젝트를 변형합니다.

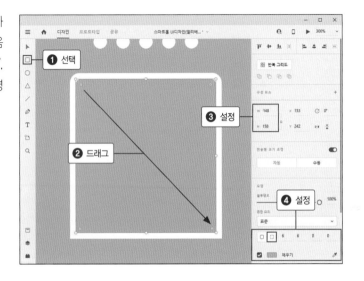

07 선 도구(☑)를 선택하고 세로 선을 그
린 다음 오른쪽 패널에서 테두리의 Hex
를 '#FFFFFF', 크기를 '2'로 설정합니다.

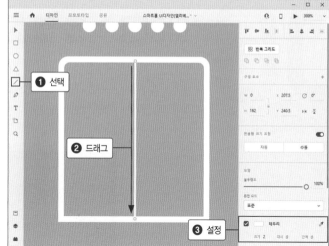

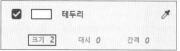

08 02번~03번과 같은 방법으로 타원 도
구(◯)를 선택해 '▼' 모양을 그립니다.
'▼' 오브젝트를 선택하고 오른쪽 패널에서 채우
기의 Hex를 '#C60C0C'로 설정합니다.

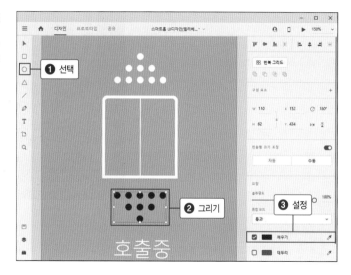

09 텍스트 도구(T)를 선택하고 '2', '1'을
입력합니다. W/H가 '160, 170' 크기인
직사각형 오브젝트를 선택한 다음 오른쪽 패널
에서 그림자의 Hex를 '#000000', X를 '0', Y를
'0', B를 '10', 알파를 '80%'로 설정하고 작업을
마무리합니다.

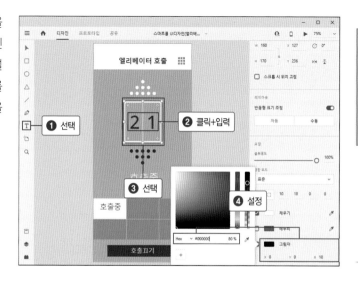

어도비 XD 기본

UI 아이콘 제작

애니메이션 제작

페이지 디자인

인터랙션 디자인

UI 디자인

실무 프로젝트

마이크 녹음 앱 화면 UI 디자인하기

CHAPTER 06

반복 그리드를 활용하여 오브젝트를 복사하고 그림자 효과와 오브젝트 흐림 효과를 적용하여 입체감이 느껴지는 마이크 UI를 디자인합니다.

완성파일 : 마이크_완성.xd

---

01 따라하기   마이크 화면 UI 디자인하기

01 시작 화면에서 'iPhone XR/XS Max/11 (414x896)'을 선택하여 새로운 아트보드를 만듭니다.

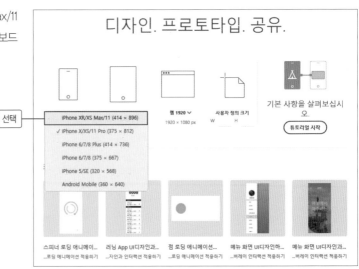

02 아트보드를 선택하고 오른쪽 패널에서 채우기의 Hex를 '#000000'로 설정합니다.

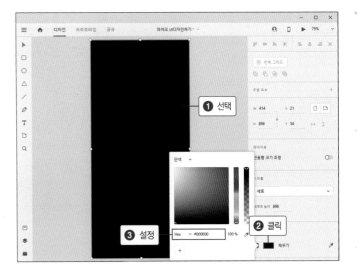

03 사각형 도구(□)를 선택하고 아트보드에 드래그하여 W/H가 '200' 크기인 정사각형 오브젝트를 그립니다. 오른쪽 패널에서 채우기의 Hex를 '#FFFFFF'로 설정하고 '각 모퉁이에 대해 다른 반경' 아이콘(◘)을 클릭한 다음 '100', '100', '0', '0'으로 설정하여 오브젝트를 둥글게 변형합니다.

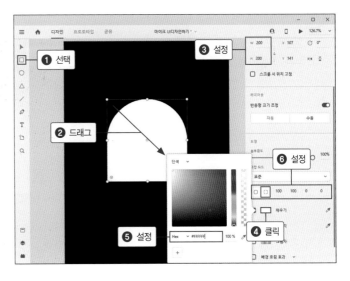

04 선 도구(╱)를 선택하고 아트보드에 드래그하여 길이가 '382'인 가로 선을 그립니다. 오른쪽 패널에서 테두리의 Hex를 '#FFFFFF', 크기를 '1'로 설정한 다음 〈반복 그리드〉 버튼을 클릭하고 조절점을 아래로 드래그한 다음 간격을 '4' 크기로 변경합니다.

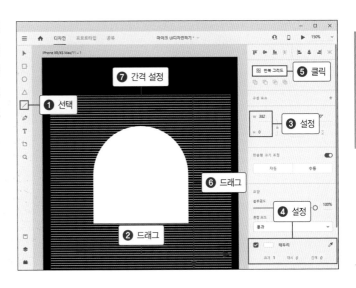

어도비 XD 기본

UI 아이콘 제작

애니메이션 제작

페이지 디자인

인터랙션 디자인

UI 디자인

실무 프로젝트

05 반복 그리드한 오브젝트를 선택하고 복사(Ctrl+C), 붙여넣기(Ctrl+V)를 실행합니다. 복사한 오브젝트를 '90' 각도로 회전시키고 반복 그리드 오브젝트를 모두 선택하여 그룹(Ctrl+G)으로 지정합니다.

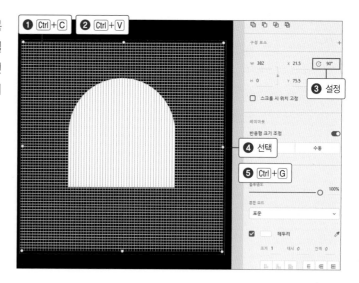

06 그룹으로 지정한 오브젝트를 회전시키고 마우스 오른쪽 버튼을 클릭한 다음 나타나는 메뉴에서 정렬 → 맨 뒤로 보내기(Shift+Ctrl+[)를 실행합니다. 둥근 사각형과 그룹으로 지정한 오브젝트를 같이 선택합니다.

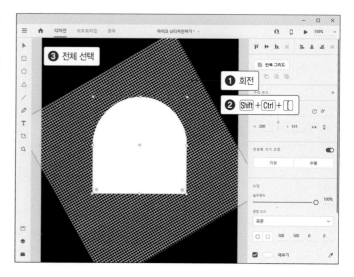

07 선택한 오브젝트에 모양으로 마스크 만들기(Shift+Ctrl+M)을 실행하여 마스크를 적용합니다.

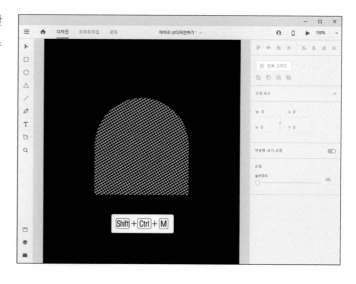

08 03번과 같이 사각형 도구(□)를 선택하고 W/H가 '200' 크기인 정사각형 오브젝트를 둥글게 변형한 다음 오른쪽 패널에서 채우기를 '방사형 그레이디언트'로 지정합니다. 컬러 바의 왼쪽 조절점의 Hex를 '#000000', 알파를 '58%'로 설정하고 그러데이션을 적용합니다.

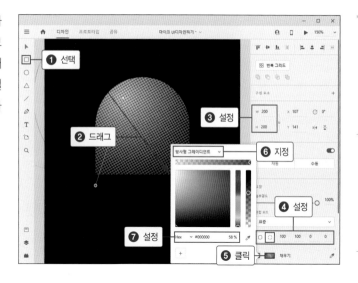

09 08번과 같이 사각형 도구(□)를 선택하고 W/H가 '200' 크기인 정사각형 오브젝트를 그립니다. 오른쪽 패널에서 각 모퉁이에 대해 다른 반경(◌)을 '100', '100', '0', '0', 채우기의 Hex를 '#575757'로 설정합니다.

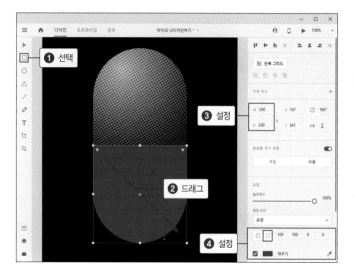

10 사각형 도구(□)를 선택하고 W/H가 '200, 26' 크기인 직사각형을 그립니다. 오른쪽 패널에서 채우기를 '선형 그레이디언트'로 지정한 다음 Hex를 무채색 계열로 설정하고 그러데이션을 적용합니다.

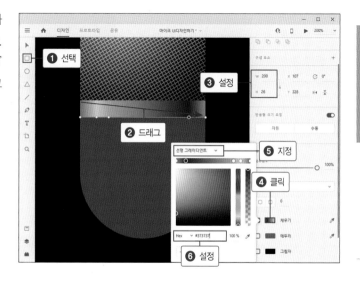

어도비 XD 기본

UI 아이콘 제작

애니메이션 제작

페이지 디자인

인터랙션 디자인

UI 디자인

실무 프로젝트

11 사각형 도구(□)를 선택하고 W/H
가 '240, 220' 크기인 직사각형을 그
린 다음 오른쪽 패널에서 테두리의 Hex를
'#9A9A9A', 크기를 '15'로 설정합니다.

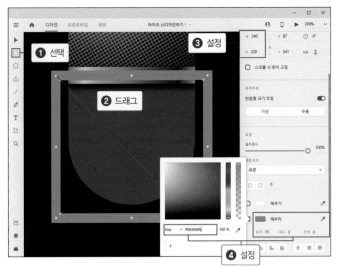

12 오른쪽 패널에서 각 모퉁이에 대해 다른
반경(□)을 '10', '10', '120', '120' 크기로
설정하여 오브젝트를 둥글게 변형합니다.

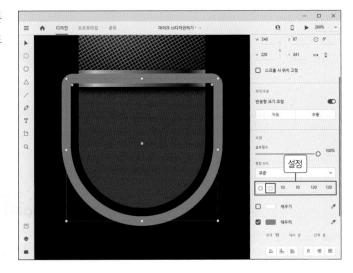

13 오브젝트를 선택하고 복사(Ctrl+C), 붙
여넣기(Ctrl+V)를 실행합니다. 복사한
오브젝트를 선택하고 오른쪽 패널에서 테두리의
Hex를 '#FFFFFF', 크기를 '4'로 변경합니다.

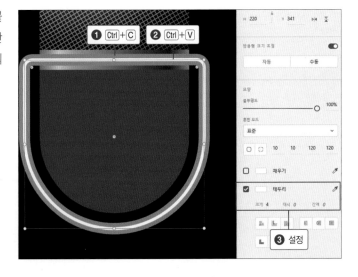

14 오른쪽 패널에서 '오브젝트 흐림 효과'를 체크 표시한 다음 정도를 '2'로 설정하여 입체감을 표현합니다.

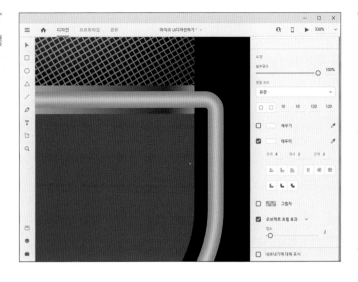

15 회색과 흰색 오브젝트를 모두 선택하고 마우스 오른쪽 버튼을 클릭한 다음 나타나는 메뉴에서 정렬 → 맨 뒤로 보내기(Shift+Ctrl+[])를 실행합니다.

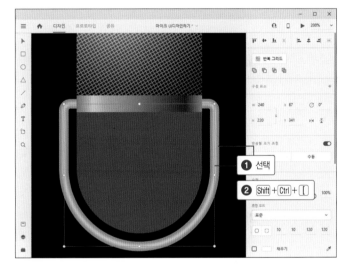

16 사각형 도구(□)를 선택하고 W/H가 '7, 46' 크기인 직사각형 오브젝트를 두 개 그립니다. 오른쪽 패널에서 채우기를 '선형 그레이디언트'로 지정한 다음 Hex를 무채색 계열로 설정하고 그러데이션을 적용합니다.

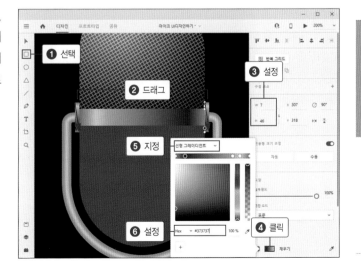

어도비 XD 기본

UI 아이콘 제작

애니메이션 제작

페이지 디자인

인터랙션 디자인

UI 디자인!

실무 프로젝트

17 사각형 도구(□)를 선택하고 W/H가 '7, 46' 크기인 직사각형을 그린 다음 오른쪽 패널에서 채우기의 Hex를 '#000000', 불투명도를 '20%'로 설정합니다.

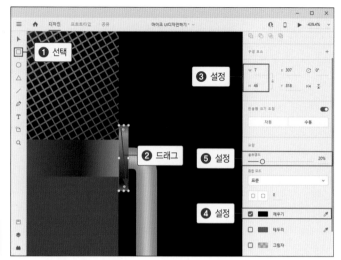

18 사각형 도구(□)를 선택하고 W/H가 '44, 100' 크기인 직사각형을 그립니다. 오른쪽 패널에서 채우기를 '선형 그레이디언트'로 지정하고 Hex를 무채색 계열로 설정하여 그러데이션을 적용한 다음 맨 뒤로 보내기(Shift +Ctrl+[)를 실행합니다.

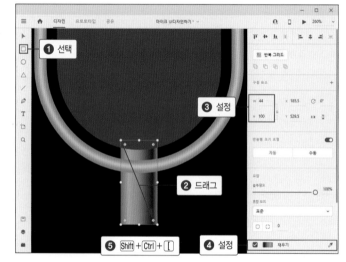

19 사각형 도구(□)를 선택하고 W/H가 '200, 26' 크기인 직사각형을 그립니다. 오른쪽 패널에서 채우기를 '선형 그레이디언트'로 지정한 다음 Hex를 무채색 계열로 설정하고 그러데이션을 적용합니다.

20 타원 도구(◯)를 선택하고 W/H가 '180' 크기인 정원을 그린 다음 정렬합니다.

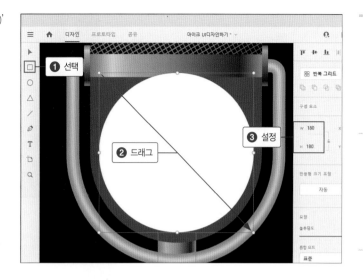

21 오른쪽 패널에서 채우기를 '방사형 그레이디언트'로 지정합니다. 컬러 바의 왼쪽 조절점과 오른쪽 중간 조절점의 알파를 '0%', 오른쪽 조절점의 Hex를 '#FFFFFF'로 설정하여 반사광을 주어 입체감을 표현합니다.

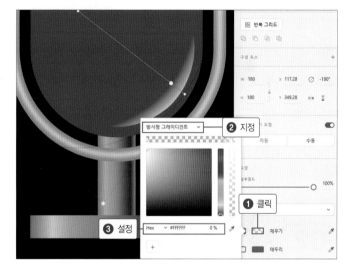

22 사각형 도구(▢)를 선택하고 W/H가 '90, 175' 크기인 직사각형을 그립니다. 오른쪽 패널에서 각 모퉁이에 대해 다른 반경(◻)을 '0', '90', '0', '0' 크기로 설정하여 오브젝트를 둥글게 변형합니다.

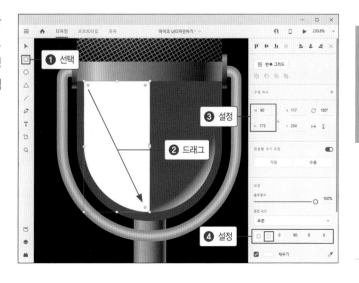

어도비 XD 기본

UI 아이콘 제작

애니메이션 제작

페이지 디자인

인터랙션 디자인

UI 디자인

실무 프로젝트

23 오른쪽 패널에서 채우기를 '방사형 그레이디언트'로 지정합니다. 컬러 바의 양쪽 조절점의 Hex를 '#FFFFFF'로 설정하고 왼쪽 조절점의 알파를 '0%'로 설정하여 그러데이션을 적용하고 입체감을 표현합니다.

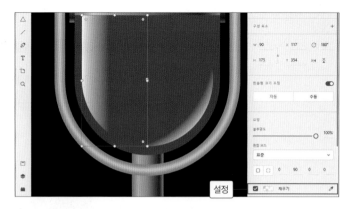

24 마이크 중앙의 W/H가 '200, 26' 크기인 직사각형 오브젝트를 선택하고 오른쪽 패널에서 그림자의 Hex를 '#000000', X를 '0', Y를 '5', B를 '10'으로 설정하여 입체감을 표현합니다.

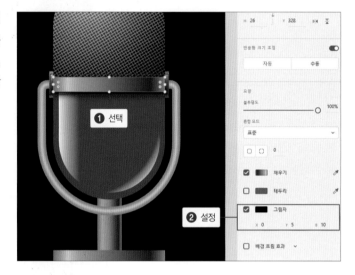

02 녹음 화면 UI 디자인하기

01 타원 도구(◯)를 선택하고 W/H가 '70' 크기인 정원을 그린 다음 오른쪽 패널에서 테두리의 Hex를 '#FFFFFF', 크기를 '2'로 설정하고 배치합니다.

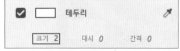

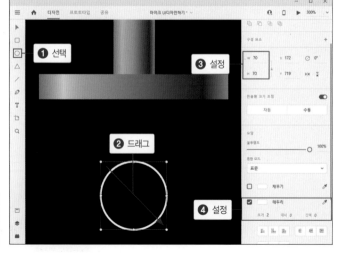

02 타원 도구(◯)를 선택하고 W/H가 '50' 크기인 정원을 그린 다음 오른쪽 패널에서 채우기의 Hex를 '#FF0000'로 설정하고 정렬합니다.

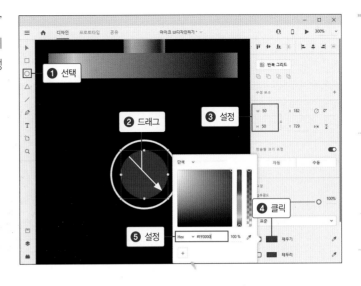

03 타원 도구(◯)를 선택하고 W/H가 '70' 크기인 정원을 그린 다음 오른쪽 패널에서 채우기의 Hex를 '#FFFFFF', 불투명도를 '50%'로 설정하고 배치합니다.

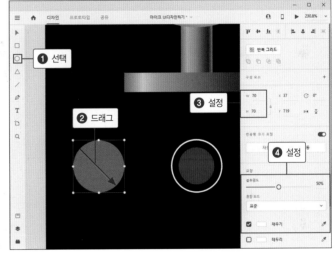

04 다각형 도구(△)를 선택하고 삼각형 오브젝트를 그린 다음 회전하고 오른쪽 패널에서 채우기의 Hex를 '#FFFFFF', 모퉁이 반경(⌐)을 '5'로 설정합니다.

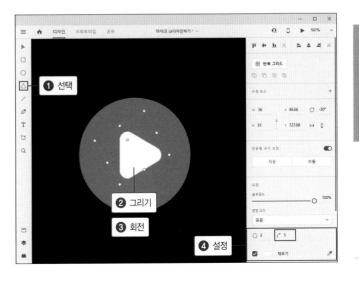

05 타원 도구(⬭)를 선택하고 W/H가 '70' 크기인 정원을 그린 다음 오른쪽 패널에서 채우기의 Hex를 '#FFFFFF', 불투명도를 '50%'로 설정합니다. W/H가 각각 '10' 크기인 정원 오브젝트를 3개 그린 다음 오른쪽 패널에서 채우기의 Hex를 '#FFFFFF'로 설정합니다.

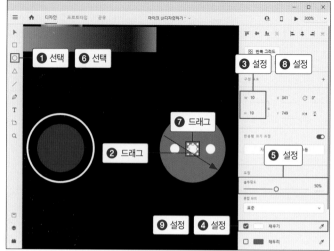

06 그림과 같이 회색 정원 오브젝트에 배치합니다.

07 마이크 형태의 녹음 앱 화면 UI 디자인이 완성되었습니다.

알람 앱 예약 화면 UI 디자인하기

CHAPTER

펜 도구로 오브젝트를 그리고 투명도를 조절하여 배경 그래픽을 완성한 다음 도형 도구를 활용하여 알람 UI 를 디자인합니다. 그리고 다음 오브젝트에 그레이디언트 및 그림자를 적용하고 텍스트 크기를 변화시켜 알람 시간 설정 UI를 디자인합니다.

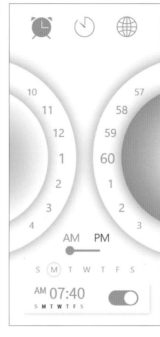

완성파일 : 알람확인_완성.xd
알람설정_완성.xd

01 알람 앱 예약 확인 화면 UI 디자인하기
따라하기

01 시작 화면에서 'iPhone XR/XS Max/11 (414x896)'을 선택하여 새로운 아트보드를 만듭니다.

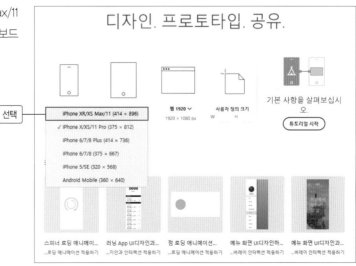

어도비 XD 기본

UI 아이콘 제작

애니메이션 제작

페이지 디자인

인터랙션 디자인

UI 디자인

실무 프로젝트

02 아트보드를 선택하고 오른쪽 패널에서 채우기의 Hex를 '#CFEEEA'로 설정합니다.

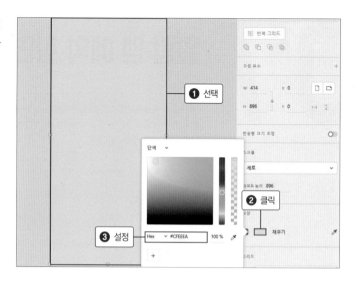

03 펜 도구(✐)를 선택하고 아트보드에 기준점을 클릭한 다음 드래그하여 그림과 같이 오브젝트를 그립니다. 오른쪽 패널에서 채우기의 Hex를 '#FFFFFF', 불투명도를 '60%'로 설정합니다.

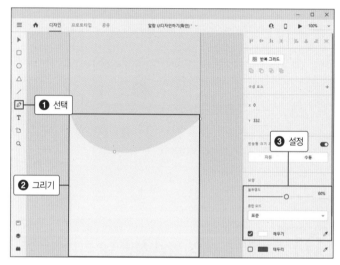

04 펜 도구(✐)를 선택하고 아트보드에 기준점을 클릭한 다음 드래그하여 그림과 같이 물결 오브젝트를 그립니다. 오른쪽 패널에서 채우기의 Hex를 '#2AB2A0', 불투명도를 '30%'로 설정합니다.

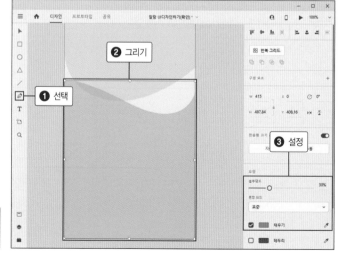

05 타원 도구(◯)를 선택하고 아트보드에 드래그하여 W/H가 '250' 크기인 정원을 그립니다. 오른쪽 패널에서 채우기의 Hex를 '#FFFFFF', 그림자의 Hex를 '#2AB2A0', X를 '0', Y를 '0', B를 '15'로 설정합니다.

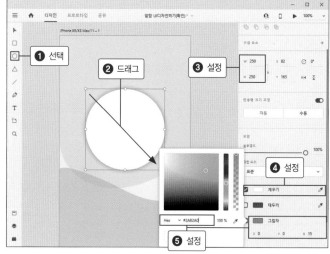

06 타원 도구(◯)를 선택하고 W/H가 '160' 크기인 정원을 그립니다. 오른쪽 패널에서 채우기의 Hex를 '#FFFFFF', 그림자의 Hex를 '#2AB2A0', X를 '0', Y를 '0', B를 '60'으로 설정합니다.

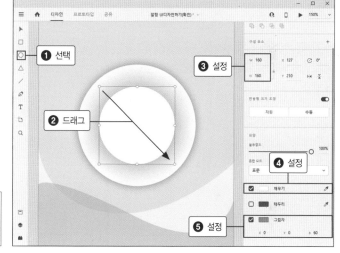

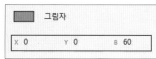

07 선 도구(╱)를 선택하고 길이가 '28'인 세로 선을 두 개 그립니다. 오른쪽 패널에서 테두리의 Hex를 '#2AB2A0', 크기를 '2'로 설정하고 배치한 다음 그룹(Ctrl+G)으로 지정합니다.

어도비 XD 기본

UI 아이콘 제작

애니메이션 제작

페이지 디자인

인터랙션 디자인

UI 디자인

실무 프로젝트

08 그룹으로 지정한 오브젝트를 선택하고 복사(Ctrl+C), 붙여넣기(Ctrl+V)를 실행한 다음 오른쪽 패널에서 회전을 '90' 각도로 설정하여 그룹(Ctrl+G)으로 지정합니다.

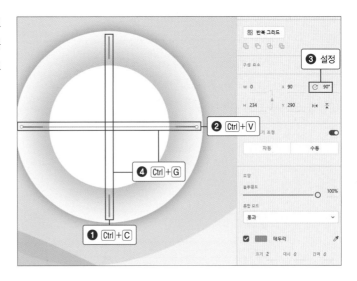

09 사각형 도구(□)를 선택하고 W/H가 '4, 76' 크기인 직사각형을 그립니다. 오른쪽 패널에서 채우기의 Hex를 '#2D2D2D'로 설정한 다음 모든 모퉁이에 대해 동일한 반경(□)을 '2'로 설정합니다.

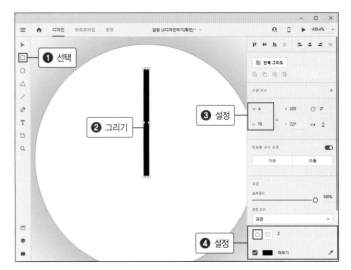

10 09번과 같이 W/H가 '2, 116' 크기인 직사각형을 그립니다. 오른쪽 패널에서 채우기의 Hex를 '#2D2D2D'로 설정한 다음 모든 모퉁이에 대해 동일한 반경(□)을 '1'로 설정하고 배치합니다.

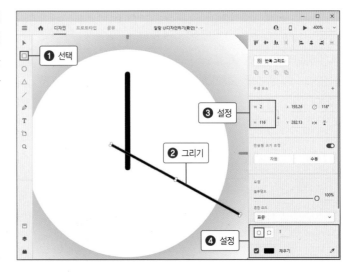

11 타원 도구(◯)를 선택하고 W/H가 '10' 크기인 정원을 그립니다. 오른쪽 패널에서 채우기의 Hex를 '#FFFFFF', 테두리의 Hex를 '#2AB2A0'로 설정합니다.

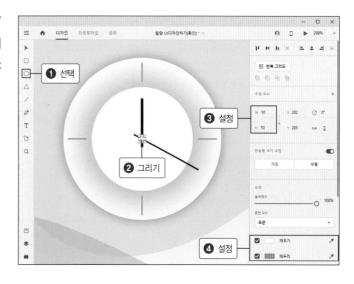

12 사각형 도구(▢)를 선택하고 W/H가 '340, 80' 크기인 직사각형을 그립니다. 오른쪽 패널에서 채우기의 Hex를 '#FFFFFF', 그림자의 Hex를 '#000000', 알파를 '16%', X를 '3', Y를 '3', B를 '8'로 설정합니다.

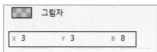

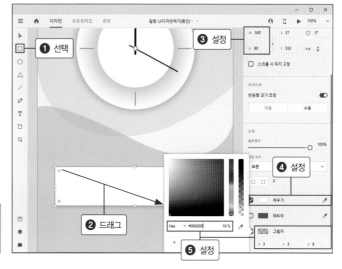

13 텍스트 도구(T)를 선택하고 아트보드에 클릭하여 'AM 07:40', 'S M T W T F S'를 입력합니다.

TIP
'AM'은 오른쪽 패널에서 '위 첨자' 아이콘(T⁺)을 클릭합니다.

14 사각형 도구(☐)를 선택하고 W/H가 '80, 40' 크기인 직사각형을 그립니다. 오른쪽 패널에서 채우기의 Hex를 '#2AB2A0', 모든 모퉁이에 대해 동일한 반경(☐)을 '20'으로 설정합니다.

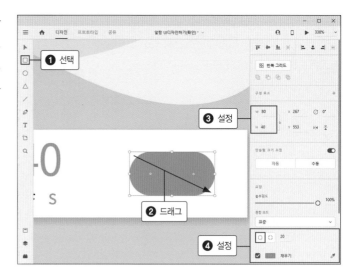

15 타원 도구(◯)를 선택하고 W/H가 '34' 크기인 정원을 그린 다음 오른쪽 패널에서 채우기의 Hex를 '#FFFFFF'로 설정합니다.

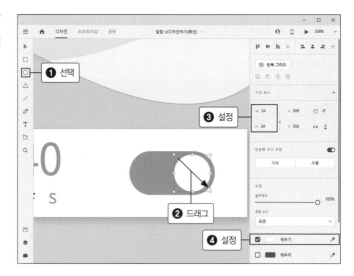

16 12번~15번에서 그린 오브젝트를 선택하고 복사(Ctrl+C), 붙여넣기(Ctrl+V)를 실행합니다. 복사한 오브젝트를 아래쪽에 배치하고 그림과 같이 시간의 텍스트와 요일의 컬러를 변경합니다.

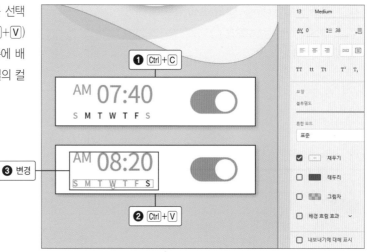

17 버튼의 정원 오브젝트를 선택하고 오른쪽 패널에서 채우기의 Hex를 '#B5B5B5'로 설정합니다.

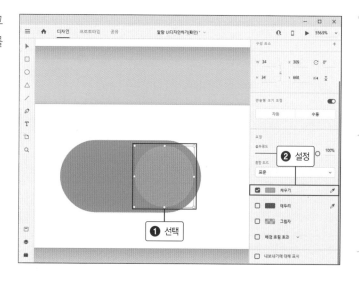

18 버튼의 바탕인 둥근 직사각형 오브젝트를 선택하고 오른쪽 패널에서 채우기의 Hex를 '#FFFFFF', 테두리의 Hex를 '#B5B5B5'로 설정합니다.

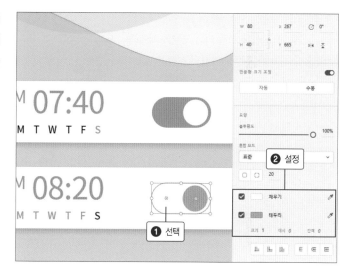

19 타원 도구(◯)를 선택하고 W/H가 '76' 크기인 정원을 그립니다. 오른쪽 패널에서 채우기의 Hex를 '#FFFFFF', 그림자의 Hex를 '#2AB2A0', X를 '0', Y를 '0', B를 '10'으로 설정합니다.

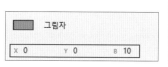

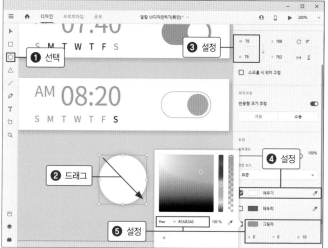

어도비 XD 기본

UI 아이콘 제작

애니메이션 제작

페이지 디자인

인터랙션 디자인

UI 디자인!

실무 프로젝트

20 사각형 도구(□)를 선택하고 W/H가 '4,
40' 크기인 직사각형을 두 개 그립니다.
오른쪽 패널에서 채우기의 Hex를 '#2AB2A0'
로 설정하고 '+'가 되게 배치합니다.

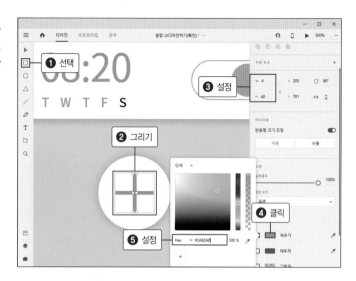

21 타원 도구(○)를 선택하고 W/H가 '52'
크기인 정원을 그린 다음 오른쪽 패널에
서 채우기의 Hex를 '#2AB2A0'로 설정합니다.

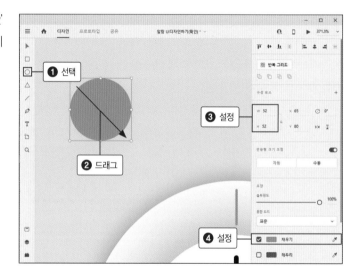

22 선 도구(/)를 선택하고 아트보드에 드
래그하여 시계 바늘과 자명종 다리를 그
린 다음 그림과 같이 배치합니다.

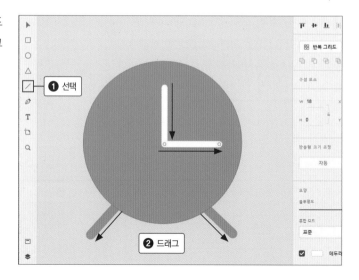

23 다각형 도구(△)를 선택하고 W/H가 '16, 8' 크기인 삼각형을 그립니다. 오른쪽 패널에서 채우기의 Hex를 '#2AB2A0'로 설정하고 오브젝트를 회전시켜 아이콘을 완성합니다.

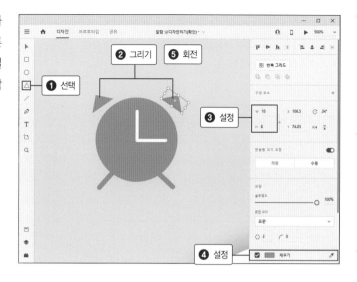

24 타원 도구(○)를 선택하고 W/H가 '52' 크기인 정원을 그린 다음 오른쪽 패널에서 테두리의 Hex를 '#2AB2A0', 크기를 '2'로 설정합니다.

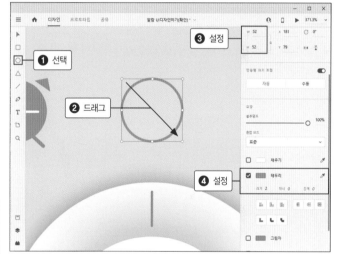

25 펜 도구(✐)를 선택하고 시작점을 원의 중심에서부터 클릭한 다음 그림과 같이 오브젝트를 그린 다음 정원과 오브젝트를 같이 선택합니다.

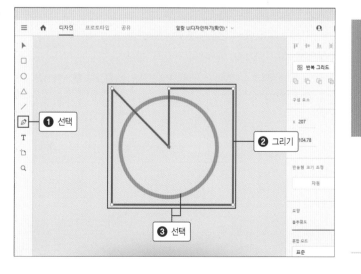

어도비 XD 기본

UI 아이콘 제작

애니메이션 제작

페이지 디자인

인터랙션 디자인

UI 디자인

실무 프로젝트

26 마우스 오른쪽 버튼을 클릭해서 모양으로 마스크 만들기(Shift+Ctrl+M)를 선택해서 마스크를 적용합니다.

27 사각형 도구(□)를 선택하고 W/H가 '2, 20' 크기인 직사각형을 그린 다음 오른쪽 패널에서 채우기의 Hex를 '#2AB2A0'로 설정합니다.

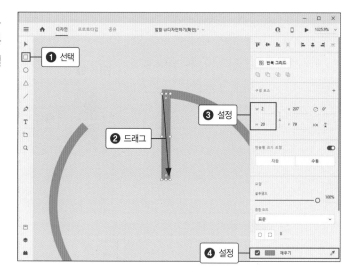

28 다각형 도구(△)를 선택하고 W/H가 '5, 23' 크기인 삼각형을 그립니다. 오른쪽 패널에서 채우기의 Hex를 '#2AB2A0'로 설정한 다음 오브젝트를 그림과 같이 회전시켜 아이콘을 완성합니다.

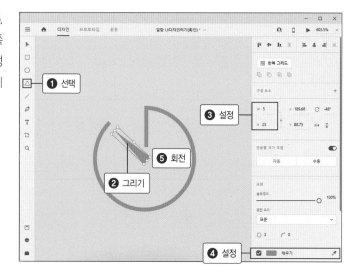

29 타원 도구(⊙)를 선택하고 W/H가 '52' 크기인 정원을 그린 다음 오른쪽 패널에서 테두리의 Hex를 '#2AB2A0', 크기를 '2'로 설정합니다. 선 도구(╱)를 선택하고 길이가 '52'인 가로 선, 세로 선을 그려서 십자 모양으로 배치합니다.

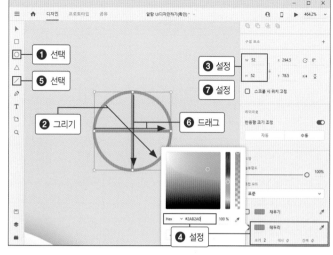

30 타원 도구(⊙)를 선택하고 W/H가 '22, 52' 크기인 원을 그린 다음 오른쪽 패널에서 테두리의 Hex를 '#2AB2A0', 크기를 2로 설정합니다.

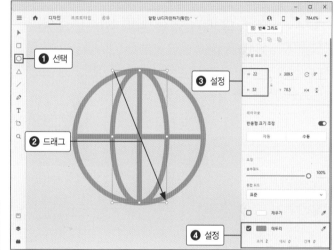

31 펜 도구(◢)를 선택하고 곡선을 두 개 그려서 배치한 다음 오른쪽 패널에서 테두리의 Hex를 '#2AB2A0', 크기를 '2'로 설정합니다.

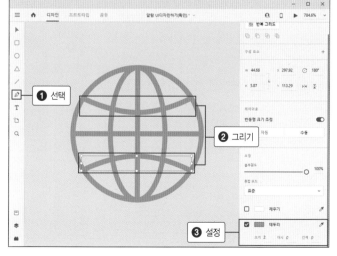

어도비 XD 기본

UI 아이콘 제작

애니메이션 제작

페이지 디자인

인터랙션 디자인

UI 디자인

실무 프로젝트

32 아이콘을 그림과 같이 아트보드의 오른 쪽 위에 배치하고 작업을 마무리합니다.

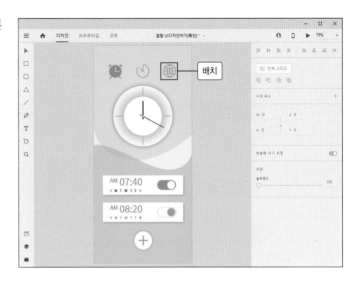

01 완성 폴더에서 '알람확인_완성.xd' 파일 을 불러온 다음 위쪽의 아이콘을 남기고 삭제합니다.

02 Tools 패널에서 타원 도구(◯)를 선 택하고 W/H가 '522' 크기인 정원을 그립니다. 오른쪽 패널에서 채우기의 Hex를 '#FFFFFF', 그림자의 Hex를 '#2AB2A0', X를 '0', Y를 '0', B를 '40'으로 설정합니다.

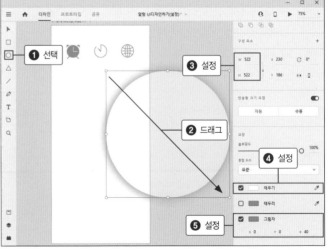

03 타원 도구(⬭)를 선택하고 W/H가 '370' 크기인 정원을 그립니다. 오른쪽 패널에서 채우기를 '방사형 그레이디언트'로 지정한 다음 컬러 바에서 왼쪽 조절점의 Hex를 '#FFFFFF', 오른쪽 조절점의 Hex를 '#2AB2A0', 그림자의 Hex를 '#2AB2A0', X를 '0', Y를 '0', B를 '40'으로 설정합니다.

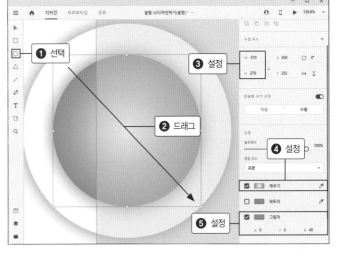

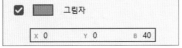

04 02번~03번과 같은 방법으로 오브젝트를 그린 다음 방사형 그레이디언트를 적용합니다.

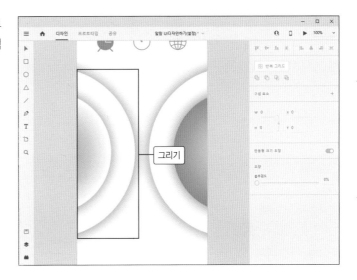

05 텍스트 도구(T)를 선택하고 아트보드에 클릭하여 왼쪽은 시간, 오른쪽은 분을 입력합니다. 위에서 아래로 내려갈수록 텍스트 크기를 작게 합니다.

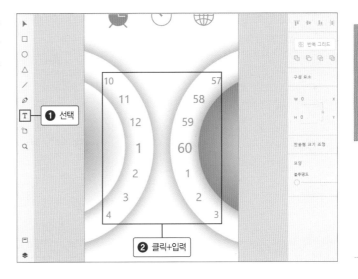

어도비 XD 기본

UI 아이콘 제작

애니메이션 제작

페이지 디자인

인터랙션 디자인

UI 디자인

실무 프로젝트

06 사각형 도구(□)를 선택하고 W/H가
'86, 6' 크기인 직사각형을 그린 다음 오
른쪽 패널에서 채우기의 Hex를 '#2AB2A0', 모
든 모퉁이에 대해 동일한 반경(□)을 '3'으로 설
정합니다.

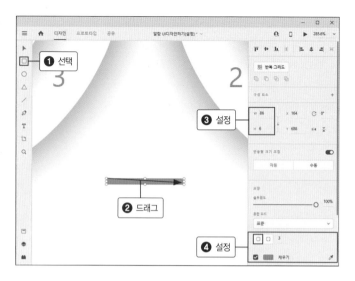

07 타원 도구(○)를 선택하고 W/H가 '24'
크기인 정원을 그린 다음 오른쪽 패널에
서 채우기의 Hex를 '#2AB2A0'로 설정합니다.

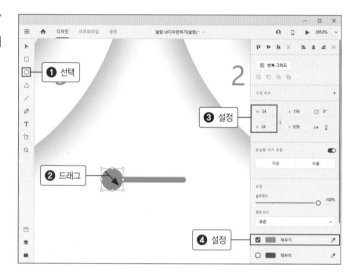

08 텍스트 도구(T)를 선택하고 'AM',
'PM', 'S M T W T F S'를 입력합니다.

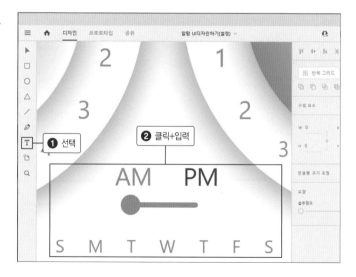

09 타원 도구(〇)를 선택하고 W/H가 '34' 크기인 정원을 그립니다. 오른쪽 패널에서 채우기의 Hex를 '#FFFFFF', 그림자의 Hex를 '2AB2A0', X를 '0', Y를 '0', B를 '6'으로 설정합니다.

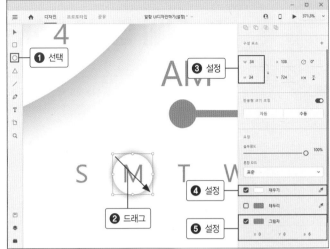

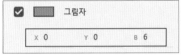

10 완성 폴더에서 '알람확인_완성.xd' 파일의 알람 선택 부분 오브젝트를 복사해서 배치합니다.

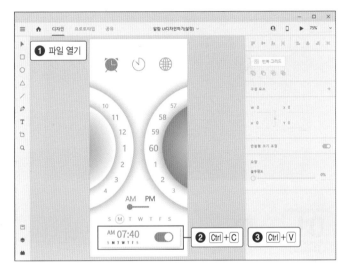

11 알람 앱 예약 설정 화면 디자인이 완성되었습니다.

어도비 XD 기본

UI 아이콘 제작

애니메이션 제작

페이지 디자인

인터랙션 디자인

UI 디자인!

실무 프로젝트

날씨 앱 안내 화면 UI 디자인하기

CHAPTER

방사형 그레이디언트를 활용하여 배경 그래픽을 적용하고 다양한 도형 도구를 활용하여 날씨 아이콘을 그린 다음 텍스트 파일을 반복 그리드에 적용하여 날씨 앱 UI를 디자인합니다.

◉
예제파일 : 날짜.txt
완성파일 : 날씨해_완성.xd
　　　　날씨구름_완성.xd
　　　　날씨비_완성.xd

01 날씨 앱 '날씨 맑음' 안내 화면 UI 디자인하기
따라하기

01　시작 화면에서 'iPhone XR/XS Max/11 (414x896)'을 선택하여 새로운 아트보드를 만듭니다.

02 아트보드를 선택하고 오른쪽 패널에서 채우기를 '방사형 그레이디언트'로 지정합니다. 왼쪽 조절점의 Hex를 '#EBC1CC', 오른쪽 조절점의 Hex를 '#B43054'로 설정합니다. 아트보드의 조절점을 이동하여 대각선으로 그러데이션을 적용합니다.

03 타원 도구(◯)를 선택하고 아트보드에 드래그하여 W/H를 '110' 크기로 설정한 정원을 그린 다음 오른쪽 패널에서 테두리의 Hex를 '흰색', 크기를 '10'으로 설정합니다.

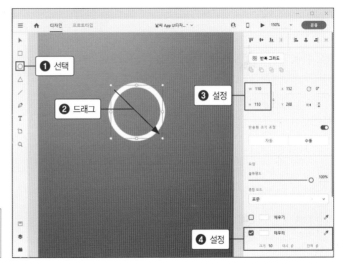

04 사각형 도구(▢)를 선택하고 W/H를 '10, 35' 크기로 설정한 직사각형을 그린 다음 오른쪽 패널에서 채우기의 Hex를 '흰색'으로 설정합니다.

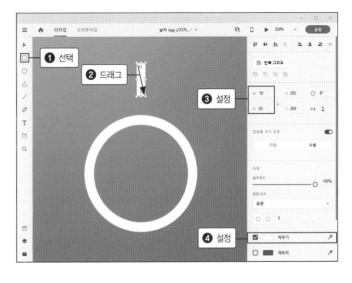

어도비 XD 기본

UI 아이콘 제작

애니메이션 제작

페이지 디자인

인터랙션 디자인

UI 디자인

실무 프로젝트

05 직사각형 오브젝트 안쪽의 조절점을 드래그하여 모퉁이를 둥글게 변형합니다.

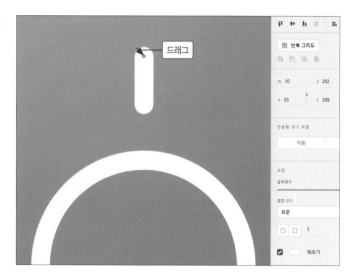

06 둥근 직사각형 오브젝트를 선택하고 복사(Ctrl+C), 붙여넣기(Ctrl+V)를 실행합니다. 그림과 같이 정렬한 다음 두 개의 오브젝트를 선택하고 오른쪽 마우스 버튼을 클릭한 다음 나타나는 메뉴에서 그룹(Ctrl+G)으로 지정합니다.

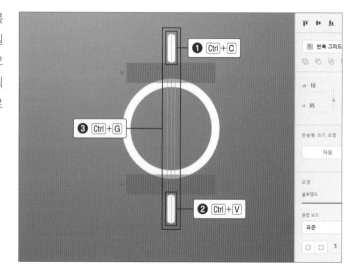

07 그룹으로 지정한 오브젝트를 선택하고 복사(Ctrl+C), 붙여넣기(Ctrl+V)를 실행한 다음 오른쪽 패널에서 회전을 '45' 각도로 설정합니다.

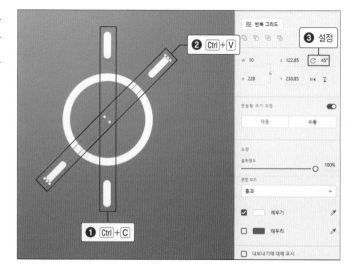

08 07번 과정을 두 번 반복하며 회전 값을
각각 '90', '135' 각도로 설정합니다.

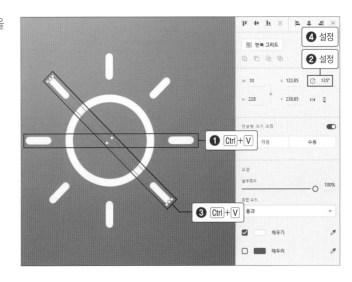

09 그룹으로 지정한 직선 오브젝트를 모두
선택하고 오른쪽 마우스 버튼을 클릭한
다음 나타나는 메뉴에서 그룹 해제(Shift + Ctrl
+ G)로 지정합니다.
그룹이 해제된 선형 오브젝트 8개를 선택한 다
음 오른쪽 패널에서 '그림자'를 체크 표시하고 X
를 '5', Y를 '5', B를 '10', 알파를 '40%'로 설정합
니다.

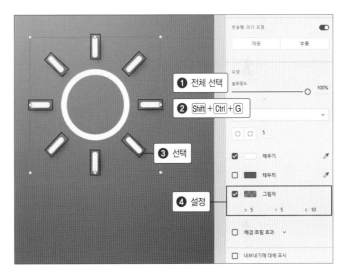

10 정원 오브젝트를 선택한 다음 오른쪽 패
널에서 '그림자'를 체크 표시하고 X를
'5', Y를 '5', B를 '10', 알파를 '40%'로 설정합니다.

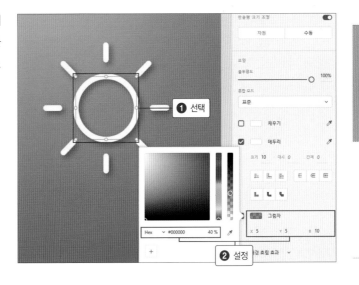

어도비 XD 기본

UI 아이콘 제작

애니메이션 제작

페이지 디자인

인터랙션 디자인

UI 디자인

실무 프로젝트

11 텍스트 도구(T)를 선택하고 아트보드에 클릭하여 'Noto Sans' 폰트로 'New York', 'Sunny', '24℃'를 입력한 다음 오른쪽 패널에서 채우기의 Hex를 '흰색'으로 설정합니다.

12 선 도구(⟋)를 선택하고 아트보드에 드래그하여 길이가 '414'인 가로 선을 그립니다. 오른쪽 패널에서 테두리의 Hex를 '흰색', 크기를 '1'로 설정합니다.

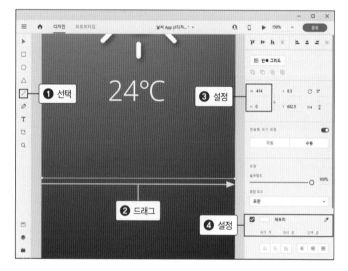

13 텍스트 도구(T)를 선택하고 'Today'를 입력합니다. 오른쪽 패널에서 〈반복 그리드〉 버튼을 클릭한 다음 '그리드 그룹'의 조절점을 드래그하여 그림과 같이 배치합니다.

14 예제 폴더에서 '날짜.txt' 파일을 텍스트 그리드 위에 드래그하여 텍스트의 내용을 변경합니다. 오른쪽 패널에서 텍스트 '중앙' 아이콘(≡) 정렬을 클릭하여 실행한 다음 텍스트 그리드의 간격을 '12' 크기로 조절합니다.

15 펜 도구(∅)를 선택하고 그림과 같이 오브젝트를 클릭과 드래그하여 그린 다음 오른쪽 패널에서 테두리의 Hex를 '흰색', 크기를 '2'로 설정합니다.

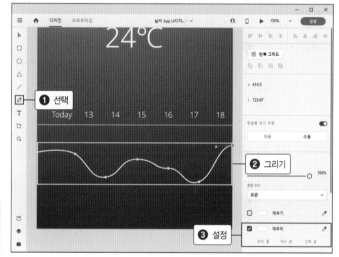

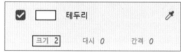

16 타원 도구(○)를 선택하고 W/H를 '10' 크기로 설정한 정원을 그립니다. 오른쪽 패널에서 채우기의 Hex를 '흰색'으로 설정하고 선 그래프의 날짜 위치에 정원 오브젝트를 배치합니다.

17 텍스트 도구(T)를 선택하고 그림과 같이 각 날짜별로 온도를 입력합니다

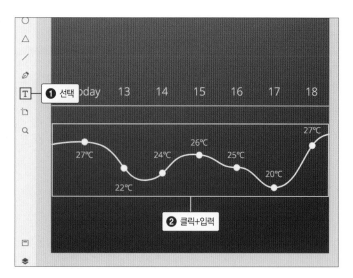

18 타원 도구(○)를 선택하고 W/H를 '20' 크기로 설정한 정원을 그린 다음 오른쪽 패널에서 채우기의 Hex를 '흰색'으로 설정합니다.

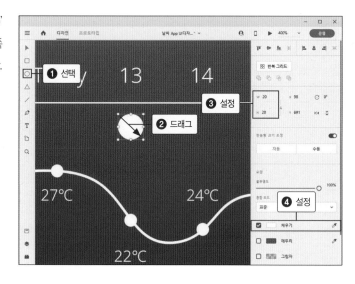

19 사각형 도구(□)를 선택하고 정원 오브젝트의 가운데부터 직사각형을 그립니다.

20 오른쪽 패널에서 '빼기' 아이콘(⬚)를 클릭하여 반원 모양으로 만든 다음 그림과 같이 배치합니다.

21 텍스트 도구(T)를 선택하고 '20℃'를 입력합니다. 펜 도구(✐)를 선택하고 그림과 같이 화살표를 그린 다음 오른쪽 패널에서 테두리의 Hex를 '흰색', 크기를 '2'로 설정합니다.

22 21번과 같은 방법으로 '27℃'를 입력하고 화살표를 그려서 작업을 마무리합니다.

날씨 앱 '날씨 흐림' 안내 화면 UI 디자인하기

01 완성 폴더에서 '날씨해_완성.xd' 파일을
불러옵니다.

02 아트보드를 선택하고 오른쪽 패널에서
채우기의 그레이디언트 컬러 바 왼쪽
조절점의 Hex를 '#F3F3F3', 오른쪽 조절점의
Hex를 '#858585'로 설정합니다.

03 타원 도구(◯)와 사각형 도구(▭)를 선
택하여 그림과 같이 구름 모양의 오브젝
트를 그립니다. 오른쪽 패널에서 테두리의 Hex
를 '흰색', 크기를 '10'으로 설정합니다.

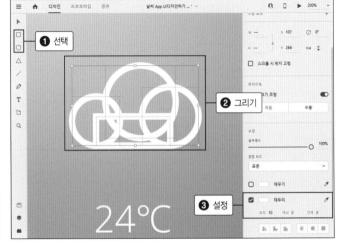

04 정원 오브젝트와 직사각형 오브젝트를
모두 선택하고 오른쪽 패널에서 '추가'
아이콘(⬚)을 클릭하여 구름 아이콘을 완성합
니다.

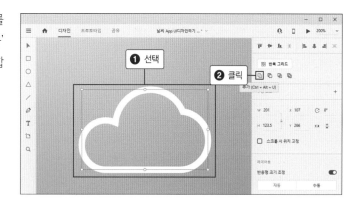

05 오른쪽 패널에서 '그림자'를 체크 표시한
다음 X를 '5', Y를 '5', B를 '10', 알파를
'40%'로 설정합니다. 텍스트 도구(T)를 선택하
고 'Sunny'를 'Cloudy'로 수정 입력하여 작업
을 마무리합니다.

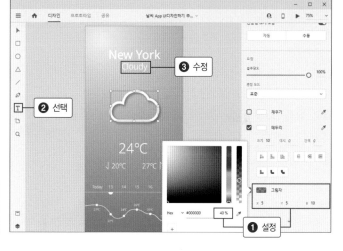

03 **날씨 앱 '날씨 비옴' 안내 화면 UI 디자인하기**
따라하기

01 완성 폴더에서 '날씨구름_완성.xd' 파일
을 불러옵니다.

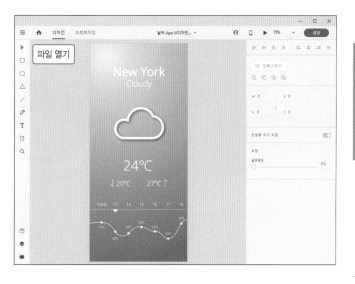

어도비 XD 기본

UI 아이콘 제작

애니메이션 제작

페이지 디자인

인터렉션 디자인

UI 디자인

실무 프로젝트

02 아트보트를 선택하고 오른쪽 패널에서 채우기를 선택하고 컬러 바에서 왼쪽 조절점의 Hex를 '#F3F3F3', 오른쪽 조절점의 Hex를 '#4F719B'로 설정합니다.

03 사각형 도구(□)를 선택하고 W/H를 '10, 65' 크기로 설정한 직사각형을 그립니다. 직사각형 오브젝트 안쪽의 조절점을 드래그하여 모퉁이를 둥글게 변형합니다.

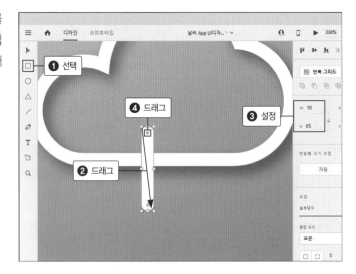

04 03번과 같은 방법으로 W/H가 '10, 20' 크기인 둥근 직사각형 오브젝트를 만들고 그림과 같이 배치합니다.

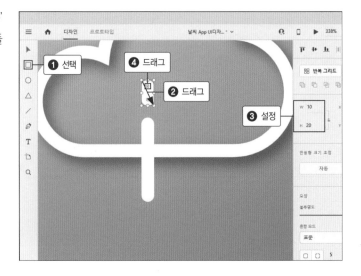

05 두 개의 둥근 직사각형 오브젝트를 선택
하고 오른쪽 패널에서 회전을 '20' 각도
로 설정합니다.

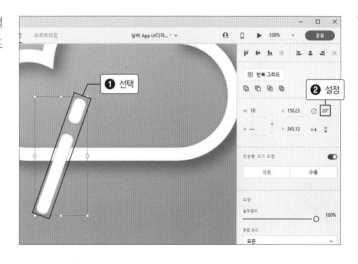

06 03번~05번과 같은 방법으로 비 내리는
오브젝트를 만들어 그림과 같이 배치합
니다.

07 오른쪽 패널에서 '그림자'를 체크 선택
하고 X를 '5', Y를 '5', B를 '10', 알파를
'40%'로 설정합니다. 텍스트 상자의 'Cloudy'를
'Rainy'로 수정 입력하고 작업을 마무리합니다.

CC
2020

PART 7

실무 프로젝트 활용하기

앱의 간단한 UI 디자인을 통하여 시각적으로 일관성있는 컬러와 레이아웃을 구성할 수 있습니다.
앱 UI 디자인의 시각적인 영역에서 인터랙션이 가능한 프로토타이핑을 제작하여
실무 완성도를 높이는 방법을 알아봅니다.

ADOBE XD

러닝 앱 화면 UI 디자인과 인터랙션 적용하기

CHAPTER

펜 도구를 활용하여 다각형 오브젝트를 그리고 도형 도구를 활용하여 아이콘을 그려 시작 화면 UI를 디자인합니다. 그리고 펜 도구를 활용하여 곡선의 자연스러운 오브젝트를 그리고 투명도를 활용해 그레이디언트를 적용한 상세보기 화면 UI를 디자인합니다. 반복 그리드를 활용하여 러닝 앱 활동 화면과 반복된 숫자에 마스크를 적용하고 '자동 애니메이트' 액션을 활용하여 인터랙션을 적용합니다.

예제파일 : 지도.jpg
완성파일 : 러닝시작_완성.xd
　　　　　러닝앱_완성.xd

01 러닝 앱 시작 화면 UI 디자인하기
따라하기

01 　시작 화면에서 'iPhone XR/XS Max/11 (414x896)'을 선택하여 새로운 아트보드를 만듭니다.

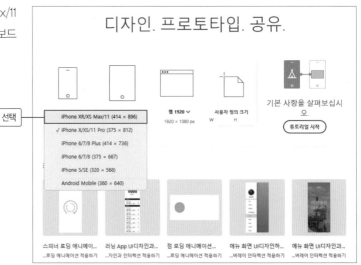

02 Tools 패널에서 펜 도구(✐)를 선택하
고 아트보드에 클릭하여 오각형 오브젝
트를 그립니다. 오른쪽 패널에서 채우기의 Hex
를 '#00196D'로 설정한 다음 복사(Ctrl+C)를
실행합니다.

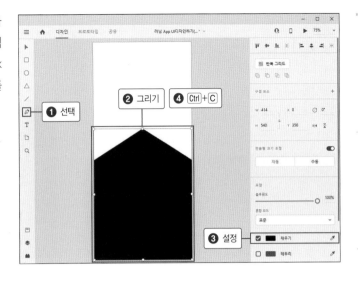

03 오각형 오브젝트를 붙여넣기(Ctrl+V)
를 실행한 다음 채우기의 Hex를 '#648
0DE'로 설정합니다.

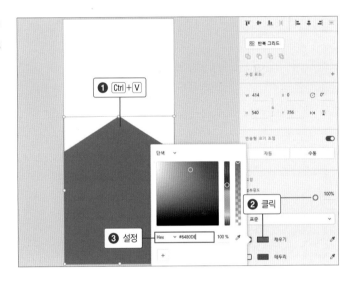

04 복사한 오브젝트를 더블클릭하고 위쪽
의 기준점을 위로 드래그하여 오브젝트
를 변형합니다.

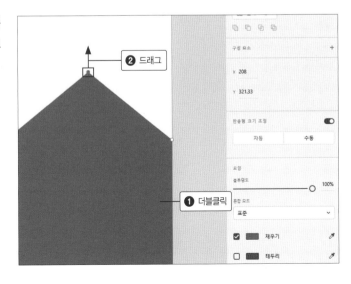

어도비 XD 기본

UI 아이콘 제작

애니메이션 제작

페이지 디자인!

인터랙션 디자인!

UI 디자인!

실무 프로젝트

05 마우스 오른쪽 버튼을 클릭한 다음 나타나는 메뉴에서 정렬 → 맨 뒤로 보내기 (Shift+Ctrl+[ )를 실행합니다.

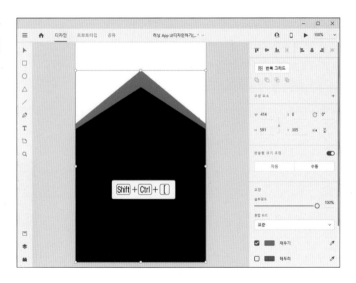

06 타원 도구(○)를 선택하고 아트보드에 드래그하여 W/H가 '150' 크기인 정원 오브젝트를 그립니다. 오른쪽 패널에서 채우기의 Hex를 '#6480DE'로 설정하고 오각형 오브젝트의 가운데에 배치합니다.

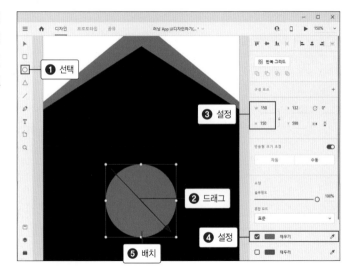

07 사각형 도구(□)를 선택하고 W/H가 '8, 40' 크기인 직사각형 오브젝트를 2개 그립니다. 오른쪽 패널에서 채우기의 Hex를 '#FFFFFF'로 설정하고 그림과 같이 배치한 다음 그룹(Ctrl+G)으로 지정합니다.

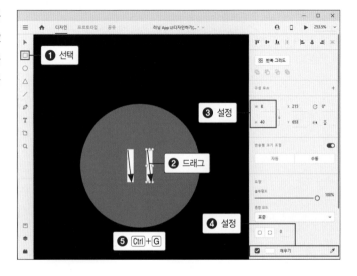

08 타원 도구(◯)를 선택하고 W/H가 '16' 크기인 정원 오브젝트를 일렬로 3개를 그립니다. 가운데 정원을 선택하고 채우기와 테두리의 Hex를 각각 '#FFFFFF', 크기를 '2'로 설정합니다. 왼쪽, 오른쪽 정원을 선택하고 테두리의 Hex를 '#FFFFFF', 크기를 '2'로 설정합니다.

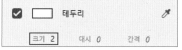

09 펜 도구(✐)를 선택하고 그림과 같이 오브젝트를 그립니다. 오른쪽 패널에서 채우기의 Hex를 '#FFFFFF'로 설정합니다.

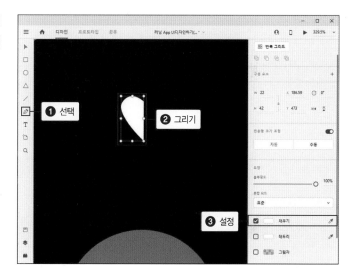

10 오브젝트를 선택한 다음 복사(Ctrl+C), 붙여넣기(Ctrl+V)를 실행하고 오른쪽 패널에서 가로로 뒤집기(◁)를 클릭합니다.

어도비 XD 기본

UI 아이콘 제작

애니메이션 제작

페이지 디자인!

인터랙션 디자인!

UI 디자인!

실무 프로젝트

11 두 개의 오브젝트를 하트 모양이 되게 배치하고 모두 선택한 다음 오른쪽 패널에서 '추가(Ctrl+Alt+U)' 아이콘(⬒)을 클릭하여 하트를 만듭니다.

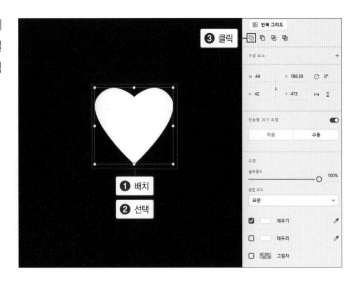

12 펜 도구(✐)를 선택하고 그림과 같이 그립니다. 오른쪽 패널에서 테두리의 Hex를 '#00196D', 크기를 '3'으로 설정하고 그룹(Ctrl+G)으로 지정합니다.

13 타원 도구(◯)를 선택하고 W/H가 '42' 크기인 정원과 '10' 크기인 정원을 그립니다. 작은 정원을 큰 정원의 가운데에 오게 배치합니다.

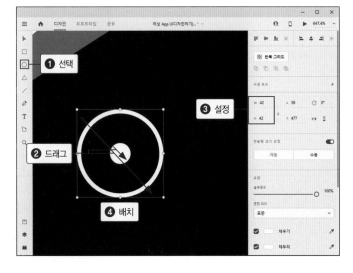

14 다각형 도구(△)를 선택하고 삼각형을 그립니다. 오른쪽 패널에서 채우기의 Hex를 '#FFFFFF'로 설정하고 그림과 같이 배치합니다.

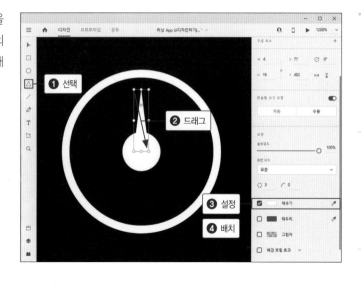

15 사각형 도구(□)를 선택하고 직사각형과 둥근 사각형 오브젝트를 그린 다음 초시계 모양이 되도록 배치합니다.

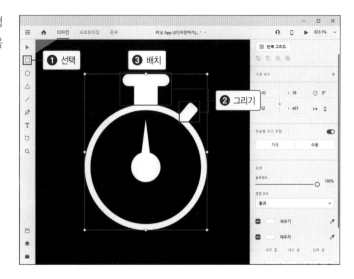

16 13번~14번과 같이 타원 도구(○)와 다각형 도구(△)를 활용하여 오브젝트를 그립니다.

어도비 XD 기본

UI 아이콘 제작

애니메이션 제작

페이지 디자인

인터랙션 디자인

UI 디자인

실무 프로젝트

17 선 도구()를 선택하고 아트보드에 드
래그하여 길이가 '2'인 세로 선을 2개
그린 다음 오른쪽 패널에서 테두리의 Hex를
'#FFFFFF', 크기를 '2'로 설정합니다. 세로 선을
모두 선택하고 그룹(Ctrl+G)으로 지정한 다음
원의 가운데에 배치합니다.

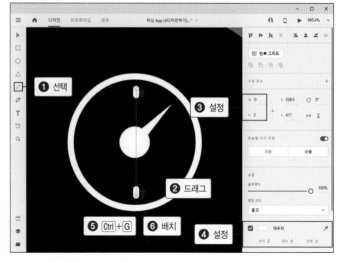

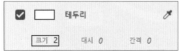

18 세로 선 오브젝트를 선택하고 복사(Ctrl
+C), 붙여넣기(Ctrl+V)를 실행합니
다. 오른쪽 패널에서 회전을 '30' 각도로 설정하
고 같은 방법으로 '60', '90', '120', '150' 각도로
반복 및 설정합니다. 세로 선 오브젝트를 모두
선택하고 그룹(Ctrl+G)을 지정합니다.

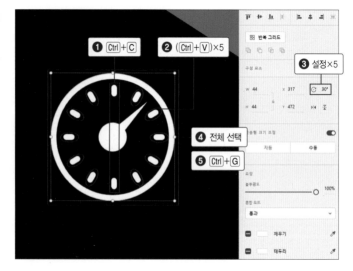

19 텍스트 도구(T)를 선택하고 '2.12 km',
'10:27', '157', '5'27"'을 입력합니다.

20 타원 도구( )를 선택하고 W/H가 '44' 크기인 정원 오브젝트를 그립니다. 오른쪽 패널에서 채우기의 Hex를 '#00196D'로 설정합니다.

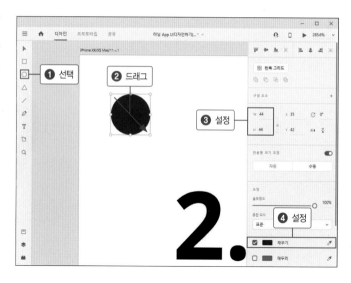

21 정원 오브젝트를 더블클릭하고 정원 아래쪽 기준점을 더블클릭하면 기준점의 유형이 변경됩니다.

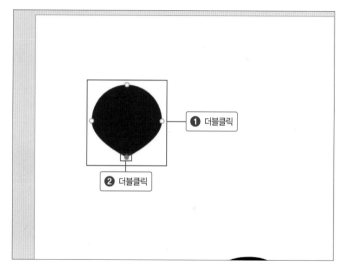

22 아래쪽 기준점을 아래로 드래그해서 도형을 변형합니다.

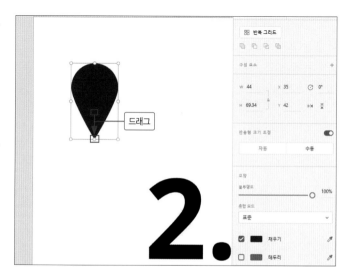

어도비 XD 기본

UI 아이콘 제작

애니메이션 제작

페이지 디자인

인터랙션 디자인

UI 디자인

실무 프로젝트

23 타원 도구(⬭)를 선택하고 W/H가 '26'
   크기인 정원을 그립니다. 오른쪽 패널에
서 채우기의 Hex를 '#FFFFFF'로 설정합니다.

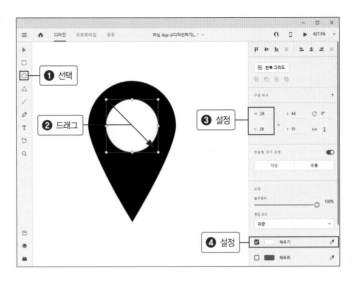

24 아트보드의 왼쪽 위에 그림과 같이 배치
   하고 작업을 마무리합니다.

02 러닝 앱 상세 보기 화면 UI 디자인하기
따라하기

01 시작 화면에서 'iPhone XR/XS Max/11
   (414x896)'을 선택하여 새로운 아트보드
를 만듭니다. 예제 폴더에서 '지도.jpg' 파일을
아트보드로 드래그하여 삽입한 다음 화면 가운
데에 배치합니다.

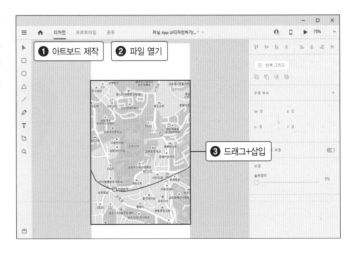

02 사각형 도구(□)를 선택하고 아트보드
에 드래그하여 W/H가 '414, 586' 크기
인 직사각형을 그립니다. 오른쪽 패널에서 채우
기의 Hex를 '#000000', 불투명도를 '50%'로 설
정한 다음 정렬합니다.

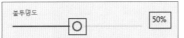

03 펜 도구(✐)를 선택하고 아트보드에 클
릭 및 드래그하여 지도의 '응봉공원' 테
두리를 따라 오브젝트를 그립니다. 오른쪽 패널
에서 테두리의 Hex를 '#00196D', 크기를 '5'로
설정하고 그림과 같이 배치합니다.

04 오브젝트를 선택하고 복사(Ctrl+C),
붙여넣기(Ctrl+V)를 실행합니다. 오른
쪽 패널에서 채우기를 '선형 그레이디언트'로 지
정하고 왼쪽 조절점의 Hex를 '#00196D', 알파
를 '60%', 오른쪽 조절점의 Hex를 '#00196D',
알파를 '10%'로 설정합니다.

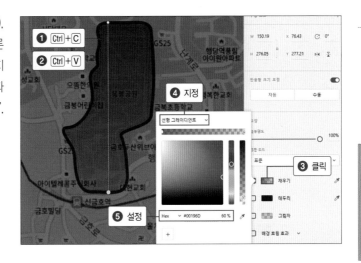

05 타원 도구(◯)를 선택하고 W/H가 '28' 크기인 정원 오브젝트를 그립니다. 오른쪽 패널에서 채우기의 Hex를 '#6480DE', 테두리의 Hex를 '#00196D' 크기를 '4'로 설정합니다.

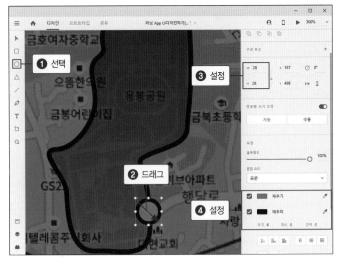

06 텍스트 도구(T)를 선택하고 아트보드에 클릭하여 '2021.2.12.', '2.12km'를 입력합니다.

07 펜 도구(✎)를 선택하고 그래프를 자유롭게 그립니다. 오른쪽 패널에서 테두리의 Hex를 '#00196D', 크기를 '4'로 설정하고 지도의 사진 아래쪽에 배치합니다.

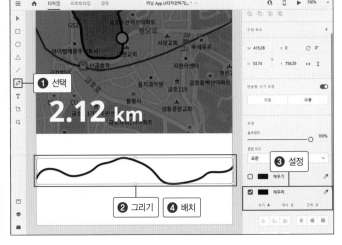

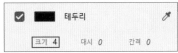

08 그래프 오브젝트를 선택하고 복사([Ctrl] +[C]), 붙여넣기([Ctrl]+[V])를 실행합니다. 펜 도구([✐])를 선택하고 오브젝트에 클릭하여 선을 이어서 그린 다음 닫힌 오브젝트로 만듭니다.

09 닫힌 오브젝트를 선택하고 오른쪽 패널에서 채우기를 '선형 그레이디언트'로 지정합니다. 컬러 바의 왼쪽 조절점의 Hex를 '#00196D', 알파를 '10%', 오른쪽 조절점의 Hex를 '#00196D', 알파를 '100%'로 설정합니다.

10 펜 도구([✐])를 선택하고 다른 모양으로 그래프를 그립니다. 오른쪽 패널에서 테두리의 Hex를 '#FFFFFF', 크기를 '4', 불투명도를 '60%'로 설정하고 기존의 그래프와 겹치게 배치합니다. 텍스트 도구([T])를 선택하고 'pace', 'altitude'를 입력합니다.

11 선 도구(✏)를 선택하고 길이가 '151'인 세로 선을 그립니다. 오른쪽 패널에서 테두리의 Hex를 '#00196D', 크기를 '1'로 설정합니다.

12 사각형 도구(▢)로 W/H가 '45, 22' 크기인 직사각형을 그린 다음 다각형 도구(△)로 W/H가 '45, 12' 크기인 삼각형을 그립니다. 직사각형, 삼각형 오브젝트를 선택하고 오른쪽 패널에서 '추가(Ctrl+Alt+U)' 아이콘(▣)을 클릭한 다음 채우기의 Hex를 '#00196D'로 설정합니다. 텍스트 도구(T)를 선택하고 '6'22"'를 입력합니다.

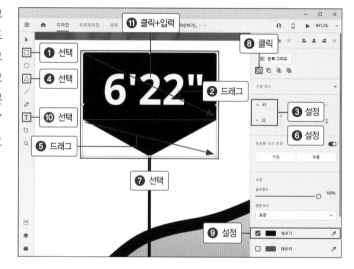

13 펜 도구(✐)를 선택하고 화살표 모양을 그립니다. 오른쪽 패널에서 테두리의 Hex를 '#00196D', 크기를 '5'로 설정합니다.

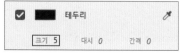

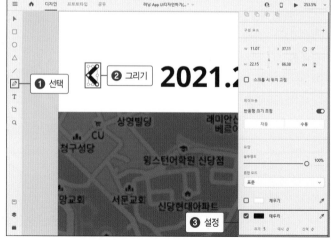

14 아트보드 왼쪽 위에 그림과 같이 배치하고 작업을 마무리합니다.

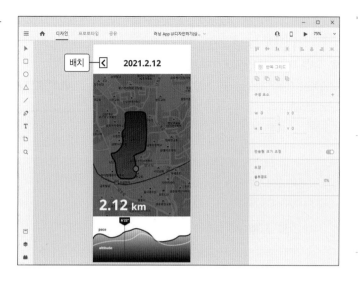

03 러닝 앱 활동 화면 UI 디자인하기
따라하기

01 시작 화면에서 'iPhone XR/XS Max/11 (414x896)'을 선택하여 새로운 아트보드를 만듭니다.

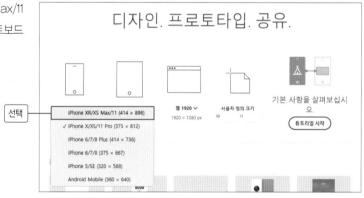

02 Tools 패널에서 사각형 도구(□)를 선택하고 아트보드에 드래그하여 W/H가 '414, 3' 크기인 직사각형을 그립니다. 오른쪽 패널에서 채우기의 Hex를 '#00196D'로 설정하고 그림처럼 배치합니다. 텍스트 도구(T)를 선택하고 아트보드에 클릭하여 'ACTIVITY'를 입력합니다.

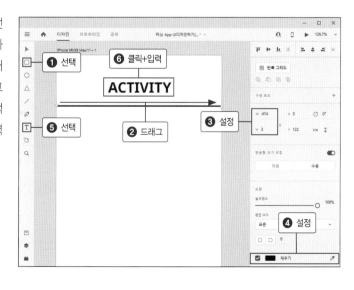

03 선 도구(⬚)를 선택하고 아트보드에 드래그하여 길이가 '24'인 가로 선 오브젝트 3개를 그린 다음 세로로 배치합니다. 오른쪽 패널에서 테두리의 Hex를 '#00196D', 크기를 '5'로 설정합니다.

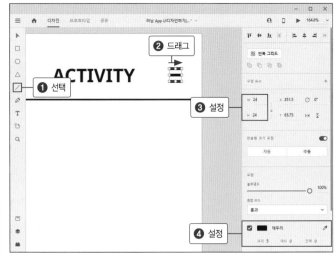

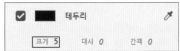

04 사각형 도구(⬚)를 선택하고 W/H가 '414, 40' 크기인 직사각형을 그립니다. 오른쪽 패널에서 채우기의 Hex를 '#00196D'로 설정합니다.

05 사각형 도구(⬚)를 선택하고 W/H가 '414, 4' 크기인 직사각형을 그린 다음 오른쪽 패널에서 채우기의 Hex를 '#6480DED' 로 설정합니다. 텍스트 도구(T)를 선택하고 '1136km', '2021.2'를 입력합니다.

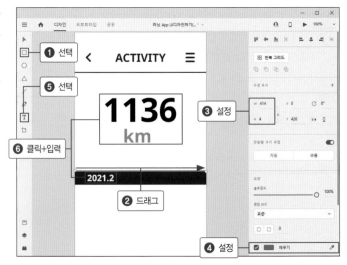

06 텍스트 도구(T)를 선택하고 '2021.2.12', '2.12km', '10:27'을 입력합니다. 펜 도구(✐)를 선택하고 화살표 모양을 그립니다. 오른쪽 패널에서 테두리의 Hex를 '#00196D', 크기를 '5'로 설정합니다.

07 03번~05번과 같은 방법으로 그림과 같이 사각형과 화살표 오브젝트를 그리고 텍스트를 입력합니다.

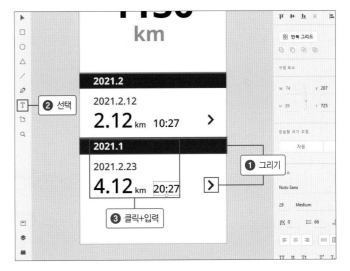

08 사각형 도구(▢)를 선택하고 W/H가 '414, 1' 크기인 직사각형을 그립니다. 오른쪽 패널에서 채우기의 Hex를 '#00196D'로 설정하고 텍스트 아래쪽에 배치합니다.

어도비 XD 기본

UI 아이콘 제작

애니메이션 제작

페이지 디자인

인터랙션 디자인

UI 디자인

실무 프로젝트

09 텍스트와 직사각형 오브젝트를 모두 선택하고 오른쪽 패널에서 〈반복 그리드〉 버튼을 클릭하여 배치한 다음 간격을 조절합니다.

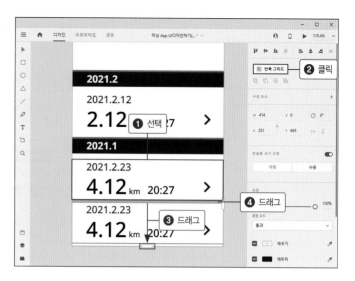

10 그림과 같이 조절하고 작업을 마무리합니다.

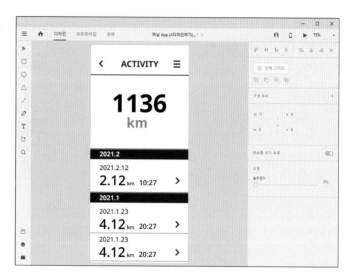

04 러닝 앱 인터랙션 적용하기
따라하기

01 아트보드의 이름을 더블클릭한 다음 '러닝 거리'로 변경합니다.

02 아트보드를 더블클릭하고 아래쪽으로 마우스를 가져가 아래로 드래그하면 아트보드가 길게 변경됩니다.

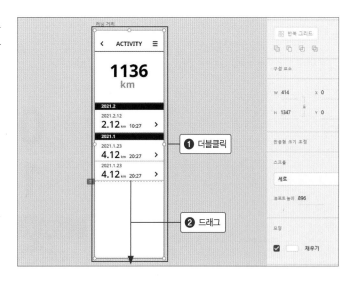

03 반복 그리드를 적용한 오브젝트를 아래로 드래그해서 그림과 같이 배치합니다.

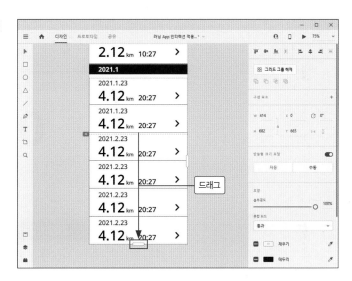

04 텍스트 도구(T)를 선택하고 0~9숫자를 세로로 4번 입력한 다음 〈반복 그리드〉 버튼을 클릭하여 조절점을 그림과 같이 아래로 드래그합니다.

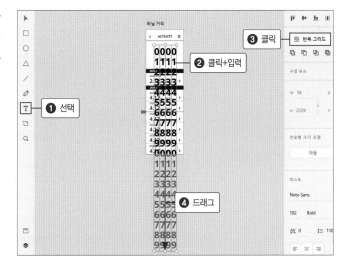

어도비 XD 기본

UI 아이콘 제작

애니메이션 제작

페이지 디자인

인터랙션 디자인

UI 디자인

실무 프로젝트

05 사각형 도구(□)를 선택하고 그림과 같이 직사각형 오브젝트를 그린 다음 직사각형 오브젝트와 숫자를 선택합니다.

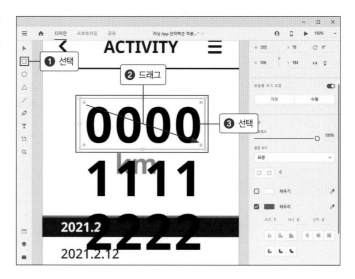

06 마스크 만들기(Ctrl+Shift+M)를 실행합니다.

07 Alt와 Shift를 같이 누른 채 아트보드의 이름 부분을 오른쪽으로 드래그해서 복사합니다.

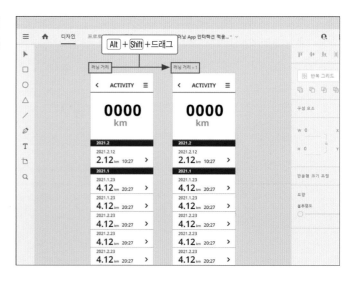

08 '러닝 거리-1' 아트보드에서 마스크를 적용한 오브젝트를 더블클릭한 다음 Shift를 누른 상태로 숫자를 위로 이동합니다.

09 숫자가 '1136'이 보이도록 그림과 같이 배치합니다.

10 완성 폴더에서 '러닝상세보기_완성.xd' 파일을 불러와서 아트보드를 복사(Ctrl +C), 붙여넣기(Ctrl+V)를 실행합니다.

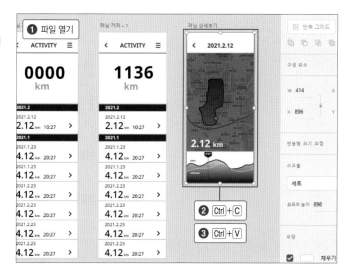

어도비 XD 기본

UI 아이콘 제작

애니메이션 제작

페이지 디자인

인터랙션 디자인

UI 디자인

실무 프로젝트

11 '프로토타입'을 선택하면 프로토타입 화면으로 됩니다. '러닝 거리' 아트보드를 선택하면 오른쪽에 인터랙션 연결 아이콘이 나타납니다.

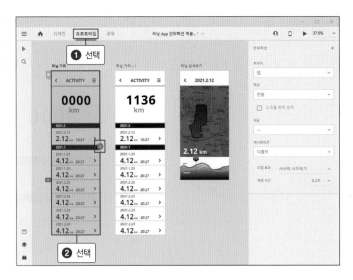

12 '러닝 거리' 아트보드에서 인터랙션 연결 아이콘을 클릭하고 '러닝 거리-1' 아트보드로 연결합니다. 오른쪽 패널에서 트리거는 '시간', 액션은 '자동 애니메이트', 이징 효과는 '없음', 재생 시간은 '2초'로 설정합니다.

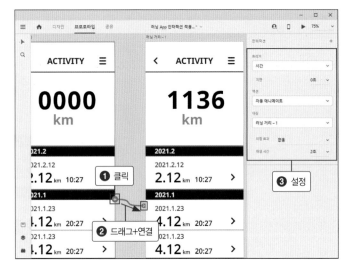

13 '러닝 거리-1' 아트보드에서 화살표 아이콘을 클릭하고 '러닝 상세보기' 아트보드로 연결합니다. 오른쪽 패널에서 트리거는 '탭', 액션은 '전환', 애니메이션은 '위로 슬라이드', 이징 효과는 '없음', 재생 시간은 '0.4초'로 설정합니다.

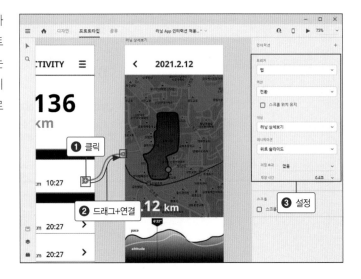

14 '러닝 상세보기' 아트보드에서 화살표
아이콘을 클릭하고 '러닝 거리' 아트보
드로 연결합니다. 오른쪽 패널에서 트리거는
'탭', 액션은 '전환', 애니메이션은 '아래로 슬라
이드', 이징 효과는 '없음', 재생 시간은 '0.4초'로
설정합니다. '데스크탑 미리보기'(▶)를 클릭합
니다.

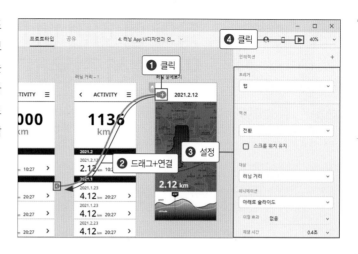

15 인터랙션을 적용한 아이콘을 클릭하면
인터랙션을 확인할 수 있습니다.

어도비 XD 기본

UI 아이콘 제작

애니메이션 제작

페이지 디자인

인터랙션 디자인

UI 디자인

실무 프로젝트

음악 앱 화면 UI 디자인과 인터랙션 적용하기

CHAPTER 02

사각형 오브젝트에 이미지를 삽입하고 카드형 플레이리스트에 반복 그리드를 적용하여 음악 앱 재생 목록 UI 를 디자인합니다. 그리고 오브젝트 흐림 효과를 활용하여 이미지를 블러 효과로 적용하고 다양한 도형 도구 를 활용하여 아이콘을 그려 재생 화면 UI를 디자인합니다. 그런 다음 트리거의 '드래그'를 활용하여 볼륨 조 절 인터랙션을 적용합니다.

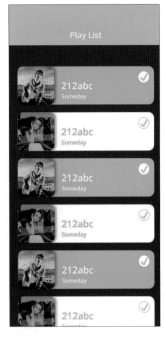

예제파일 : 음악.jpg, 음악01.jpg
음악02.jpg
완성파일 : 음악재생목록_완성.xd
음악볼륨조절_완성.xd

---

01 음악 앱 재생 목록 UI 디자인하기
따라하기

01 시작 화면에서 'iPhone XR/XS Max/11 (414x896)'을 선택하여 새로운 아트보드 를 만듭니다.

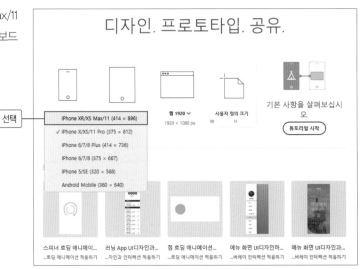

02 아트보드를 선택하여 선택한 다음 오른
쪽 패널에서 채우기의 Hex를 '#363636'
로 설정합니다.

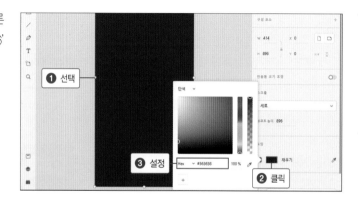

03 사각형 도구(□)를 선택하고 아트보드에 드래그하여 W/H가 '414, 120' 크기인 직사각형을 그린 다음 오른쪽 패널에
서 채우기의 Hex를 '#11E4DC'로 설정합니다. 텍스트 도구(T)를 선택하고 아트보드에 클릭하여 'Play List'를 입력
한 다음 오른쪽 패널에서 채우기의 Hex를 '흰색'으로 설정합니다.

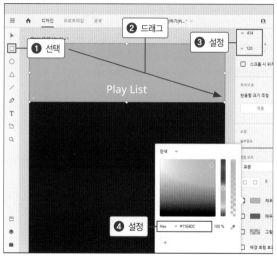
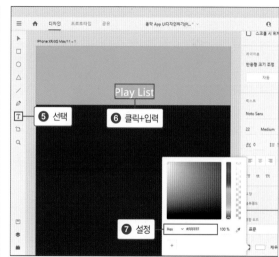

04 사각형 도구(□)를 선택하고 W/H가
'370, 100' 크기인 직사각형을 그립니다.
오른쪽 패널에서 채우기의 Hex를 '#11E4DC',
불투명도를 '80%', 모든 모퉁이에 대해 동일한
반경(□)을 '15'로 설정합니다.

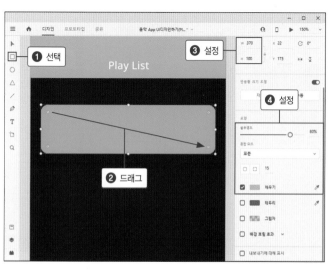

05 사각형 도구(□)를 선택하고 W/H가 '100' 크기인 정사각형을 그립니다. 오른쪽 패널에서 채우기의 Hex를 '흰색', 모든 모퉁이에 대해 동일한 반경(□)을 '15'로 설정한 다음 직사각형 오브젝트의 왼쪽에 배치합니다.

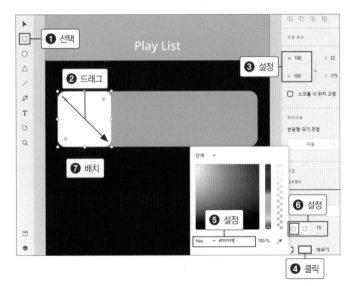

06 예제 폴더에서 '음악01.jpg' 파일을 W/H가 '100' 크기인 정사각형 오브젝트에 드래그하여 삽입합니다. 텍스트 도구(T)를 선택하고 '212abc', 'Someday'를 입력한 다음 오른쪽 패널에서 텍스트를 꾸며줍니다.

07 타원 도구(○)를 선택하고 W/H가 '30' 크기인 정원을 그립니다. 오른쪽 패널에서 채우기의 Hex를 '흰색'으로 설정하고 '테두리'를 체크 해제합니다.

08 펜 도구(✎)를 선택하고 아트보드에 클
릭하여 'v(체크)' 모양을 그립니다. 오른
쪽 패널에서 테두리의 Hex를 '#11E4DC', 크기
를 '3'으로 설정합니다.

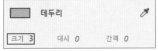

09 04번~08번에서 작업한 오브젝트를 모
두 선택하고 복사(Ctrl+C), 붙여넣기
(Ctrl+V)를 실행합니다. 복사한 오브젝트를 아
래쪽에 '20' 크기로 간격을 두어 배치합니다.

10 예제 폴더에서 '음악02.jpg' 파일을 복
사한 카드 오브젝트의 이미지에 드래그
하여 삽입합니다. 사각형 오브젝트와 텍스트 오
브젝트의 색상을 수정합니다.

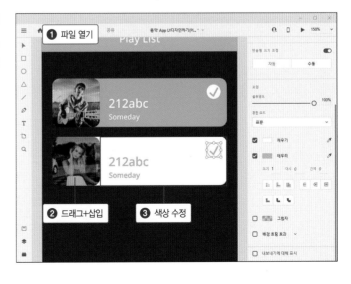

어도비 XD 기본

UI 아이콘 제작

애니메이션 제작

페이지 디자인

인터랙션 디자인

UI 디자인

실무 프로젝트

11 흰색과 민트색 카드 오브젝트를 모두 선
택하고 오른쪽 패널에서 〈반복 그리드〉
버튼을 클릭한 다음 '그리드 그룹'의 조절점을 아
래로 드래그합니다. 그리드 사이의 분홍색 지점
을 드래그하여 간격을 '20' 크기로 조절합니다.

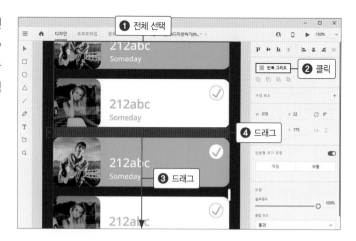

12 카드 오브젝트에서 이미지 오브젝트만
선택한 다음 오른쪽 패널에서 '그림자'를
체크 선택합니다. 그림자의 Hex를 '검정', X를
'4', Y를 '0', B를 '6', 알파를 '40%'로 설정하여
작업을 마무리합니다.

13 음악 앱 재생 목록 UI 디자인이 완성되었습니다.

02 음악 앱 재생 화면 UI 디자인하기
따라하기

01 시작 화면에서 'iPhone XR/XS Max/11 (414x896)'을 선택하여 새로운 아트보드를 만듭니다.

선택

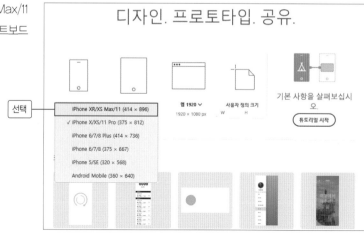

02 예제 폴더에서 '음악.jpg' 파일을 아트보드에 드래그하여 삽입합니다.

① 파일 열기
② 드래그+삽입

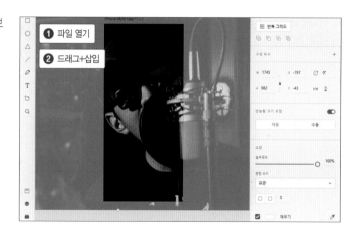

03 오른쪽 패널에서 '오브젝트 흐림 효과'를 체크 선택하고 정도를 '10'으로 설정합니다.

설정

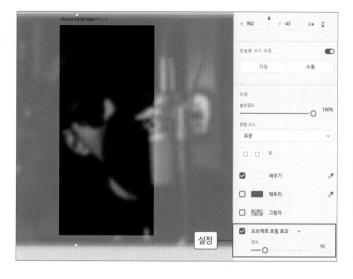

04 사각형 도구(□)를 선택하고 W/H가 '414, 896' 크기인 직사각형을 그립니다.

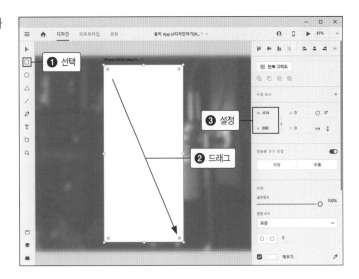

05 이미지 오브젝트와 사각형 오브젝트를 모두 선택하고 마우스 오른쪽 버튼을 누르면 나타나는 메뉴에서 **모양으로 마스크 만들기**(Shift+Ctrl+M)를 실행합니다.

06 사각형 도구(□)를 선택하고 W/H가 '414, 896' 크기인 직사각형을 그립니다. 오른쪽 패널에서 채우기의 Hex를 '#11E4DC', 불투명도 '20%'로 설정합니다.

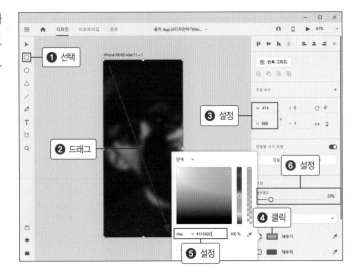

07 사각형 도구(□)를 선택하고 W/H가 '414, 120' 크기인 직사각형을 그린 다음 오른쪽 패널에서 채우기의 Hex를 '#11E4DC'로 설정합니다.

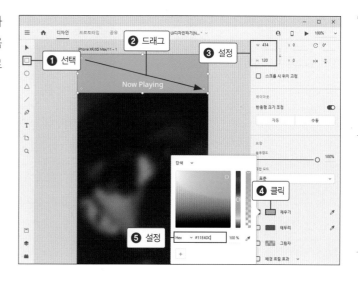

08 텍스트 도구(T)를 선택하고 아트보드에 클릭하여 'Now Playing'을 입력한 다음 오른쪽 패널에서 글꼴 크기를 '22', 채우기의 Hex를 '흰색'으로 설정합니다.

09 타원 도구(○)를 선택하고 W/H가 '200' 크기인 정원을 그립니다. 예제 폴더에서 '음악.jpg' 파일을 정원 오브젝트에 드래그하여 삽입합니다.

어도비 XD 기본

UI 아이콘 제작

애니메이션 제작

페이지 디자인

인터랙션 디자인

UI 디자인

실무 프로젝트

10 오른쪽 패널에서 '그림자'를 체크 선택하고 Hex를 '#11E4DC', X를 '0', Y를 '0', B를 '26'으로 설정하여 입체감을 표현합니다.

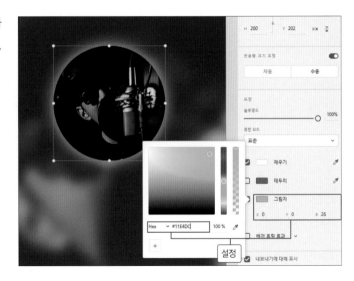

11 타원 도구(◎)를 선택하고 W/H가 '270' 크기인 정원을 그립니다. 오른쪽 패널에서 '채우기'를 체크 해제하고 테두리의 Hex를 '흰색', 크기를 '6'으로 설정합니다.

12 W/H가 '270' 크기인 정원 오브젝트를 선택하고 복사(Ctrl+C), 붙여넣기(Ctrl+C)를 실행합니다. 오른쪽 패널에서 테두리의 Hex를 '#11E4DC'로 설정합니다.

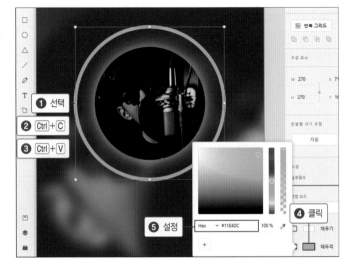

13 사각형 도구(□)를 선택하고 정원 오브젝트의 절반을 가리는 직사각형을 그린 다음 사각형 오브젝트와 정원 오브젝트를 선택합니다.

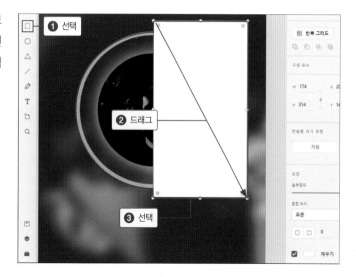

14 마우스 오른쪽 버튼을 클릭한 다음 나타나는 메뉴에서 모양으로 마스크 만들기(Shift+Ctrl+M)를 실행합니다.

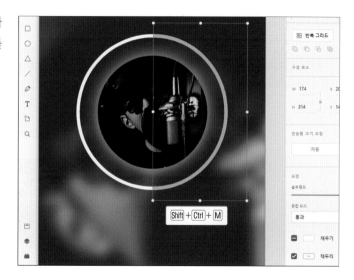

15 타원 도구(○)를 선택하고 W/H가 '19' 크기인 정원을 그립니다. 오른쪽 패널에서 채우기의 Hex를 '#11E4DC'로 설정합니다.

오토메이트 3D 기본

UI 아이콘 제작

애니메이션 제작

페이지 디자인

인터랙션 디자인

UI 디자인

실무 프로젝트

16 텍스트 도구(T)를 선택하고 '212abc', 'Is This It'을 입력한 다음 오른쪽 패널에서 텍스트를 꾸며줍니다.

17 타원 도구(○)를 선택하고 W/H가 '80' 크기인 정원을 그립니다. 오른쪽 패널에서 채우기의 Hex를 '#11E4DC'로 설정하고 '테두리'를 체크 해제합니다.

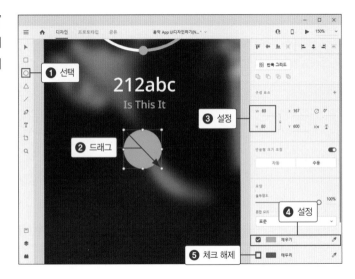

18 사각형 도구(□)를 선택하고 W/H가 '10, 36' 크기인 직사각형을 그립니다. 오른쪽 패널에서 '모든 모퉁이에 대해 동일한 반경' 아이콘(□)을 클릭하고 '4'로 입력합니다.

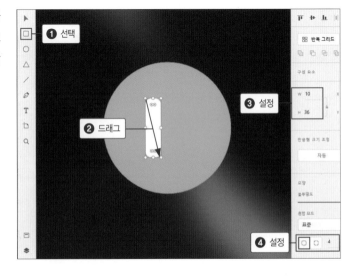

19 둥근 직사각형 오브젝트를 복사하여 11 자 모양으로 배치합니다.

20 다각형 도구(△)를 선택하고 W/H가 '40, 35' 크기인 삼각형을 그립니다. 오른쪽 패널에서 모퉁이 반경(⌐)을 '3', 회전을 '270' 각도로 변경합니다.

21 삼각형 오브젝트를 선택하고 복사(Ctrl +C), 붙여넣기(Ctrl+V)를 실행한 다음 겹쳐지게 배치합니다. 삼각형 오브젝트 두 개를 선택하고 마우스 오른쪽 버튼을 클릭한 다음 나타나는 메뉴에서 그룹(Ctrl+G)으로 지정합니다.

어도비 XD 기본

UI 아이콘 제작

애니메이션 제작

페이지 디자인

인터랙션 디자인

UI 디자인

실무 프로젝트

22 삼각형 아이콘을 선택하고 복사(Ctrl+C),
붙여넣기(Ctrl+V)를 실행한 다음 오른쪽
패널에서 '가로로 뒤집기' 아이콘(▷◁)을 클릭합니
다. 일시정지 아이콘을 가운데에 놓고 같은 간격으
로 배치합니다.

23 선 도구(╱)를 선택하고 아트보드에 드
래그하여 길이가 '280'인 가로 선을 그
립니다. 오른쪽 패널에서 테두리의 Hex를 '흰
색', 크기를 '2'로 설정합니다.

24 선 도구(╱)를 선택하고 길이가 '185'인
가로 선을 그린 다음 오른쪽 패널에서
테두리의 Hex를 '#11E4DC', 크기를 '6'으로 설
정합니다.

25 타원 도구(⬭)를 선택하고 W/H가 '19' 크기인 정원을 그린 다음 오른쪽 패널에서 채우기의 Hex를 '#11E4DC'로 설정하고 W의 길이가 '185'인 가로선 오른쪽에 배치합니다.

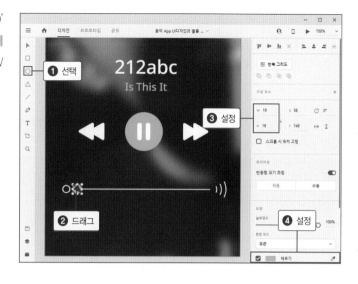

26 타원 도구(⬭)를 선택하고 W/H가 '15' 크기인 정원을 그립니다. 오른쪽 패널에서 테두리의 Hex를 '흰색', 크기를 '2'로 설정합니다.

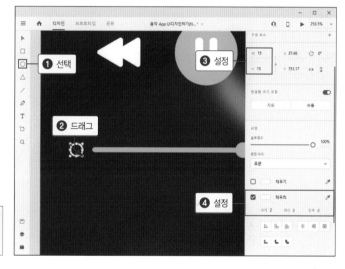

27 타원 도구(⬭)를 선택하고 W/H가 '28', '48', '68' 크기인 정원을 세 개 그립니다. 정원 오브젝트를 모두 선택하고 오른쪽 패널에서 테두리의 Hex를 '흰색', 크기를 '2'로 설정합니다.

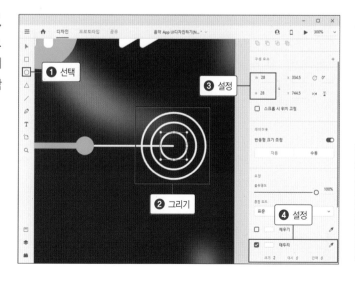

어도비 XD 기본

UI 아이콘 제작

애니메이션 제작

페이지 디자인

인터랙션 디자인

UI 디자인

실무 프로젝트

28 27번 정원 오브젝트를 모두 선택하고 '중간 정렬(세로)(Shift+M)' 아이콘(▥), '가운데 정렬(가로)(Shift+C)' 아이콘(▥)을 클릭하여 정렬합니다.

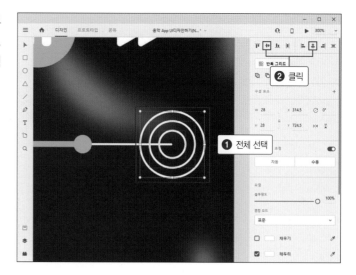

29 다각형 도구(△)를 선택하고 정원 오브젝트 가운데에서부터 드래그하여 삼각형을 그립니다. 정원 오브젝트와 삼각형 오브젝트를 모두 선택합니다.

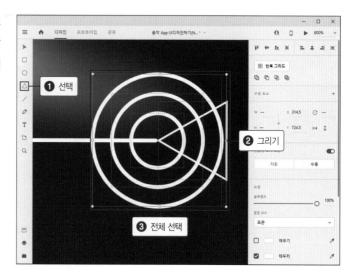

30 마우스 오른쪽 버튼을 클릭한 다음 나타나는 메뉴에서 모양으로 마스크 만들기(Shift+Ctrl+M)를 실행합니다.

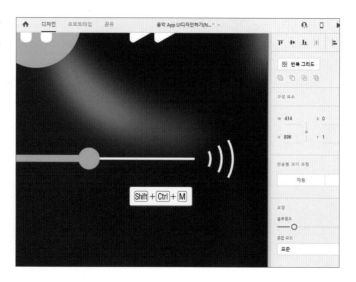

31 선 도구(✐)를 선택하고 길이가 '24'인 가로 선을 그린 다음 오른쪽 패널에서 테두리의 Hex를 '흰색', 크기를 '4'로 설정합니다. 오브젝트를 복사하여 세 개의 선을 나란히 배치합니다.

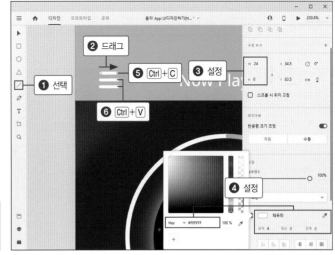

32 선 도구(✐)를 선택하고 길이가 '18'인 대각선을 그린 다음 오른쪽 패널에서 테두리의 Hex를 '흰색', 크기를 '4'로 설정합니다.

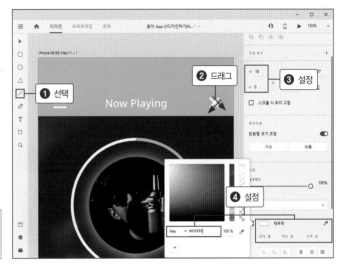

33 아트보드 오른쪽 위에 닫기 아이콘을 배치하고 작업을 마무리합니다.

01 아트보드의 이름을 더블클릭하여 '볼륨 조절'로 변경합니다.

02 선택 도구(▶)를 선택하고 선과 정원 오브젝트를 선택합니다.

03 선과 정원 오브젝트를 그림과 같이 왼쪽으로 이동시킵니다.

어도비 XD 기본

UI 아이콘 제작

애니메이션 제작

페이지 디자인

인터랙션 디자인

UI 디자인

실무 프로젝트

04 Alt 와 Shift 를 같이 누른 채 아트보드의
이름 부분을 오른쪽으로 드래그해서 복
사합니다.

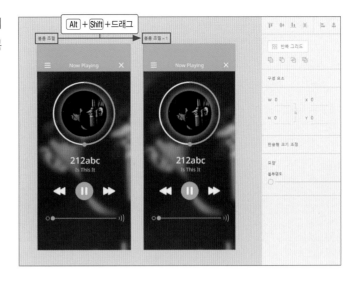

05 선택 도구(▶)를 선택하고 선과 정원 오
브젝트를 그림과 같이 오른쪽으로 이동
시킵니다.

06 '프로토타입'을 선택하면 프로토타입 화
면으로 됩니다. '볼륨 조절' 아트보드를
선택하면 오른쪽에 인터랙션 연결 아이콘이 나
타납니다.

07 '볼륨 조절' 아트보드에서 정원 오브젝트를 클릭하고 '볼륨 조절-1' 아트보드로 연결합니다. 오른쪽 패널에서 트리거는 '드래그', 액션은 '자동 애니메이트', 이징 효과는 '스냅'으로 설정합니다.

08 '볼륨 조절-1' 아트보드에서 정원 오브젝트를 클릭하고 '볼륨 조절' 아트보드로 연결합니다. 오른쪽 패널에서 트리거는 '드래그', 액션은 '자동 애니메이트', 이징 효과는 '스냅'으로 설정합니다. '데스크탑 미리보기'(▶)를 클릭합니다.

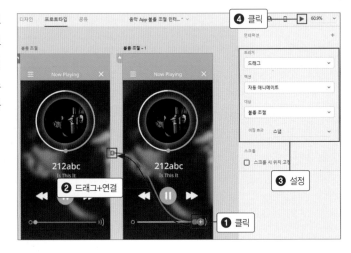

09 정원 오브젝트를 선택하고 드래그하면 볼륨 조절 인터랙션을 확인할 수 있습니다.

앱 메뉴 화면 UI 디자인과 인터랙션 적용하기

CHAPTER

오브젝트에는 이미지를, 반복 그리드에는 텍스트 파일을 적용하여 메뉴 화면 UI를 디자인한 다음 메인 화면에서 메뉴 아이콘을 터치하면 메뉴 화면이 왼쪽에서 오른쪽으로 슬라이딩되는 오버레이 인터랙션을 적용합니다.

어도비 XD 기본

UI 아이콘 제작

애니메이션 제작

페이지 디자인

인터랙션 디자인

UI 디자인

실무 프로젝트

예제파일 : 메뉴.txt, EDISON.jpg
배경.jpg
완성파일 : 앱메뉴_완성.xd

---

01 앱 메뉴 화면 UI 디자인하기
따라하기

01 시작 화면에서 'iPhone XR/XS Max/11 (414x896)'을 선택하여 새로운 아트보드를 만듭니다.

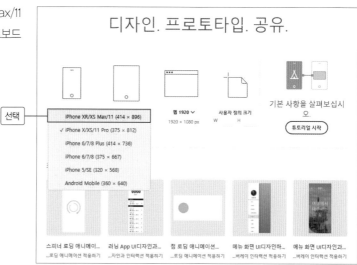

02 아트보드를 클릭하여 선택한 다음 오른쪽 패널에서 채우기를 '선형 그레이디언트'로 지정합니다. 컬러 바에서 왼쪽 조절점의 Hex를 '#5FBBFE', 오른쪽 조절점의 Hex를 '#577FF8'로 설정합니다. 아트보드의 조절점을 이동하여 세로 그레이디언트로 변경합니다.

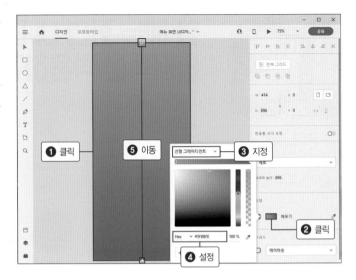

03 사각형 도구(□)를 선택하고 아트보드에 드래그하여 W/H가 '200, 896' 크기인 직사각형을 그립니다. 오른쪽 패널에서 채우기의 Hex를 '흰색'으로 설정합니다.

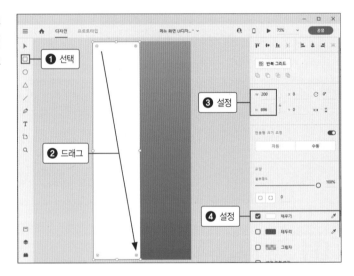

04 텍스트 도구(T)를 선택하고 아트보드에 클릭하여 'FEED'를 입력합니다. 오른쪽 패널에서 '영역 텍스트' 아이콘(▤)을 클릭한 다음 그림과 같이 텍스트 영역을 넓게 변경합니다. 오른쪽 패널에서 텍스트의 글꼴을 '본고딕', 글꼴 크기를 '13', 글꼴 두께를 'Bold'로 설정합니다.

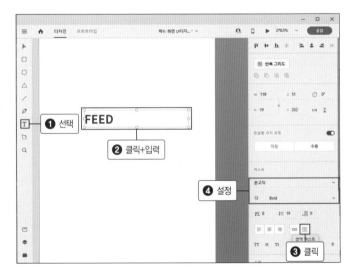

05 오른쪽 패널에서 〈반복 그리드〉 버튼을 클릭한 다음 '그리드 그룹'의 조절점을 아래로 드래그합니다. 텍스트 그리드 사이의 분홍색 지점을 드래그하여 간격을 '47' 크기로 조절합니다.

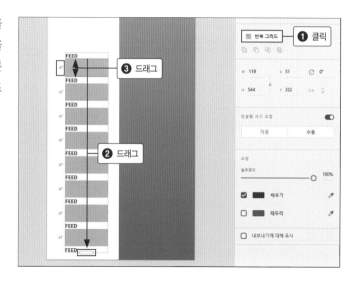

06 예제 폴더에서 '메뉴.txt' 파일을 선택한 다음 텍스트 그리드 오브젝트 위에 드래그합니다.

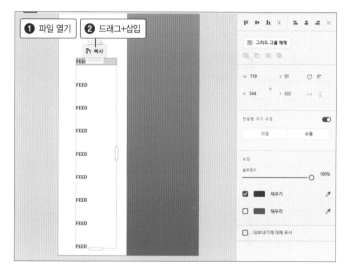

07 그림과 같이 텍스트를 변경합니다.

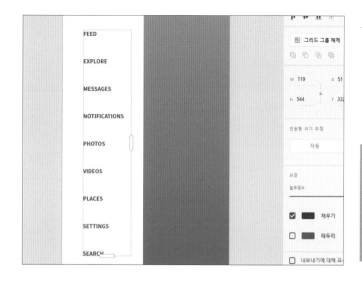

어도비 XD 기본

UI 아이콘 제작

애니메이션 제작

페이지 디자인

인터랙션 디자인

UI 디자인

실무 프로젝트

08 오른쪽 패널에서 X를 '50', Y를 '326'으로 설정하여 위치를 변경합니다.

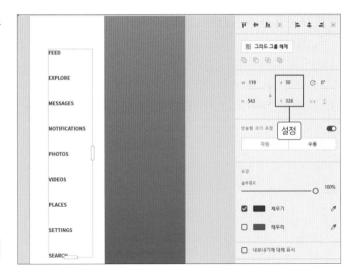

TIP
아래쪽에서 같은 간격을 설정하기 위해 이동합니다.

09 사각형 도구(□)를 선택하고 W/H가 '200, 66' 크기인 직사각형을 그립니다. 오른쪽 패널에서 X를 '0', Y를 '566'으로 설정하여 위치를 변경한 다음 채우기의 Hex를 '#5EBAFD', 알파를 '40%'로 설정합니다.

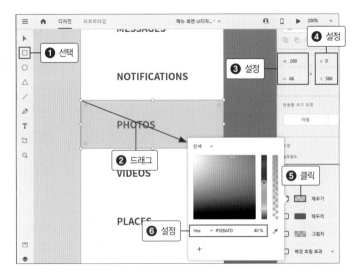

10 사각형 도구(□)를 선택하고 W/H가 '200, 3' 크기인 직사각형을 그립니다. 오른쪽 패널에서 X를 '0', Y를 '299'로 설정하여 위치를 변경한 다음 채우기의 Hex를 '#1543C9'로 설정합니다.

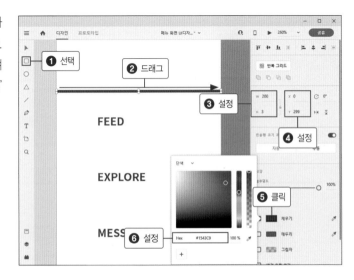

11 타원 도구(◯)를 선택하고 W/H를 '100' 크기로 설정한 정원을 그린 다음 왼쪽 메뉴의 위에 배치합니다.

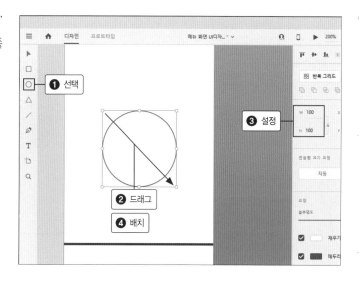

12 예제 폴더에서 'EDISON.jpg' 파일을 정원 오브젝트에 드래그하여 삽입하고 오른쪽 패널에서 '테두리'를 체크 해제합니다.

13 타원 도구(◯)를 선택하고 W/H가 '110' 크기인 정원을 그립니다. 오른쪽 패널에서 '채우기'를 체크 해제하고 테두리의 Hex를 '#1543C9', 크기를 '2'로 설정합니다.

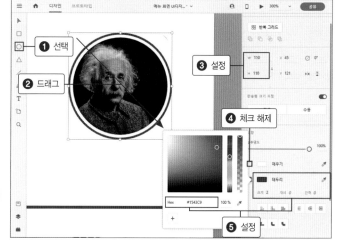

어도비 XD 기본

UI 아이콘 제작

애니메이션 제작

페이지 디자인

인터랙션 디자인

UI 디자인

실무 프로젝트

14 타원 도구(◎)를 선택하고 W/H가 '100' 크기인 정원을 그립니다. 오른쪽 패널에서 채우기의 Hex를 '#1543C9', 알파를 '50%'로 설정합니다.

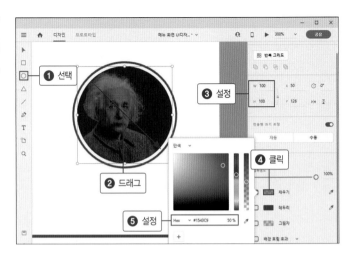

15 텍스트 도구(T)를 선택하고 'EDISON'을 입력합니다. 흰색 직사각형 오브젝트를 선택하고 오른쪽 패널에서 '그림자'를 체크 표시한 다음 X를 '26', Y를 '8', B를 '25'로 설정하고 작업을 마무리합니다.

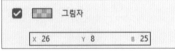

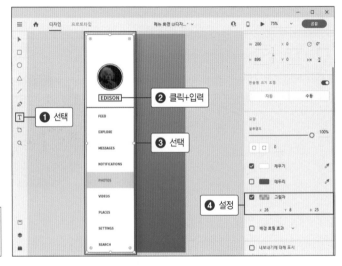

02 앱 메뉴 화면 오버레이 인터랙션 적용하기
따라하기

01 아트보드의 이름을 더블클릭해서 '메인'으로 변경합니다. 아트보드 도구(⬚)를 선택하고 W/H가 '270, 896' 크기인 아트보드를 만들고 이름을 '오버레이'로 변경합니다.

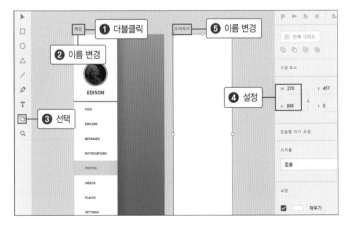

02 '메인' 아트보드에 있는 메뉴를 '오버레이' 아트보드에 왼쪽으로 배치합니다.

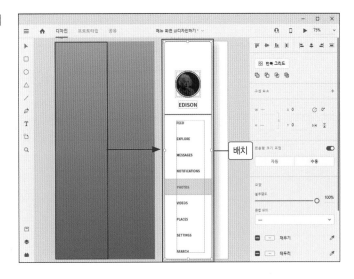

03 예제 폴더에서 '배경.jpg' 파일을 불러옵니다. 사각형 도구(□)를 선택해서 아트보드에 드래그하여 W/H가 '414, 896' 크기인 직사각형을 그리고 모양으로 마스크 만들기(Shift +Ctrl+M)를 실행합니다.

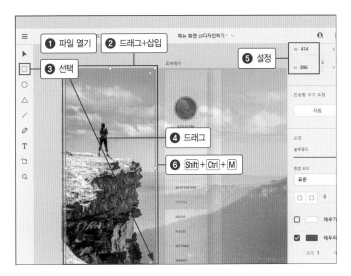

04 직사각형 오브젝트를 더블클릭하여 이미지를 그림과 같은 위치로 이동합니다.

05 사각형 도구(□)를 선택해서 W/H가 '414, 896' 크기인 직사각형을 그리고 채우기의 Hex를 '#1543C9', 알파를 '50%'로 설정합니다.

06 오른쪽 패널에서 '배경 흐림 효과'를 체크 선택하고 정도를 '3', 밝기를 '6', 불투명도를 '100%'로 설정을 변경합니다.

07 선 도구(╱)를 선택하고 아트보드에 드래그하여 길이가 '20'인 가로 선을 3개 그리고 테두리의 Hex를 '#FFFFFF', 크기를 '2', 원형 단면(▣)으로 선택한 다음 그룹(Ctrl+G)으로 지정하여 그림과 같이 배치합니다.

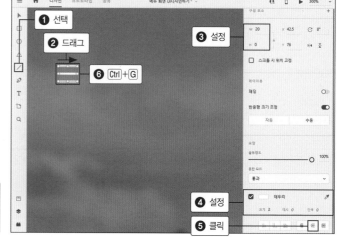

08 텍스트 도구(T)를 선택하고 아트보드에 클릭하여 'MAIN', '여행에서 마주하는 삶'을 그림과 같이 입력 및 배치합니다.

09 '프로토타입'을 선택하면 프로토타입 화면으로 됩니다. '메인' 아트보드를 선택하면 오른쪽에 인터랙션 연결 아이콘이 나타납니다.

10 '메인' 아트보드 왼쪽 위의 메뉴 아이콘을 클릭하고 '오버레이' 아트보드로 연결합니다. 오른쪽 패널에서 트리거는 '탭', 액션은 '오버레이', 대상은 '오버레이', 애니메이션은 '오른쪽으로 슬라이드', 이징 효과는 '서서히 끝내기', 재생 시간은 '0.4초'로 설정합니다. '데스크탑 미리보기'(▶)를 클릭합니다. 메뉴 아이콘을 클릭하면 왼쪽에서 메뉴가 나타나고 화면을 다시 클릭하면 왼쪽으로 사라지는 인터랙션을 확인할 수 있습니다.

배터리 충전 화면 UI 디자인과
인터랙션 적용하기

CHAPTER

원형 오브젝트에 선형/방사형 그레이디언트를 적용 및 변경하고 그림자 효과를 활용하여 입체감 있는 배터리 충전 UI를 디자인한 다음 컬러 변화와 '서서히 끝내기' 이징 효과를 인터랙션에 적용합니다.

완성파일 : 충전중_완성.xd

01 배터리 충전 화면 UI 디자인하기
따라하기

01 시작 화면에서 'iPhone XR/XS Max/11 (414x896)'을 선택하여 새로운 아트보드를 만듭니다.

02 아트보드를 선택하고 오른쪽 패널에서 채우기의 Hex를 '#000000'로 설정합니다.

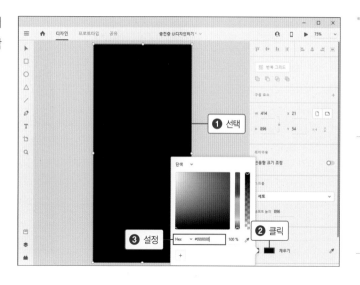

03 타원 도구(◯)를 선택하고 아트보드에 드래그하여 W/H가 '320' 크기인 정원을 그립니다. 오른쪽 패널에서 채우기를 '선형 그레이디언트'로 지정합니다. 컬러 바에서 왼쪽 조절점의 Hex를 '#FFFFFF', 오른쪽 조절점의 Hex를 '#808080'으로 설정한 다음 그러데이션을 적용합니다.

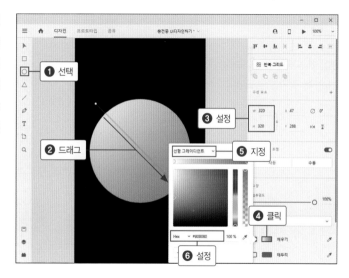

04 타원 도구(◯)를 선택하고 W/H가 '310' 크기인 정원을 그립니다. 오른쪽 패널에서 채우기의 Hex를 '#000000'로 설정하고 03번 정원 오브젝트의 가운데에 배치합니다.

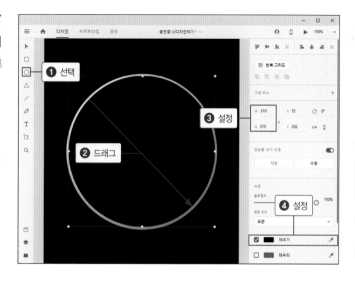

어도비 XD 기본

UI 아이콘 제작

애니메이션 제작

페이지 디자인

인터랙션 디자인

UI 디자인

실무 프로젝트

05 타원 도구(◯)를 선택하고 W/H가 '296' 크기인 정원을 그립니다. 오른쪽 패널에서 채우기를 '선형 그레이디언트'로 지정합니다. 컬러 바에서 왼쪽 조절점의 Hex를 '#808080', 오른쪽 조절점의 Hex를 '#FFFFFF'로 설정하고 그러데이션을 적용합니다.

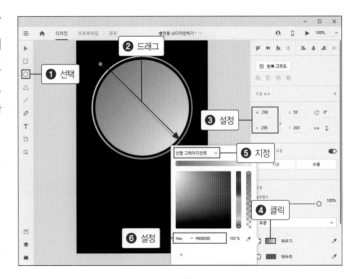

06 타원 도구(◯)를 선택하고 W/H가 '290' 크기인 정원을 그립니다. 오른쪽 패널에서 채우기의 Hex를 '#000000'로 설정하고 05번 정원 오브젝트의 가운데에 배치합니다.

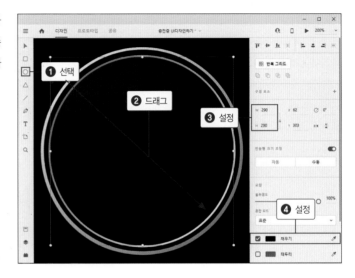

07 타원 도구(◯)를 선택하고 W/H가 '234' 크기인 정원을 그리고 오른쪽 패널에서 채우기를 '방사형 그레이디언트'로 지정합니다. 컬러 바에서 왼쪽 조절점의 Hex를 '#0E9D71', 오른쪽 조절점의 Hex를 '#00ECA4'로 설정하고 그러데이션을 적용합니다.

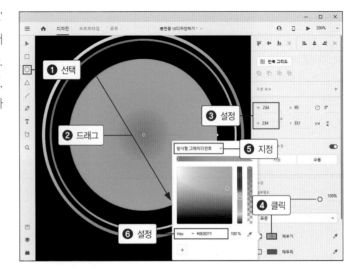

어도비 XD 기본

UI 아이콘 제작

애니메이션 제작

페이지 디자인

인터랙션 디자인

UI 디자인

실무 프로젝트

08 펜 도구(✐)를 선택하고 아트보드에 클릭하여 정원의 가운데에서부터 그림과 같이 오브젝트를 그린 다음 초록색 정원 오브젝트와 같이 선택합니다.

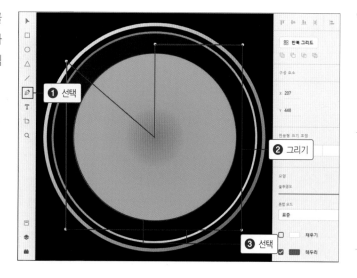

09 마우스 오른쪽 버튼을 클릭한 다음 나타나는 메뉴에서 모양으로 마스크 만들기(Shift+Ctrl+M)를 실행합니다.

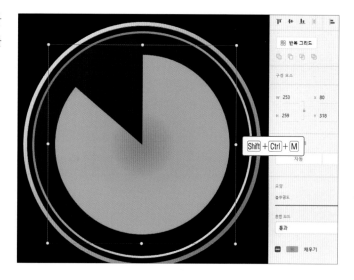

10 사각형 도구(▢)를 선택하고 W/H가 '3, 145' 크기인 직사각형을 그립니다. 오른쪽 패널에서 채우기를 '선형 그레이디언트'로 지정합니다. 컬러 바에서 왼쪽 조절점의 Hex를 '#FFF3F3', 오른쪽 조절점의 Hex를 '#808080'로 설정하고 그러데이션을 적용합니다.

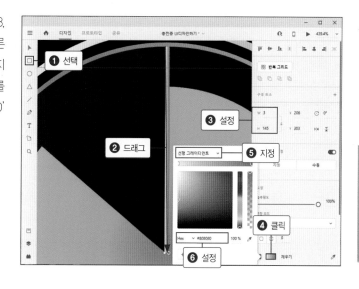

11 10번의 직사각형 오브젝트를 복사하여 그림과 같이 배치합니다.

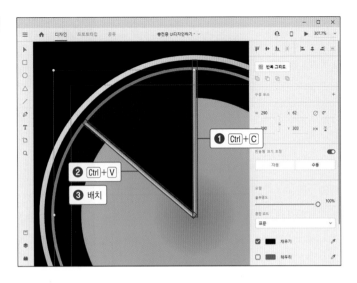

12 타원 도구(◯)를 선택하고 W/H가 '42' 크기인 정원을 그립니다. 오른쪽 패널에서 채우기를 '방사형 그레이디언트'로 지정합니다. 컬러 바에서 왼쪽 조절점의 Hex를 '#636363', 오른쪽 조절점의 Hex를 '#DFDFDF'로 설정하고 그러데이션을 적용하고 초록색 정원 오브젝트의 가운데에 배치합니다.

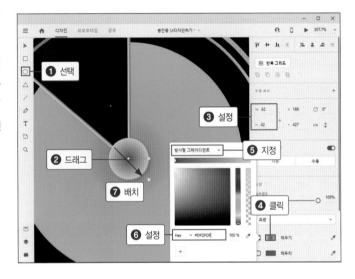

13 타원 도구(◯)를 선택하고 W/H가 '28' 크기인 정원을 그립니다. 오른쪽 패널에서 채우기의 Hex를 '#04D696'로 설정하고 12번 정원 오브젝트의 가운데에 배치합니다.

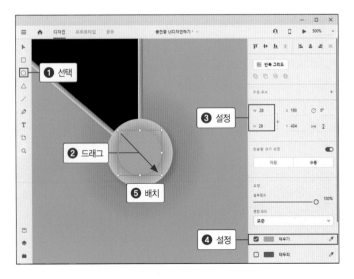

14 타원 도구(◎)를 선택하고 W/H가 '18' 크기인 정원을 그립니다. 오른쪽 패널에서 채우기를 '선형 그레이디언트'로 지정합니다. 컬러 바에서 왼쪽 조절점의 Hex를 '#FFFFFF', 오른쪽 조절점의 알파를 '0%'로 설정하고 그러데이션을 적용하여 그림과 같이 배치합니다.

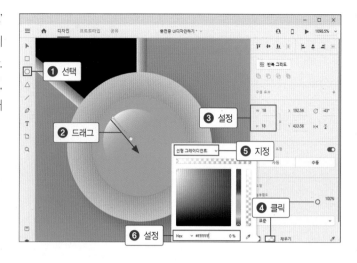

15 사각형 도구(▢)를 선택하고 W/H가 '80, 120' 크기인 직사각형을 그립니다. 오른쪽 패널에서 채우기의 Hex를 '#858585'로 설정하고 정원 오브젝트 가운데 아래쪽에 배치합니다.

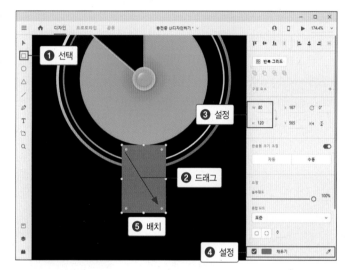

16 오른쪽 패널에서 '모든 모퉁이에 대해 동일한 반경' 아이콘(▢)을 클릭한 다음 '10'으로 설정합니다. 마우스 오른쪽 버튼을 클릭한 다음 나타나는 메뉴에서 정렬 → 맨 뒤로 보내기(Shift+Ctrl+[)를 실행합니다.

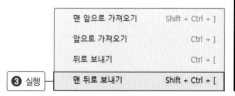

17 다각형 도구(△)를 선택하고 W/H가 '44, 38' 크기인 삼각형을 그린 다음 오른쪽 패널에서 채우기의 Hex를 '#000000'로 설정합니다. 모퉁이 반경(⌐)을 '3'으로 설정하고 16번 사각형 오브젝트의 안쪽에 배치합니다.

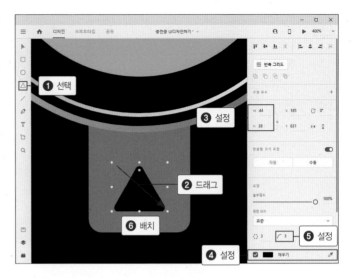

18 삼각형 오브젝트를 복사하고 오른쪽 패널에서 채우기를 '선형 그레이디언트'로 지정합니다. 컬러 바에서 왼쪽 조절점의 Hex를 '#000000', 알파를 '0%'로 설정하고 그러데이션을 적용한 다음 조금 위쪽으로 배치합니다.

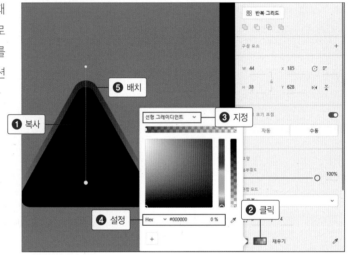

19 사각형 도구(□)를 선택하고 W/H가 '6, 211' 크기인 직사각형을 그립니다. 오른쪽 패널에서 채우기의 Hex를 '#858585'로 설정하고 그림과 같이 배치합니다.

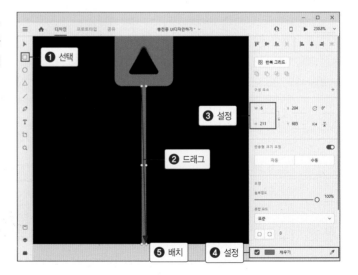

20 텍스트 도구(T)를 선택하고 아트보드에 클릭하여 '90%', '충전중'을 입력합니다. 가장 큰 정원 오브젝트를 선택하고 오른쪽 패널에서 '그림자'를 체크 선택하고 Hex를 '#00E9A2', X를 '0', Y를 '0', B를 '30'으로 설정해서 입체감을 표현하여 작업을 마무리합니다.

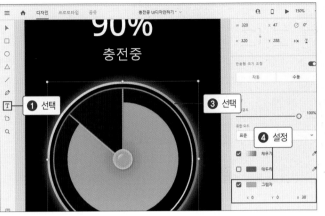

02 배터리 충전 화면 인터랙션 적용하기
따라하기

01 아트보드의 이름을 더블클릭한 다음 '충전중 90%'로 변경합니다.

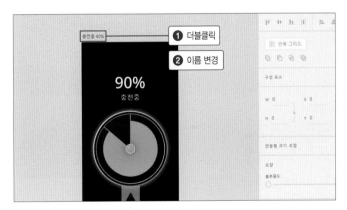

02 아트보드를 복사하고 이름을 '충전중 50%'로 변경합니다. 가장 작은 정원 오브젝트 채우기와 외곽 정원 오브젝트 그림자의 Hex를 '#ECCD00'로 변경합니다. 텍스트 도구(T)를 아트보드에 클릭하고 '90%' 텍스트를 '50%'로 변경합니다.

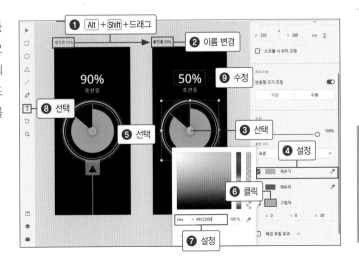

03 '충전중 50%' 아트보드의 초록색 정원 그레이디언트 오브젝트를 더블클릭하고 오른쪽 패널에서 각각의 조절점을 선택한 다음 왼쪽에서부터 채우기의 Hex를 '#A79507', '#ECCD00'로 설정을 변경합니다.

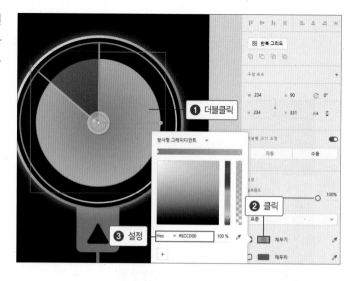

04 정원 그레이디언트를 선택하고 마우스 오른쪽 버튼을 클릭한 다음 나타나는 메뉴에서 마스크 그룹 해제(Shift+Ctrl+G)를 실행합니다. 정원 그레이디언트의 가운데부터 직사각형을 그립니다.

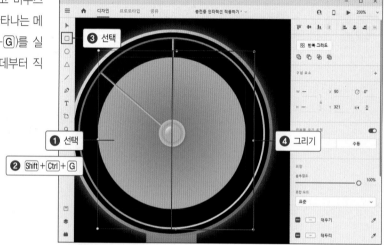

05 그림과 같이 모양으로 마스크 만들기(Shift+Ctrl+M)를 적용합니다.

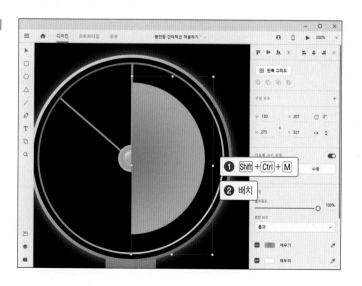

06 정원 오브젝트 안의 왼쪽 기준선을 회전시켜 그림과 같이 배치합니다. 마스크 적용된 오브젝트에 뒤로 보내기(Ctrl+[)를 여러 번 실행하여 그림과 같이 정렬합니다.

07 '충전중 50%' 아트보드의 이름을 클릭한 다음 오른쪽으로 복사하고 '충전중 10%'로 이름을 변경합니다. 가장 작은 정원 오브젝트 채우기와 외곽 정원 오브젝트 그림자의 Hex를 '#FF0000'로 변경합니다. 텍스트 도구(T)를 선택하고 '50%' 텍스트를 '10%'로 변경합니다.

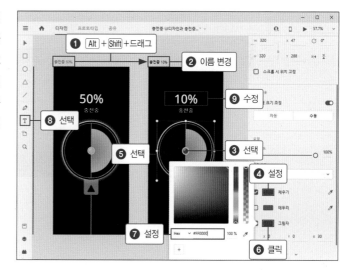

08 04번~06번과 같은 방법으로 마스크를 변경합니다. 오른쪽 패널에서 각각의 조절점을 선택한 다음 왼쪽에서부터 채우기의 Hex를 '#570505', '#FF0000'로 설정을 변경합니다.

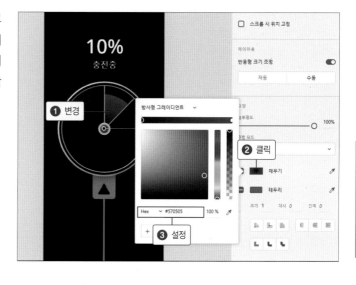

09 '프로토타입'을 선택하면 프로토타입 화면으로 됩니다. '충전중 10%' 아트보드를 선택하면 오른쪽에 나타나는 인터랙션 연결 아이콘을 '충전중 50%' 아트보드로 연결합니다. 오른쪽 패널에서 트리거는 '시간', 지연은 '1초', 액션은 '자동 애니메이트', 이징 효과는 '서서히 끝내기', 재생 시간은 '5초'로 설정합니다.

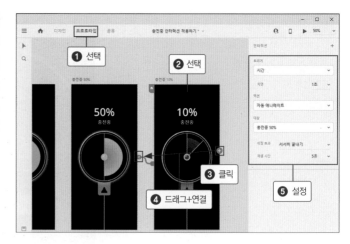

10 '충전중 50%' 아트보드를 '충전중 90%'아트보드로 인터랙션을 연결합니다. '데스크탑 미리보기'(▶)를 선택합니다.

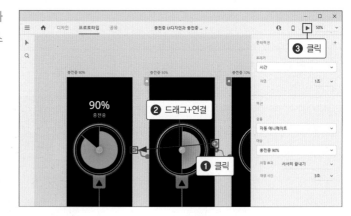

11 서서히 채워지는 충전중 인터랙션을 확인할 수 있습니다.

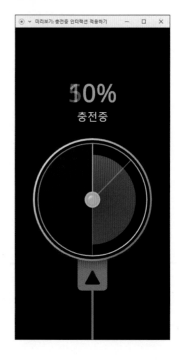

어도비 XD 기본

UI 아이콘 제작

애니메이션 제작

페이지 디자인

인터랙션 디자인

UI 디자인!

실무 프로젝트

05
CHAPTER

공유 자전거 앱 화면 UI 디자인과
인터랙션 적용하기

오브젝트에 선형 그레이디언트를 적용 및 회전한 다음 도형 도구를 활용하여 자전거 아이콘을 그리고 공유 자전거 앱 시작 화면 UI를 디자인합니다. 그리고 정원 오브젝트를 정렬하고 변형하여 공유 자전거 앱 위치 공유 화면 UI를 디자인한 다음 버튼에 '마우스 오버 상태'를 적용하고 아래에서 위로 슬라이딩되는 인터랙션을 적용합니다.

예제파일 : 자전거.jpg, me.jpg
완성파일 : 자전거앱_완성.xd

01 따라하기 공유 자전거 앱 시작 화면 UI 디자인하기

01 시작 화면에서 'iPhone XR/XS Max/11
(414x896)'을 선택하여 새로운 아트보드를 만듭니다.

02 예제 폴더에서 '자전거.jpg' 파일을 불러
오고 그림과 같이 배치합니다.

03 사각형 도구(□)를 선택하고 아트보드
에 드래그하여 W/H가 '414, 896' 크기
인 직사각형을 그린 다음 사각형 오브젝트와 이
미지를 선택합니다.

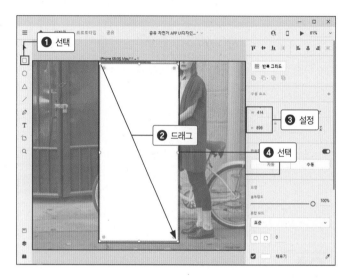

04 모양으로 마스크 만들기(Shift+Ctrl+M)
를 적용합니다.

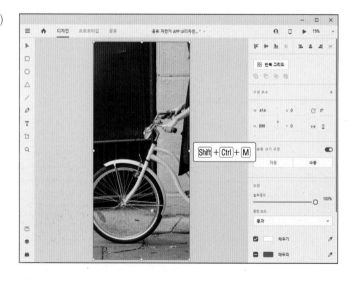

05 마스크를 적용한 이미지 오브젝트를 더
블릭합니다.

06 오른쪽 패널에서 '오브젝트 흐림 효과'
를 체크 표시한 다음 정도를 '5'로 설정
합니다.

07 사각형 도구(□)를 선택하고 W/H가
'414, 896' 크기인 직사각형을 그립니다.
오른쪽 패널에서 채우기의 Hex를 '#000000',
알파를 '70%'로 설정합니다.

08 사각형 도구(□)를 선택하고 W/H가 '650, 260' 크기인 직사각형을 그립니다. 오른쪽 패널에서 채우기를 '선형 그레이디언트'로 지정한 다음 컬러 바에서 왼쪽 조절점의 Hex를 '#14C1D0', 오른쪽 조절점의 Hex를 '#BF0D8A'로 설정합니다.

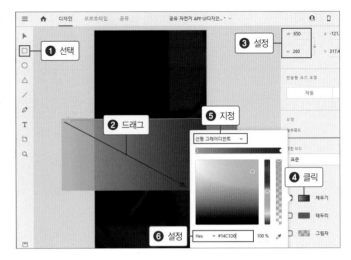

09 사각형 오브젝트를 선택하고 오른쪽 패널에서 '모든 모퉁이에 대해 동일한 반경' 아이콘(□)을 클릭한 다음 '130' 크기로, 회전을 '135' 각도로 설정합니다.

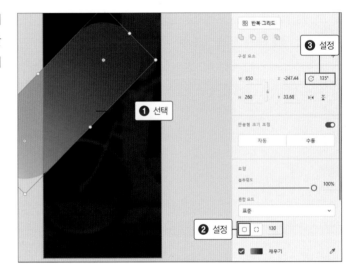

10 08번~09번과 같은 방법으로 W/H가 '500, 60' 크기인 직사각형을 그린 다음 안쪽 조절점을 드래그하여 둥근 직사각형으로 변형합니다. 오른쪽 패널에서 채우기를 '선형 그레이디언트'로 지정하고 컬러 바에서 왼쪽 조절점의 Hex를 '#8A9CCC', 오른쪽 조절점의 Hex를 '#7EE506'로 설정하여 그러데이션을 적용합니다.

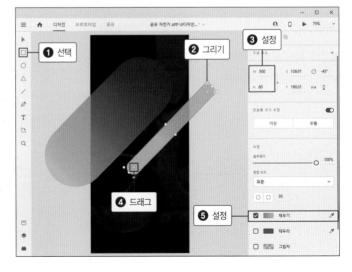

11 사각형 도구(□)를 선택하고 W/H가 '220, 50' 크기인 직사각형을 그립니다. 안쪽 조절점을 드래그하여 둥근 직사각형으로 변형하고 오른쪽 패널에서 채우기의 Hex를 '#BF008A' 설정한 다음 아트보드의 아래쪽 가운데에 배치합니다. 텍스트 도구(T)를 선택하고 아트보드에 클릭하여 '시작하기'를 입력합니다.

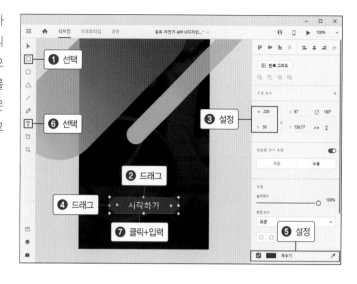

12 타원 도구(○)를 선택하고 W/H가 '90' 크기인 정원 오브젝트를 두 개 그립니다. 오른쪽 패널에서 테두리의 Hex를 '#FFFFFF', 크기를 '4'로 설정합니다.

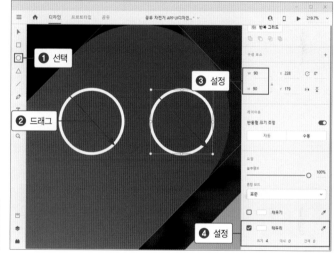

13 다각형 도구(△)를 선택하고 W/H가 '130, 45' 크기인 삼각형 오브젝트를 그립니다. 오른쪽 패널에서 테두리의 Hex를 '#FFFFFF', 크기를 '4'로 설정한 다음 그림과 같이 배치합니다.

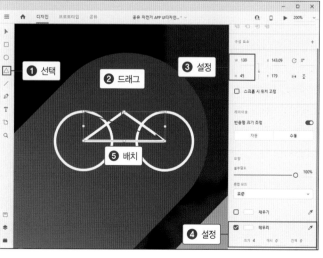

어도비 XD 기본

UI아이콘 제작

애니메이션 제작

페이지 디자인

인터랙션 디자인

UI 디자인

실무 프로젝트

14 사각형 도구(□)를 선택하고 W/H가 '130, 86' 크기인 직사각형을 그린 다음 오른쪽 패널에서 테두리의 Hex를 '#FFFFFF', 크기를 '4'로 설정합니다. 오브젝트를 더블클릭하고 오른쪽 아래 기준점을 선택합니다.

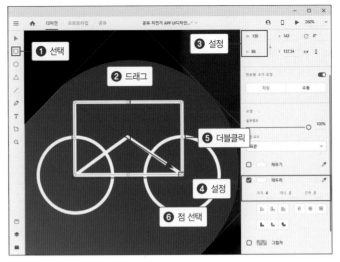

15 기준점을 삭제하면 삼각형으로 변형됩니다.

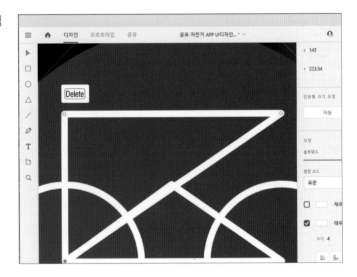

16 변형한 오브젝트에서 왼쪽 아래의 기준점을 다시 더블클릭합니다. 2개의 삼각형 선을 같은 선상으로 이동시킵니다.

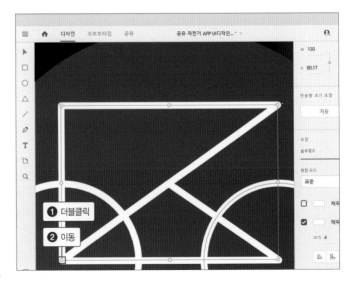

17 왼쪽 위에 기준점을 그림과 같이 이동합니다. 정원 오브젝트와 삼각형 오브젝트를 모두 선택하고 그룹(Ctrl+G)을 지정합니다.

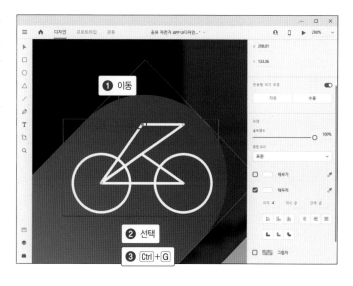

18 텍스트 도구(T)를 선택하고 'BIKE RENTAL'을 입력해서 작업을 마무리합니다.

아도비 XD 기본

UI 아이콘 제작

애니메이션 제작

페이지 디자인

인터랙션 디자인

UI 디자인

실무 프로젝트

02 따라하기 공유 자전거 앱 위치 공유 화면 UI 디자인하기

01 시작 화면에서 'iPhone XR/XS Max/11 (414x896)'을 선택하여 새로운 아트보드를 만듭니다.

02 타원 도구(◎)를 선택하고 아트보드에 드래그하여 W/H가 '108' 크기인 정원 오브젝트를 그립니다.

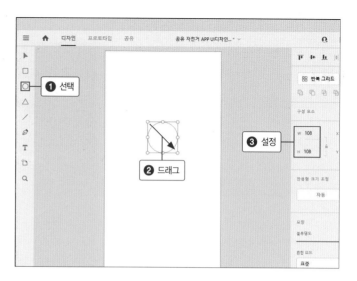

03 예제 폴더에서 'me.jpg' 파일을 정원 오브젝트로 드래그하여 삽입한 다음 오른쪽 패널에서 테두리의 Hex를 '#BF008A', 크기를 '5'로 적용합니다.

04 타원 도구(◎)를 선택하고 W/H가 '42' 크기인 정원 오브젝트를 그린 다음 더블 클릭하고 다시 아래쪽 기준점을 다시 더블클릭합니다.

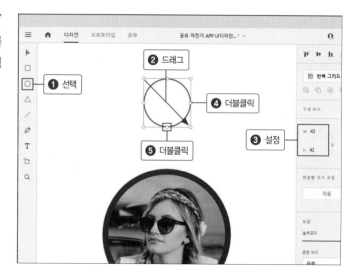

05 기준점을 각지게 만든 다음 아래로 드래
그하여 도형을 변형합니다.

06 오른쪽 패널에서 채우기를 '선형 그레이
디언트'로 지정합니다. 컬러 바에서 왼
쪽 조절점의 Hex를 '#14C1D0', 오른쪽 조절점
의 Hex를 '#BF008A'로 설정합니다. 텍스트 도
구(T)를 선택하고 아트보드에 클릭하여 'me'
를 입력하고 배치합니다.

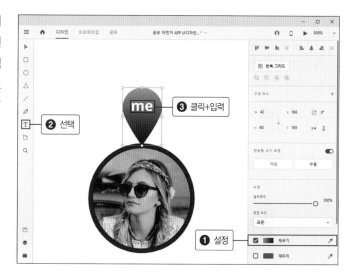

07 타원 도구(◯)를 선택하고 W/H가 '180'
크기인 정원 오브젝트를 그립니다. 오른
쪽 패널에서 테두리의 Hex를 '#CECECE', 크
기를 '5'로 적용하고 배치합니다.

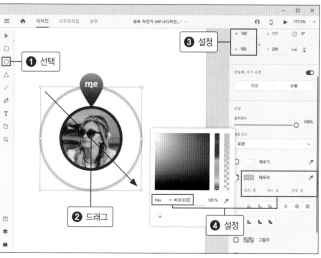

어도비 XD 기본

UI 아이콘 제작

애니메이션 제작

페이지 디자인

인터랙션 디자인

UI 디자인

실무 프로젝트

08 타원 도구(◯)를 선택하고 W/H가 '266' 크기인 정원 오브젝트를 그린 다음 오른쪽 패널에서 테두리의 Hex를 '#CECECE', 크기를 '3'으로 설정합니다. W/H가 각각 '370' 크기인 정원 오브젝트를 그린 다음 오른쪽 패널에서 테두리의 Hex를 '#CECECE', 크기를 '1'로 설정합니다.

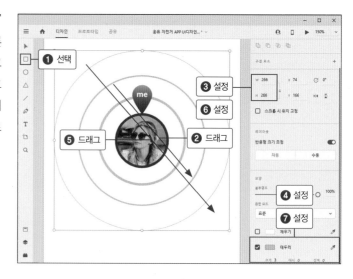

09 타원 도구(◯)를 선택하고 W/H가 각각 '50' 크기인 정원 오브젝트를 그립니다. 오른쪽 패널에서 채우기의 Hex를 '#787878'로 설정합니다. 완성 폴더에서 '자전거시작_완성.xd' 파일의 자전거 아이콘을 복사하여 정원 오브젝트 가운데에 배치합니다.

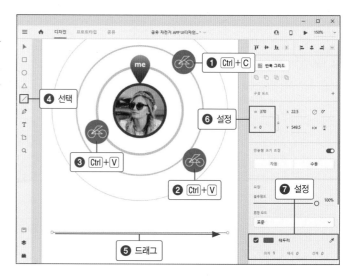

10 09번 과정의 오브젝트를 복사하여 배치합니다. 선 도구(╱)를 선택하고 아트보드에 드래그하여 길이가 '370'인 가로 선을 그립니다. 오른쪽 패널에서 테두리의 Hex를 '#787878', 크기를 '1'로 설정합니다.

11 사각형 도구(□)를 선택하고 W/H가 각각 '30' 크기인 정사각형 오브젝트를 그립니다. 오른쪽 패널에서 채우기의 Hex를 '#CECECE'로 설정합니다.

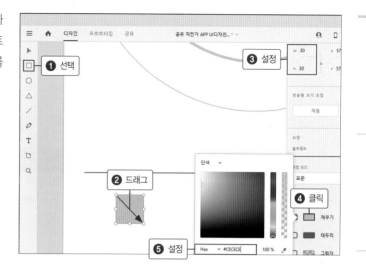

12 펜 도구(✐)를 선택하고 아트보드에 클릭하여 'V'를 그립니다. 오른쪽 패널에서 테두리의 Hex를 '#FFFFFF', 크기를 '2'로 설정합니다. 텍스트 도구(T)를 선택하고 '위치 기반 이용약관'을 입력합니다.

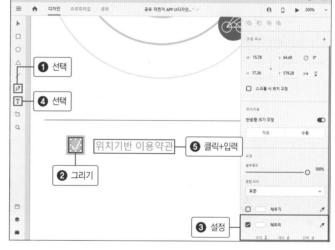

13 사각형 도구(□)를 선택하고 W/H가 '80, 30' 크기인 직사각형을 그립니다. 오른쪽 패널에서 테두리의 Hex를 '#CECECE', 크기를 '1'로 설정합니다. 텍스트 도구(T)를 선택하고 '동의하기'를 입력합니다.

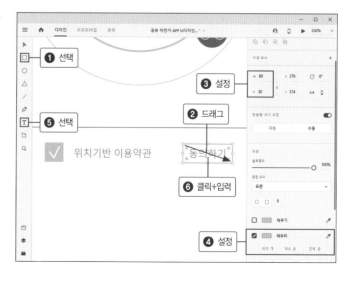

어도비 XD 기본

UI 아이콘 제작

애니메이션 제작

페이지 디자인

인터랙션 디자인

UI 디자인

실무 프로젝트

14 사각형 도구(□)를 선택하고 W/H가
'300, 50' 크기인 직사각형을 그린 다음
'모든 모퉁이에 대해 동일한 반경' 아이콘(□)
을 클릭하고 '25'로 설정하여 둥근 직사각형으로
변형합니다. 오른쪽 패널에서 채우기의 Hex를
'#BF008A'로 설정합니다. 텍스트 도구(T)를
선택하고 '위치 공유하기'를 입력합니다.

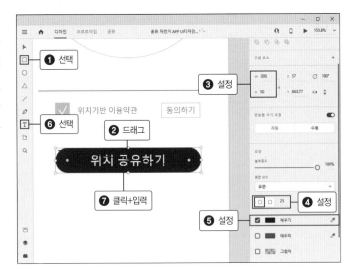

15 14번 둥근 직사각형 오브젝트를 아래
로 복사한 다음 오른쪽 패널에서 채우기
의 Hex를 '#787878'로 설정합니다. 텍스트 도구
(T)를 선택하고 '다음에 사용하기'를 입력하고
배치하여 작업을 마무리합니다.

16 공유 자전거 앱 위치 공유 화면 UI 디자인이 완성되었습니다.

03 공유 자전거 앱 인터랙션 적용하기
따라하기

01 완성 폴더에서 '자전거시작_완성.xd' 파일을 불러옵니다. 아트보드의 이름을 더블클릭한 다음 '시작하기'로 변경합니다.

02 완성 폴더에서 '자전거위치공유_완성.xd' 파일을 복사(Ctrl+C), 붙여넣기 (Ctrl+V)하여 불러온 다음 아트보드의 이름을 더블클릭하여 '위치 공유하기'로 변경합니다.

03 둥근 직사각형과 '시작하기' 텍스트를 선택하고 그룹(Ctrl+G)으로 지정합니다. 오른쪽 패널에서 구성요소의 '+'를 클릭합니다.

04 기본상태의 '+'를 선택하고 '마우스 오버 상태'를 선택합니다. 둥근 직사각형을 더블클릭하고 오른쪽 패널에서 채우기의 Hex를 '#FFFFFF' 불투명도를 '40%'로 변경합니다.

05 '프로토타입'을 선택하면 프로토타입 화면으로 됩니다. 시작하기 오브젝트를 클릭한 다음 오른쪽에 나타나는 인터랙션 아이콘을 '위치 공유하기' 아트보드로 연결합니다.

06 오른쪽 패널에서 트리거는 '탭', 액션은 '전환', 애니메이션은 '위로 슬라이드', 이징 효과는 '서서히 끝내기', 재생 시간은 '1초'로 설정합니다.

07 '시작하기' 오브젝트를 클릭한 다음 오
른쪽 패널에서 '기본 상태'를 선택하고
재생 시간을 '0.4초'로 변경합니다. '데스크탑 미
리보기'(▶)를 클릭하면 인터랙션을 확인할 수
있습니다.

08 시작하기 버튼에 마우스 포인터를 가져가면 컬러가 변경되고 클릭하면 아래에
서 위로 올라오는 애니메이션을 확인할 수 있습니다.

TIP

프로토타입 화면의 기본 상태에서 '데스크탑 미리보기'를 선택해야 마우스 오버 변경 상태를 확인
할 수 있습니다.

찾아보기